Zhiliang Guanli
Lilun Yu Shiwu

21世纪高等职业教育精品教材 · 工商管理类
广西社会科学优秀成果奖

质量管理理论与实务

（第四版）

◉ 李明荣　编著

东北财经大学出版社
Dongbei University of Finance & Economics Press
大连

图书在版编目（CIP）数据

质量管理理论与实务 / 李明荣编著. —4版. —大连：东北财经大学出版社，2024.5
（21世纪高等职业教育精品教材 · 工商管理类）
ISBN 978-7-5654-5168-3

Ⅰ. 质…　Ⅱ. 李…　Ⅲ. 质量管理　Ⅳ. F273.2

中国国家版本馆CIP数据核字（2024）第049207号

东北财经大学出版社出版
（大连市黑石礁尖山街217号　邮政编码　116025）
网　址：http://www.dufep.cn
读者信箱：dufep@dufe.edu.cn
大连天骄彩色印刷有限公司印刷　东北财经大学出版社发行

幅面尺寸：185mm×260mm　字数：364千字　印张：16.25
2024年5月第4版　2024年5月第1次印刷

责任编辑：郭海雷　徐　群　责任校对：雪　园
封面设计：原　皓　版式设计：原　皓

定价：42.00元

教学支持　售后服务　联系电话：（0411）84710309

如有印装质量问题，请联系营销部：（0411）84710711

第四版前言

本书是编者根据自身在中国航天企业从事质量管理工作10多年的经验和在高校10多年的质量管理课程教学成果编写而成的。自出版以来，本书得到全国数十所高校的使用和认可，曾于2018年荣获广西社会科学优秀成果奖。

我国是世界第一制造大国。制造业是实体经济的基础，是国民经济命脉所系，是立国之本、强国之基。制造业的持续健康发展、顺利转型升级，对中国经济的未来至关重要。党的二十大报告提出，推动制造业高端化、智能化、绿色化发展，指明了制造业高质量发展的前进方向。

2023年2月，中共中央、国务院印发《质量强国建设纲要》，对加快建设质量强国进行了全面部署。质量作为繁荣国际贸易、促进产业发展、增进民生福祉的关键要素，越来越成为经济、贸易、科技、文化等领域的焦点。当前，我国质量水平的提高仍然滞后于经济社会发展，质量发展基础还不够坚实。面对新形势、新要求，必须把推动发展的立足点转到提高质量和效益上来，培育以技术、标准、品牌、质量、服务等为核心的经济发展新优势，推动中国制造向中国创造转变、中国速度向中国质量转变、中国产品向中国品牌转变，坚定不移推进质量强国建设。

鉴于上述背景，高校教材也应该紧跟国家、社会发展的步伐而不断更新和改进。只有这样，高校培养的专门人才方可适应社会、服务于社会。

虽然现代企业的质量管理本质上处于全面质量管理阶段，但从表现形式来看，确如某些学者所言，已进入标准化管理阶段。自1987年国际标准化组织（International Organization for Standardization，ISO）发布ISO 9000族标准以来，企业质量管理使用的概念、术语、管理原则等知识就统一到ISO 9000族标准上来了。同时，ISO 9000族标准在不断地更新和改进。因此，质量管理教材的更新和改进，关键在于涉及质量管理使用的概念、术语、管理原则等理论知识的及时更新。

ISO 9000族标准已经更新了四版，现在采用的是2015版ISO 9000族标准，也是最新版本。本书第三版的理论部分，就是根据2015版ISO 9000族标准编写的。因此，修订后的第四版教材保留了第三版的所有内容，只是根据2015版ISO 9000族标准要求，与企业现代质量管理工作相适应，新加入了“常用质量风险评估与预防控制、改进工具”一章作为第4章，原第4章及以后各章顺延。需要说明的是，在第4章“常用质量风险评估与预防控制、改进工具”中，“APQP”（用“*”标记）一节内容比较多，学生掌握比较困难，可作为选修内容；“FMEA”“8D报告”“QC工程图”是国内外企业常用的风险评估和预防工具。把这些内容纳入教材，也是本书的特色之一。

基于上述，第四版教材共有11章，分为两个部分：理论篇和实务篇。

理论篇包括：第1章质量管理基础知识；第2章全面质量管理及其基础工作；第3章质量控制技术与方法；第4章常用质量风险评估与预防控制、改进工具；第5章过程质量控制；第6章试验设计；第7章产品质量检验；第8章抽样检验原理与方案设计；第9章质量成本。

实务篇包括：第10章质量管理（QC）小组；第11章质量控制技术运用模拟实训。

本书由在中国航天企业从事质量管理工作多年的桂林航天工业学院李明荣教授编写。在编写和修改过程中，参阅了很多已经出版的书籍、发表的论文和相关的国家标准等资料，在此，谨向相关作者表示感谢。

编　者

2024年1月

Contents

目录

理论篇

实务篇

理论篇

第1章 质量管理基础知识

[学习目标]

(1) 掌握质量与质量管理的基本概念。

(2) 掌握质量管理研究的对象与范围、质量管理的产生与发展。

(3) 了解质量的意义。

(4) 了解质量管理研究的主要内容和研究方法。

引例

从"中国制造"到"中国质造",质量提升是基础前提

从人们手腕上的智能手环到共享单车上的智能锁,从农田上空撒种子、喷农药的无人机到餐厅中"萌萌哒"的机器人服务员,随着"大众创业、万众创新"的兴起和中国经济结构转型的深入,智能概念深入人心,"中国智造"风生水起。

然而,在智能产业飞速发展的当下,中国一小部分智能产品的质量问题开始令人担忧,一些劣质产品渗透到国内外市场,给"中国智造"品牌形象带来了巨大伤害。业界也开始认识到,从"中国制造"到"中国智造",技术创新虽是关键因素,质量提升却是基础前提,"中国智造"离不开"中国质造"。

近几年,海外抢购热频频搅动国人神经,日本智能马桶盖被中国游客疯抢、德国品牌空气净化器供不应求。在国人心中,同等价位的同类产品,国产的质量通常不如进口的好。甚至一些国内生产的产品,出口转内销后,反而价格、销量齐齐攀升。这些现象的背后,显现出中国用户对国产品牌的不信任。

对此,有评论认为,这是国货质量不高、缺乏工匠精神的表现,也有人将这些现象归结于"国人对中国产品质量缺乏信心"。

事实上,大多数"中国智造"的产品质量不输国外品牌。比如,海尔就是凭借智能装备和柔性制造上的技术优势和过硬品质,在新西兰等国家占有主要市场地位,并获得当地民众喜爱。

然而,升级爬坡中的"中国智造"为何频现"质量滑坡"问题?

国产产品质量水平存在短板的深层原因是中国质量技术基础上的差距。质量技术基础是国际通行的概念,包括计量、标准、认证认可、检验检测。与国际先进水平相比,中国的差距比较明显。"质量的差距很大程度上是质量技术基础的差距,中国主导制定的国际标准才刚刚接近1%,抓质量必须从质量技术基础抓起。"支树平强调。

"中国制造"正在向"中国智造"大步迈进。国家层面针对质量建设也实施了一系列大动作:将"实施质量强国战略"纳入国家"十三五"规划纲要,不仅为经济新常态下中国企业未来发展指明了方向,同时为"中国智造"夯实了基础;而在《政府工作报告》中更是提出要大力弘扬工匠精神，厚植工匠文化，恪尽职业操守，崇尚精益求精，完善激励机制，培育众多“中国工匠”，打造更多享誉世界的“中国品牌”，推动中国经济发展进入质量时代。

“在国际需求明显不足、国际贸易环境恶化以及商品结构显著变化的情况下，深化外贸供给侧结构性改革，加快外贸优化升级显得尤为重要。”在全国政协委员、中国侨联副主席王亚君看来，要想快速提升中国外贸在全球价值链中的地位，就需持续优化商品结构，提高“中国智造”商品供给质量，从而形成以“中国智造”为载体的技术、品牌、质量、服务新优势。

资料来源　国家质量监督检验检疫总局质量管理司. 从“中国制造”到“中国质造”，质量提升是基础前提［EB/OL］.［2020-06-22］. http：//zlgls.aqsiq.gov.cn/zltjfx/201704/t20170411_486016.htm.

1.1　质量管理研究的对象、范围、内容与方法

随着人类社会的发展和物质的丰富，市场已经从卖方市场转向买方市场，并且市场的竞争已从价格竞争转向质量竞争，在影响顾客购买产品的价格、质量、服务三个因素中，质量已成为决定用户是否购买该商品的首要因素。只有充分重视产品质量，才能赢得市场，企业才能生存下去；没有质量，企业最终会失去市场；没有市场，企业就失去了赖以生存的基础，创办企业的本质目的——盈利就无法实现。

1.1.1　质量管理研究的对象与范围

质量管理学科是研究、揭示质量形成和实现过程的客观规律的科学。有专家认为，质量管理学科的研究范围包括微观质量管理和宏观质量管理。微观质量管理着重从工厂、企业、服务机构的角度，研究如何保证和提高产品质量、服务质量。宏观质量管理则着重从国民经济和全社会的角度，研究如何对工厂、企业、服务机构的产品质量、服务质量进行有效的统筹管理和监督控制。由于质量与技术和管理都有关联，因此质量管理必须是技术与管理的结合。如果只有技术没有管理，技术很难充分发挥作用；反之，如果只有管理没有技术，管理只能成为“无米之炊”。因此，质量管理学科是管理科学与自然科学、技术科学相结合的一门科学，是一门涉及面十分广泛的边缘科学。

20世纪80年代，质量管理研究的对象主要是产品质量。进入21世纪，质量管理研究的对象又进一步明确为产品（服务）、过程、体系等实体质量。而体系质量又是“相互关联或相互作用的一组要素”，这些要素可以是人、设备或设施、原料、方法、环境、信息、时间等。因此，21世纪的质量管理研究的范围是广义的质量。

虽然现代质量管理重视产品、工程和服务质量，但是更强调体系或系统的质量和人的质量，并以人的质量和体系的质量确保过程、产品、工程和服务的质量。现在，质量管理活动不仅在工业生产领域中得到广泛应用，而且已经渗透到农业、交通、教育、卫生、商业等许多领域。

1.1.2　质量管理研究的主要内容

质量管理研究的主要内容包括：

（1）质量管理的基本概念，如质量、质量方针、质量计划、质量控制、质量保证、质量审核、质量成本、质量管理体系等。

（2）质量管理的基础工作，如标准化、计量工具、质量信息、质量教育、质量责任制等。

（3）质量管理体系的策划（设计）。

（4）质量管理组织体制和法规，如质量管理组织体系、质量监督组织体系、质量认证体系等，以及质量管理方面的法律、法规和规章制度。

（5）质量管理的工具和方法，具体包括：①质量管理的基本思想方法，即PDCA循环管理技术；②基本的数学方法，即概率论和数理统计方法；③各种常用的统计工具，即排列图、因果分析图、直方图、控制图、系统图、亲和图、方差与回归分析等。

（6）质量检验抽样方法和控制方法。

（7）质量成本和质量管理经济效益的评价与计算。

（8）质量管理人才的培训与教育。

1.1.3　质量管理的研究方法

质量管理学科融合了数学、信息科学、系统科学、工程与技术科学等学科，并与机械、电子、计算机等技术学科紧密联系。因此，质量管理的研究方法如下：

（1）理论联系实际的方法。

（2）专业技术与管理技术紧密结合的方法。

（3）“软硬兼施”（既抓质量意识、质量文件等软件，又抓设备设施、材料等硬件）的方法。

（4）见“物（如产品等）”更见“人（如人的质量意识、技术等素质）”的方法。

（5）质量文化建设与产品质量控制并举的方法。

1.2　质量管理的产生与发展

应该说，人类自从有了商品生产，就开始了以商品的成品检验为主的质量管理方法。根据文献记载，我国早在2 400多年前的春秋战国时期，就有了质量管理的文献记载。例如，《周礼》一书在汉代补入的《考工记》中，就记载了各种手工业产品的类型与工程技术规格，所需原材料的数量与成分比例、制造方法、技术要求，以及“命百工审查五库器材质量”之类的质量管理方法。从世界历史上来看，一些国家也在很早以前就有了质量管理。例如，古巴比伦的《汉谟拉比法典》中记载：如果营造商为他人建造的房屋倒塌，致使房屋主人死亡，那么这个营造商也将被处死。随着社会生产力的发展和科学技术的进步，质量管理也在不断进步和发展。

按照质量管理的手段和方式，如果将传统的质量管理方式也包括在内，质量管理的发展历史大致经历了四个阶段，即传统质量管理阶段、质量检验管理阶段、统计质量管理阶段和全面质量管理（TQM）阶段。有些学者认为，质量管理是处于“质量管理体系标准化阶段”。目前，许多企业所进行的质量管理体系建设与认证，无非是全面质量管理的一种有效手段。因此，质量管理仍然处于全面质量管理阶段。

1.2.1 传统质量管理阶段

传统质量管理阶段，是指从开始出现质量管理一直到19世纪末的资本主义工厂取代分散经营的家庭手工作坊的阶段。在这个阶段，对产品质量的控制主要依靠工人的实际操作经验，靠手摸、眼看等感官估计和简单的测量。工人既是操作者，也是质量检验者、管理者，他们的经验就是“标准”。

在这个阶段，质量标准主要是实践经验的总结，其实施主要是靠“师傅带徒弟”式的口授、手教方式进行的。因此，这个阶段又被称为“操作者的质量管理阶段”。

1.2.2 质量检验管理阶段

质量检验管理阶段，是指从20世纪初到20世纪30年代末，即从欧洲工业革命开始，到第二次世界大战爆发这一阶段。20世纪初，资本主义生产组织日臻完善，生产分工逐渐细化，这是从技术到管理的全面革命时期。美国管理学家泰勒运用计划、标准化和统一管理三项原则来管理生产，并提出了计划与执行分工、检验与生产分工，建立了终端专职检验。

这个阶段的特点是仅仅把质量管理理解为对产品质量的事后把关或事后控制，即检验人员根据技术文件规定，使用一定的检测手段，对已经生产出来的成品进行检测和试验，挑出废品，以保证出厂产品的质量，维护企业的信誉。

这个阶段存在的问题是质量信息反馈弱，无法在生产过程中起到预防和同步控制的作用，且由于是100%检验，因此检验过程费时，费用也高，更没有系统观念。

1.2.3 统计质量管理阶段

统计质量管理阶段，是指从20世纪40年代初到20世纪50年代末。质量检验阶段属于“事后检验”，即使全数检验也不能确保质量。因为从本质上来说，质量是生产出来的，而不是检验出来的。尤其是第二次世界大战极大地刺激了美国经济的复苏，而这个时期军需物资出现了大量的质量问题，“终端检验制”无法解决这些问题。于是，美国政府颁布了三项战时质量控制标准，即《质量控制指南》、《数据分析用控制图法》和《工序控制用控制图法》。这是质量管理中最早的正式的质量控制标准。美国政府还采取了三项强制性措施：

（1）强行对各公司以总检验师为首的质量管理人员开办“质量控制方法学习班”。

（2）强制实施上述三项标准及其细则。

（3）军方采购署规定所有订货合同中应规定质量管理条款（质量管理认证的雏形），否则取消订货资格。

第二次世界大战以后美国民用工业也相继采用了这三项标准，并开展了国际合作，这标志着质量管理正式进入了“统计质量管理阶段”。把质量管理的重点由生产线的“终端”

移至生产过程的“工序”，把全数检验改为随机抽样检验，用抽样数据的统计分析制作“控制图”，再用“控制图”对“工序”进行加工质量监控，从而杜绝生产过程中大量不合格品的产生。

由于质量检验只是对产品质量的事后把关或事后控制，随着生产节奏的加快，如果不注意加强预防，就难免会产生大量的不合格品，造成严重的经济损失。因此，在这个阶段，统计质量管理得到广泛应用。其特点是数理统计方法与质量管理的结合，既预防了不合格品的产生，也检验了产品的质量。这一阶段由事后检验改为预测、预防质量问题的发生。

但这个阶段过分强调统计方法的控制，让人误以为质量管理就是统计方法，而且统计方法一般人难以掌握。

1.2.4　全面质量管理（TQM）阶段

全面质量管理是从20世纪50年代末开始发展起来的。1957年，美国通用电气公司的A.V.费根堡姆（A.V.Feigenbaum）正式发表了《全面质量管理》的论文，主张用全面质量管理代替统计质量管理。1961年，费根堡姆出版了《全面质量管理》一书，指出全面质量管理是为了能够在最经济的水平上，并考虑到充分满足用户需求的条件下，进行市场研究、设计、生产和服务，把企业内各部门的研制质量、维持质量和提高质量的活动构成一体的有效体系。此后，世界各国纷纷接受这一全新观念。

全面质量管理理论发源于美国，但发展于日本。日本运用全面质量管理理论获得了很大成功。日本通过归纳、整理质量管理的新、旧七种工具和QC活动等方法，极大地充实了全面质量管理的内容，其管理手段不再局限于数理统计方法，而是各种管理技术和方法共同应用。现在，全面质量管理理论的观点在全世界范围得到传播，并且还在不断完善、创新和发展。令人瞩目的ISO 9000系列标准、卓越经营模式、6σ管理模式等，都是以全面质量管理理论和方法为基础，即它们都是对全面质量管理理论的完善。

全面质量管理的详细内容将在第2章进行介绍。

1.3　质量与质量管理的基本概念

1.3.1　质量的概念

在质量管理中的“质量”，既不同于物理学中的质量概念，也不同于哲学意义上的“质”和“量”的组合。

那么，什么是质量？这是个既熟悉又难回答的问题，似乎谁都知道什么是质量，但谁都很难说清楚什么是质量。历史上，曾经有不少质量管理专家对“质量”有过不同的定义，最具代表性的定义有以下三种：

（1）美国的质量管理专家P.B.克劳斯比（P.B.Crosby）对质量概念有一个系统的阐述。他在《质量免费》一书中指出：对于质量的定义，最容易发生的错误认识就是将质量表示为"优良""精美""闪闪发光""引人注目"。"质量"这个词经常用于表达某些产品的相对价值，如"优质"或"劣质"。新潮的提法是"生活的质量"，这是一个经常被用的套话。为此，克劳斯比认为必须对质量有一个准确的定义：质量就是符合要求（规格）。在企业中，"要求"必须被明确地表达，以确保其不会被误解；然后是持续地测量，以确保符合这些"要求"。凡是有不符合"要求"的地方，就表明质量有欠缺。这样质量问题就转换成了是否有不符合要求的问题，"质量"的概念也就清晰了，而且是可测量的（有明确的界限）。

（2）美国的质量管理专家J.M.朱兰（J.M.Juran）认为：质量就是适用性。适用性是指产品在使用过程中成功地满足顾客目标的程度。

（3）美国的质量管理学者J.M.格鲁科克（J.M.Groocock）和A.V.费根堡姆（A.V.Feigenbaum）指出：质量就是满足需要。

另外，日本的质量管理专家石川馨对质量的概念也有许多重要的观点。他认为，质量反映顾客的满意程度，顾客的需要和要求是变化的，因此质量的定义也是不断变化的，高质量就是满足顾客不断变化的期望。他特别强调价格的作用，认为价格是质量的重要组成部分。石川馨在1985年出版的《什么是全面质量管理——日本方式》一书中指出：我们实施质量控制的目的在于制造出具有满足顾客质量要求的产品。石川馨认为人们如何解释"质量"这个术语很重要。他认为，狭义的质量是指产品质量；广义的质量是指工作质量、服务质量、信息质量、过程质量、部门质量、人员（包括工人、工程师、经理和行政主管等）质量、系统质量、公司质量、目标质量等。

20世纪90年代后期，人类对质量概念的认识随着可持续发展概念的提出而发生了重大变革。从1972年联合国发表的《人类环境宣言》起，到1992年里约热内卢联合国环境与发展大会，人类的全球环境意识有了显著的增强，并由此掀起了一场"绿色革命"。这是20世纪人类在认识上的最大觉悟和进步，同样也促进了人类对质量概念认识的发展。质量的概念中隐含了节约资源和保护环境的内容，并且随着对产品概念和顾客概念认识的发展，增强了人们对质量经济性的关注。资源和环境的问题不仅提出了生态化的追求目标，还直接揭示了质量的代价，高质量的低代价和低质量的高代价概念已清楚地反映了质量在成本、利益和风险等方面对人类发展造成的影响。在进入21世纪之后，人类社会对科技发展的作用和全球经济发展的模式有了更新的认识，具体表现为人类对科技创新的关注开始侧重于有利于保护资源和生态环境的方面，对经济发展模式的关注重点也从商品生产和经济增长的速度转向了人居环境和经济增长的质量。毫无疑问，人类对科技和经济发展方面的认识变化，也对人类质量观念和质量管理思想的变化产生了积极影响。

由上述所知，质量的定义经历了不断的演变。

质量是质量管理中最基本的概念。因此，为了使质量有一个统一、标准的定义，国际标准化组织在ISO 9000系列标准中，将质量定义为："实体的若干固有特性满足要求的程度。"这个定义可具体理解为：

（1）术语"质量"可使用形容词，如差、好或优秀来修饰；"固有"（其反义是"赋予"）意味着存在于实体内；"质量"可以是产品（服务）质量，也可以是过程或体系质量。

（2）定义中的“实体”，是“可感知或想象的任何事物”，如产品、服务、过程、人、组织、体系、资源等。实体可以是物质的（如一台发动机、一张纸、一颗钻石），也可以是非物质的（如转换率、一个项目计划）或想象的（如组织未来的状态）。

（3）定义中的“特性”，是指可区分的特征。特性可以是固有的或赋予的，也可以是定性或定量的。

“固有特性”，是指在某事或某事物中本来就有的，尤其是永久的特性，如螺栓的直径、机器的生产率等技术特性。有的产品只具有一类固有特性，有的产品可能具有多类固有特性。例如，化学试剂只具有一类固有特性，即化学性能；而彩色电视机，则具有多类固有特性，如物理特性中的电性能、环境适应性能、安全性能等，感官特性中的听觉（音质）和视觉（色彩），时间特性中的可靠性等。

“赋予特性”，是指完成产品后因不同的要求而对产品所增加的特性，如产品的价格、供货时间和运输要求（如运输方式）、售后服务要求（如保修时间）等特性。

不同产品的固有特性与赋予特性是不相同的，某些产品的赋予特性可能是另一些产品的固有特性。例如，对硬件产品而言，供货时间及运输方式属于赋予特性；对运输服务而言，供货时间及运输方式则属于固有特性。

“特性”有很多类型，具体包括：①物理特性（如机械的、电的、化学的或生物学的特性）；②感官特性（如嗅觉、触觉、味觉、视觉、听觉）；③行为特性（如礼貌、诚实、正直）；④时间特性（如准时性、可靠性、可用性、连续性）；⑤人体工效特性（如生理的特性或有关人身安全的特性）；⑥功能特性（如飞机的最高飞行速度）。

（4）定义中的“要求”，是指明示的、通常隐含的或必须履行的需求或期望。其中，“明示”的需求是指规定的要求，如在文件（如合同、订单等）中阐明的需求；“通常隐含”的需求是指组织和相关方的惯例或一般做法，所考虑的需求或期望是不言而喻的；“必须履行”的需求是指行业相关法律法规规定的要求。此外，还有一些特定要求，可使用限定词表示，如产品要求、质量管理要求、顾客要求、质量要求等。要求可由不同的相关方或组织提出。为实现较高的顾客满意度，可能有必要满足顾客没有明示的或不是通常隐含或必须履行的期望。

质量具有以下“四性”：

一是质量的经济性。因为“要求”汇集了价值的表现，物美价廉反映了人们的价值取向，即物有所值，这表明质量有经济性的表征。

二是质量的广义性。由于产品（服务）、过程、体系都具有固有特性，因此质量既是产品质量，又是过程质量和体系质量。

三是质量的时效性。由于顾客和其他相关方对产品（服务）、过程和质量管理体系的需求和期望不是一成不变的，而是随着科学技术的发展，对产品（服务）、过程和质量管理体系的要求也在不断变化和提高。因此，对这些不断变化和提高的需求和期望而言，以前被认为质量好的产品（服务）、过程和质量管理体系，也可能会被认为不再被接受。例如，原先被顾客认为质量好的产品会因为顾客要求的提高而不再受到顾客的欢迎。因此，为了保持产品质量满足顾客要求的能力，企业应不断地调整对产品质量的要求。

四是质量的相对性。不同的顾客和其他相关方可能对同一产品、过程和质量管理体系的固有特性提出不同的需求，也可能对同一产品、过程和质量管理体系的同一功能提出不同的需求。由此可见，需求不同，质量要求也就不同。例如，由于对同一种产品的质量要求不同，有些顾客或相关方认为质量好的产品而不被另一些顾客或相关方认同。因此，界定质量的好坏取决于是否满足相应的质量要求。

1.3.2 常用的质量管理术语

1）与组织有关的术语

组织（Organization）：为实现目标而具有其自身职能及职责、权限和相互关系的个人或一组人。

注：组织的概念包括但不限于代理商、公司、集团、商行、企事业单位、行政机构、股份公司、社团、慈善机构或研究机构，或上述组织的部分或组合，无论是否为法人组织，还是公有的或私有的组织。

从广义上来说，组织是指诸多要素按照一定方式相互联系起来的系统。从狭义上来说，组织就是指人们为实现一定的目标，互相协作结合而成的集体或团体，如党团组织、工会组织、企业组织等。运用于社会管理之中，组织是人们按照一定的目的、任务和形式编制起来的社会集体，组织是社会的细胞，是社会的基本单元。

组织环境（Context of the Organization）：对组织建立和实现目标的方法有影响的内部和外部结果的组合。

注1：组织的目标可能涉及其产品、服务、投资以及对其相关方的行为。

注2：组织环境的概念除了适用于营利性组织外，同样适用于非营利性组织或公共服务组织。

注3：在英语中，这一概念常被其他术语，如商业环境、组织环境或组织生态系统所表述。

注4：了解基础设施对确定组织环境会有帮助。

组织环境是指所有潜在影响组织运行和组织绩效的因素，包括可能影响组织提供产品和服务、获得投资以及与相关沟通途径的内外部因素和条件。我们应将组织环境理解为一个过程，这个过程确定了影响组织的目的、目标和可持续性的各种因素。组织的目标可能涉及其产品、服务、投资以及对其相关方的行为。组织既需要考虑内部因素，又需要考虑外部因素，“组织的目标”可表达为其愿景、使命、方针、宗旨等。

组织环境的概念除了适用于营利性组织外，还适用于非营利性组织或公共服务组织。组织环境可用“商业环境”或“组织生态系统”等术语表述。

近年来，组织所面临的环境有以下特征：一是环境变化加快，市场全球化知识作为主要资源出现；二是质量的影响已经超出了顾客满意的范畴，它可以直接影响组织的声誉。

组织环境的类型：

（1）按照环境系统的特性划分，组织环境可分为简单-静态环境、复杂-静态环境、简单-动态环境和复杂-动态环境四种类型。

（2）按照组织界限（系统边界）划分，组织环境可分为内部环境和外部环境。

组织内部环境是指组织的价值观、文化知识和绩效。影响管理活动的组织内部环境有物理环境、心理环境、文化环境等。

组织外部环境是指组织所处的社会环境，外部环境影响组织的管理系统。组织外部环境实际上也是管理的外部环境。组织外部环境包括社会人口、文化、经济、政治、法律、技术、资源等因素。这些因素对组织的影响是间接的、长远的。当组织外部环境发生剧烈变化时，将会导致组织发展的重大变革。另外，特定的外部环境会更直接地影响组织的微观环境。

相关方（Interested Party/Stakeholder）：可影响决策或活动，或被决策或活动所影响，或自身感觉到被决策或活动所影响的个人或组织。

示例：客户、组织所有者、组织内部员工、供应商、银行、监管者、工会、合作伙伴以及竞争对手或持反对意见的压力集团等。

相关方，也称利益相关方，是相对于组织而言有相互影响的一方，既可影响决策或活动，又可被决策或活动所影响，或自身感觉到被决策或活动所影响的个人或组织。典型的利益相关方可以是顾客、组织所有者、组织内部人员、供应商、银行、监管者、工会、合作伙伴，也可以是竞争对手或持反对意见的压力集团等。压力集团可能是一个正式的组织，但在多数情况下只是由利益相近的一些组织或个人以非组织的形式存在。压力集团维护特殊利益，实现特定目标，直接从自身利益（如价格、质量水平、产品标准等）出发影响组织。

相关方相对于某一特定的组织是与该组织有利益或利害关系的一组群体，该群体中任何一个组织或个人的利益都与该组织的业绩有关。

相关方可以是组织内部的，如销售部门的相关方（或其他部门及其员工），也可以是组织外部的，如银行、社会、合作伙伴、政府部门等。

随着社会需求的增长，相关方的影响力在不断增强。组织为了成功，应获取和保持其所依赖的相关方的支持。

顾客（Customer）：能够或实际接受本人或本组织所需要或所要求的产品或服务的个人或组织。

示例：消费者、委托人、最终使用者、零售商、内部过程的产品或服务的接收方、受益者和采购方。

注：顾客可以是组织内部的，也可以是组织外部的。

顾客的概念从定义上来看很简单，只要是产品和服务的接收方就是顾客，很多组织都有多种类型的顾客，顾客可以是直接顾客，也可以是间接顾客。组织应充分识别各类顾客，了解不同顾客的不同需求，并努力满足他们的需求，才能实现顾客满意的目标。例如，很多人认为学校的顾客就是学生，学校的产品是教学服务，但是除了学生之外，学校的顾客还有用人单位、国家和社会。

顾客是一个广义的概念，可以是组织内部的，如生产部门、设计部门和采购部门的顾客，也可以是组织外部的，如购买组织产品的企业或个人。

2）与过程有关的术语

> 过程（Process）：利用输入提供预期结果的相互关联或相互作用的一组活动。
>
> 注1：过程的“预期结果”究竟成为输出、产品或服务随相关语境而定。
>
> 注2：一个过程的输入通常是其他过程的输出，而一个过程的输出又通常是其他过程的输入。
>
> 注3：两个或两个以上相互关联和相互作用的连续过程也可属于一个过程。
>
> 注4：组织中的过程通常在可控条件下进行策划和执行，以增加价值。
>
> 注5：不易或不能经济地验证其输出是否合格的过程，通常称之为“特殊过程”。

过程包括输入、过程和输出三个要素（如图1-1所示）。任何一个过程都有输入和输出，输入是实施过程的基础或依据，输出是完成过程的结果（即产品或服务）。例如，“产品设计”作为一个过程，设计输入可以是市场需求的信息和特定顾客的要求，也可以是有关产品的法律法规要求等，这些都是产品设计的基础和依据；设计输出可以是图样、规范、样品、说明书等。

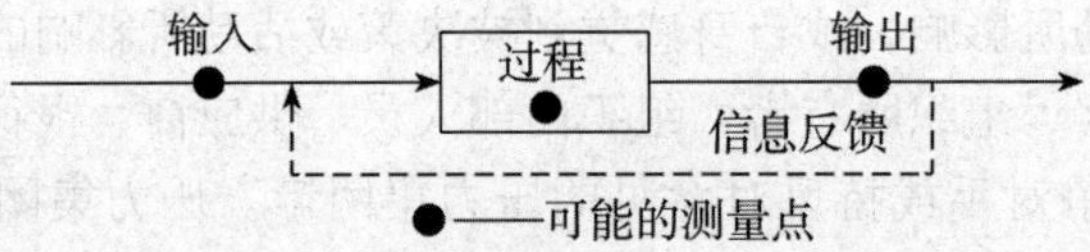

图1-1　过程的概念示意图

组织为了增值，通常对过程进行策划，并对整个过程实施控制，使其在受控条件下运行。组织在对每一个过程进行策划时，需要确定过程的输入，预期的输出和为了达到预期的输出所开展的活动以及需要投入的资源，还需要明确为了确定预期的输出和满足输入的程度，这些都需要测量方法和验收准则。同时，根据PDCA循环，对过程进行控制和改进。

组织在建立质量管理体系时，必须确定为增值所需的直接过程和支持过程，以及这些过程之间的相互关联和相互作用（包括接口、职责和权限），对所确定的过程进行策划和管理，通过对过程的控制和改进，确保质量管理体系的有效性。

特殊过程：对形成的产品是否合格不易或不能经济地进行验证的过程，称之为“特殊过程”。通常情况下一个过程是否有效，可以通过该过程形成的产品是否合格来加以验证。但是，有些过程形成的产品是否合格是不容易被验证的，如房屋装修中油漆或涂料喷涂的附着强度是不容易通过验收检查来验证其是否完全合格；有些过程形成的产品是否合格的验证方法成本很高，不够经济，如验证焊接强度是否合格需要使用破坏性的方法，这种验证方法成本很高。

> 外包（Outsourcing）：安排外部组织执行组织的部分职能或过程。
>
> 注：虽然外包的职能或过程是在组织的业务范围内，但是承包的外部组织是在组织管理体系覆盖范围之外。

组织把原属于自身应该实施的工作（或对顾客承诺的工作）交由其他组织或个人去做。虽然外包的职能或过程是在组织的业务范围内，但是承包的外部组织是在组织管理体系覆盖范围之外。

外包的特征是组织的职能或过程由外部组织去实施。组织通过动态地配置自身资源和有效利用企业外部的资源，使组织自身与其他企业的功能和服务相互交叉，实现组织的职能。

外包过程的管理是质量管理体系（Quality Management System，QMS）的重要部分，必须确保外包过程得到充分的实施和控制：①组织可以把原属于自己对顾客承诺的工作活动外包，但是不能把责任外包；②外包组织可以是与组织同属一个大组织的另一个组织；③外包既可能是一种长期的合作关系，又可能是一种短期的合作关系。

程序（Procedure）：为进行某项活动或过程所规定的途径。

注：程序可以形成文件，也可以不形成文件。

组织为了高效地获得所期望的过程输出，并对过程实施控制，在对过程控制进行策划时，应考虑实施该活动或过程的规定、途径和方法，即实施该活动或过程的程序，这种程序可以是口头的，也可以是书面的，即程序可以形成文件，也可以不形成文件。当程序形成文件时，通常称为“书面程序”或“形成文件的程序”。含有程序的文件可称为“程序文件”。

通常，程序文件应阐明实施活动或过程的具体方法和途径，包括活动的目的和范围，以及对活动的控制和记录等。

3）与要求有关的术语

不合格（Non-conformity）：未满足要求。

注：这是ISO/IEC导则第一部分的ISO增刊的附录SL中给出的ISO质量管理体系标准中的通用术语及核心定义之一。

不合格是指没有满足要求。要求包括明示的、通常隐含的或必须履行的需求或期望，只要未满足要求的都可称为不合格。如果某产品的特性未满足产品的要求，则称为“不合格品”；如果过程或管理体系未满足过程的要求或管理体系的要求，则称为“不合格项”。

4）与结果有关的术语

输出（Output）：过程的结果。

注：组织的输出是产品还是服务取决于其主要特性。例如，画廊中出售的画作是产品，而委托绘画则是服务。又如，零售店出售的汉堡包是产品，而快餐店提供的预订餐则是服务。

“产品”和“服务”同为输出，且同为过程的结果。大多数情况下，术语“产品”和“服务”会通常在一起使用。组织提供给顾客或外部供方提供给组织的大部分输出往往同时包含产品和服务，如一个有形产品伴随着一些无形的服务，或一项无形的服务伴随着一些有形的产品。

产品（Product）：在组织和顾客之间未发生任何交易的情况下，组织生产的输出。

注1：在供方和顾客之间未发生任何必然交易的情况下，可以实现产品的生产。但是，当产品交付给顾客时，通常包含服务。

> 注2：通常产品的主要特征是有形的。
>
> 注3：硬件是有形的，其数量具有计数的特性。流程性材料是有形的，其数量具有连数的特性。硬件和流程性材料经常被称为货物。软件由信息组成，无论采用何种介质传递。

产品可以是预期的产品，即组织按策划安排生产或提供产品，如造纸厂生产的各种纸张；产品也可以是非预期的产品，即并非组织期望生产或提供的产品，这些产品通常是在组织生产或提供预期的产品时产生的影响环境的附属产品，如造纸厂在生产过程中产生的废水等。在质量管理体系中，组织的质量管理关注的是预期的产品。

硬件——通常是有形的、可分离的产品（如轮胎），其数量是可以定量计数的。

软件——由信息组成，通常是无形的产品，体现在一定的承载媒介上（如纸、光盘等），以方法、论文或程序的形式存在。例如，计算机程序、移动电话应用程序、操作手册、字典、音乐作品版权、驾驶执照等。

流程性材料——通常是有形的、连续生产的产品，其状态可以是液体、气体、颗粒状、线状等。例如，燃料和软饮料等。

> 服务（Service）：至少有一项活动必须在组织和顾客之间进行输出。
>
> 注1：服务的主要特征是无形的。
>
> 注2：服务包含与顾客在接触面的活动，以确定顾客的要求。除了提供服务外，还可能包括建立持续的关系。
>
> 注3：服务的提供可能涉及在顾客提供的有形产品上所完成的活动；在顾客提供的无形产品上所完成的活动；无形产品的支付；为顾客营造氛围等。
>
> 注4：通常情况下，服务由顾客体验。

服务通常是无形的，是在供方和顾客接触面上至少需要完成一项活动的结果。服务包括与顾客在接触面的活动，以确定顾客的要求。除了提供服务外，还可能包括建立持续的关系。

对每一项服务而言，应具备供方、顾客和发生在供方与顾客之间的活动三个要素。这类活动至少是一项，也可以是多项，可以认为是服务提供过程，其结果就是服务。对服务业而言，服务和服务提供过程往往同时发生在与顾客的接触过程中。

供方对顾客的服务可以是在顾客提供的有形产品上完成的活动，如物品寄存服务和物品的搬运服务都是在顾客提供的物品上完成的服务活动。供方提供的服务也可以是在顾客提供的无形产品上完成的活动，如律师的辩护服务是在对客户提供的信息进行查证和分析等活动的基础上完成的。

根据不同的对象和不同的活动形式，服务可分为多种类型，如餐饮、培训、运输、证券交易、旅游、教育、批发、零售和医疗等服务。

> 风险（Risk）：不确定性的影响。
>
> 注1：影响是指偏离预期，可以是正面的，也可以是负面的。

注2：不确定性是一种对某事件，甚至是局部的结果或可能性，缺乏理解或知识信息的状态。

注3：通常风险表现为潜在的事件和后果，或二者的组合。

注4：通常风险以某事件的后果组合及其发生的可能性的组合来表述。

注5："风险"一词有时仅在有负面结果的可能性时使用。

在定义中，"影响"是对"期待"的偏差，可以是积极的，也可以是消极的。

"不确定性"是指一种对某事件，甚至是局部的结果或可能性，缺乏理解或知识信息的状态。

风险可以是有积极作用的机会，也可以是消极的后果。在有些情况下，风险是单一的损失，如自然灾害的风险。ISO 9001：2015标准偏重于对组织质量风险中负面影响的识别、分析、评估和控制措施的管理。

"预期"或"期待"的结果可以有不同方面（如质量、财务、安全以及环境等），可以体现在不同的层次（如战略、组织范围、项目、产品和过程等）。

质量风险通常包括在组织的价值实现和机会把控中的质量经营风险（如质量文化风险、质量战略风险），产品和服务的运行风险、管理风险和责任风险（如设计开发、生产/服务提供、监控、测量）等。

5）有关数据、信息和文件的术语

文件（Document）：信息及其载体。

示例：记录、规范、程序文件、图样、报告、标准。

注1：媒介可以是纸张，可以是磁性的、电子的、光学的计算机盘片，还可以是照片或标准样品，或它们的组合。

注2：一组文件，如若干个规范和记录，英文中通常称之为"Documentation"。

注3：某些要求与所有类型的文件有关，然而对规范和记录可以有不同的要求。

文件能够沟通意图、统一行动，是质量管理中重要的组成部分和管理手段。文件的载体，即承载信息的媒介可以是纸张，可以是磁性的、电子的、光学的计算机盘片，还可以是照片或标准样品，或它们的组合。文件包括记录、规范、程序文件、图样、报告、标准等。

文件的某些要求与文件的类型有关，如对用于操作层面的文件有易读的要求，对用于技术管理的文件有专业性的要求，对规范文件有修订受控的要求，对记录文件有可检索的要求。

形成文件的信息（Documented Information）：组织需要控制和保存的信息及其载体。

注1：形成文件的信息可以以任何格式和载体存在，可以来自任何来源。

注2：形成文件的信息包括质量管理体系；为组织的运行而形成的信息；结果实现的证据。

组织在质量管理方面形成文件的信息是组织在质量管理范畴内需要加以控制和保存的信息及其载体。组织形成文件的质量信息应适合于组织的管理，应能够充分满足实施质量管理的需要。

在质量管理中，质量文件的信息可以以任何格式和载体存在（如文件的编排格式可以是流程图、矩阵图、对照表、文字的表述等；载体可以是纸张、电子媒介等），可以来自任何来源（如企业内部编制的信息、外部信息）。

在质量管理活动中，组织应适时地将质量管理信息形成适用的文件信息，主要涉及以下方面的内容：①质量管理体系（如相关过程）；②为组织的运行而形成的信息（如一系列的文件）；③结果实现的证据（如相关记录）。

1.3.3　产品质量形成过程的概念

1）质量螺旋曲线

产品的质量有产生、形成和实现的过程。美国质量管理专家朱兰于20世纪60年代用一条螺旋上升的曲线向人们揭示了产品质量产生、形成和实现的过程，人们称之为“朱兰质量螺旋曲线”（如图1-2所示）。

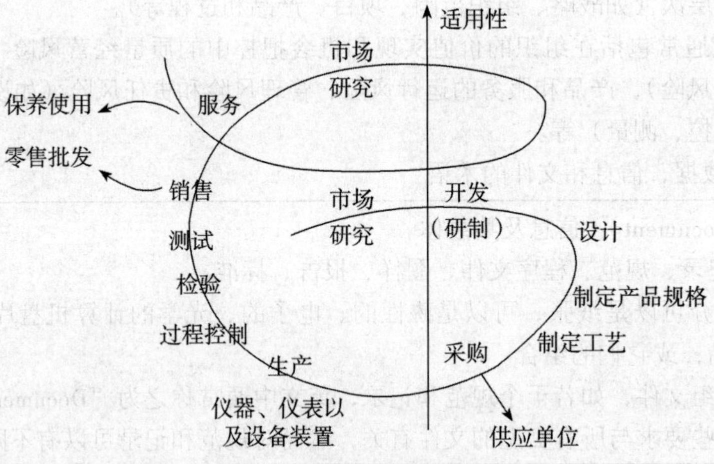

图1-2　朱兰质量螺旋曲线

“朱兰质量螺旋曲线”描述的过程包括一系列活动或工作：市场研究、开发（研制）、设计、制定工艺、采购、生产、过程控制、检验、测试、销售、服务等，阐述了五个重要的理念：①产品质量的形成由市场研究、销售、服务等多个环节组成，共处于一个系统中，相互依存、相互联系、相互促进，要用系统论的观点来管理质量；②产品质量形成的这些环节一个循环接一个循环，周而复始，不是简单的重复，而是不断上升、不断提高的过程，因此质量得到了不断改进；③产品质量形成是全过程的，对质量要进行全过程管理；④产品质量形成的全过程中存在来自供方、销售商和顾客对其的影响，涉及企业之外的因素，因此质量管理是一个社会系统工程；⑤所有的质量活动都是由人来完成的，质量管理应该以人为主体。这些环节环环相扣，相互制约和作用，不断循环，周而复始。每经过一次循环，就意味着产品质量的一次提高。

“朱兰质量螺旋曲线”的提出，推动了人们对质量概念的认识逐渐从狭义的产品质量向广义的企业整体质量发展。人们相信，只有整体质量水平高的企业，才有可能可靠地、持续地开发、制造和提供高质量的产品。

2）质量环

与“朱兰质量螺旋曲线”类似的另一种提法是质量环（如图1-3所示）。它是瑞典的质量管理学家L.桑德霍姆（L.Sandholm）首先提出的。

质量环与质量螺旋曲线一起，已被引用到ISO 9004标准中，并被定义为：从识别需要到评价这些需要是否得到满足的各个阶段中，影响实体（实体是指“可被单独描述和研究的事物”，如可以是活动或过程、产品、组织、体系、人，或它们的任何组合等）质量的相互作用活动的概念模式。

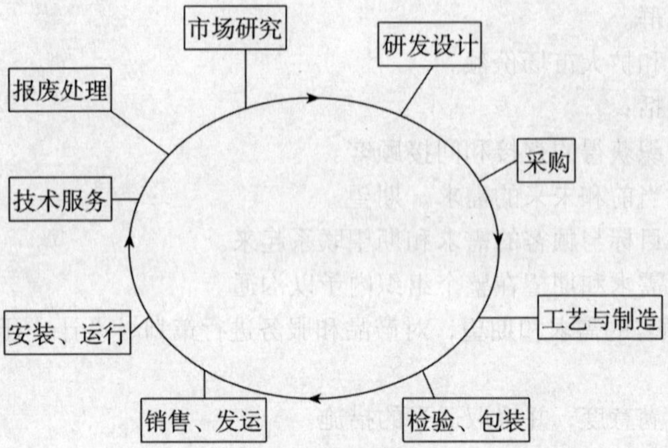

图1-3　质量环

从以上两个图的比较中，我们可以发现，质量环是质量螺旋曲线的投影，它们的特点基本一致。

1.4　质量管理原则

质量管理原则的目的是帮助组织的管理者，尤其是高层管理者系统地建立质量管理理念，提高其管理水平。

质量管理原则是质量管理实践经验和理论的总结，是质量管理最基本、通用的一般性规律，适用于所有类型的产品和组织，是质量管理的理论基础。它可以指导一个组织在长时期内通过关注顾客及其他相关方的需求和期望来达到改进其总体绩效的目的，是组织文化的重要组成部分。

质量管理原则是组织管理的普遍原则，是现代社会发展、管理经验日益丰富、管理科学理论不断演变发展的结果，充分体现了管理科学的原则和思想，也是组织的领导者有效开展质量管理工作必须遵循的原则。

1.4.1　以顾客为关注焦点

质量管理的主要关注点是，满足顾客的要求和努力超出顾客的期望。组织只要获得并维持了顾客和其他组织依赖的关联方的信心，就可获得持续成功。与顾客互动的每个方面都提供了创造更多价值的机会，理解顾客和其他相关方的现时与未来的需求，有助于组织持续成功。

实施的目的包括：

（1）提升顾客价值。

（2）提高顾客满意度。

（3）提高顾客忠诚度。

（4）增加重复性业务。

（5）提高组织声誉。

（6）扩展顾客群。

（7）增加收入和扩大市场份额。

可行的措施包括：

（1）了解从组织获得的直接和间接顾客。

（2）了解顾客当前和未来的需求、期望。

（3）将组织的目标与顾客的需求和期望联系起来。

（4）将顾客的需求和期望在整个组织内予以沟通。

（5）为满足顾客的需求和期望，对产品和服务进行策划、设计、开发、生产、支付和支持。

（6）监测顾客满意度，并采取适当的措施。

（7）在有可能影响顾客满意度的相关方需求和期望方面采取措施。

（8）积极管理与顾客的关系，以获得持续成功。

1.4.2 领导作用

各层领导建立统一的宗旨和方向，并且创造全员参与的条件，以实现组织的质量目标。建立统一的宗旨和方向，全员参与，使组织能整合其战略、方针、过程和资源以实现其目标。

实施的目的包括：

（1）提高实现组织质量目标的有效性和效率。

（2）组织的过程更加协调。

（3）改善组织各层、各职能间的沟通。

（4）开发和提高组织及其人员的能力，以获得期望的结果。

可行的措施包括：

（1）在整个组织内，就其使命、愿景、战略、方针和过程进行沟通。

（2）在组织的所有层次中创建并保持共同的价值和公平道德的行为模式。

（3）培育诚信和正直的文化。

（4）鼓励在整个组织范围内履行对质量的承诺。

（5）确保各级领导者成为组织人员中的实际楷模。

（6）为员工提供履行职责所需的资源、权限。

（7）激发、鼓励和表彰员工的贡献。

1.4.3 全员积极参与

整个组织内各级人员的胜任、授权和参与，是提高组织创造能力和价值能力的必要条件。为有效和高效地管理组织，各层级的所有人都参与且得到尊重很重要。对员工的认可、授权及能力的加强能够促进其参与实现组织质量目标的过程中。

实施的目的包括：

（1）通过组织人员对质量目标的深入理解和内在动力的激发以实现其目标。

（2）在改进活动中，提高人员的参与程度。

（3）促进个人发展的主动性和创造性。

（4）提高员工的满意度。

（5）增强整个组织的信任和协作。

（6）促进整个组织对共同价值观和文化的关注。

可行的措施包括：

（1）与员工沟通，以增进他们对个人贡献的重要性的认识。

（2）促进整个组织的协作。

（3）提倡公开讨论，分享知识和经验。

（4）让员工确定工作中的制约因素，毫不犹豫地主动参与。

（5）赞赏和表彰员工的贡献、钻研精神和进步。

（6）针对个人目标进行绩效的自我评价。

（7）为评估员工的满意度和沟通结果进行调查，并采取适当的措施。

1.4.4 过程方法

当活动作为相互关联的功能运用于过程系统管理时，可更加有效和高效地获得预期的结果。质量管理体系由相互关联的过程组成，了解该系统结果的产生方式，能使组织优化其体系及绩效。

实施的目的包括：

（1）提高关注关键过程和改进机会的能力。

（2）通过协调一致的过程体系，始终得到预期的结果。

（3）通过过程的有效管理、资源的高效利用及职能交叉障碍的减少，尽可能提升绩效。

（4）组织能够向相关方提供关于一致性、有效性和效率方面的信任。

可行的措施包括：

（1）确认体系和过程中需要达到的目标。

（2）为管理过程确认组织、权限和义务。

（3）了解组织的能力，事先确认资源约束条件。

（4）确认过程相互依赖的关系，分析个别过程的变更对整体体系的影响。

（5）对体系的过程及其相互关系进行管理，有效和高效地实现组织的质量目标。

（6）确保获得过程运行和改进的必要信息，并监测、分析和评价整个体系的绩效。

（7）确保有效管理与影响过程输出及质量管理体系整个结果有关的风险。

1.4.5 改进

成功的组织总是致力于持续改进。改进对组织保持现有的绩效水平是必需的，也是对内部条件发生变化作出的反应，并可以创造出新的机会。

实施的目的包括：

(1) 改进过程绩效、组织能力和顾客满意程度。

(2) 增强对调查和确定基本原因及后续的预防和纠正措施的关注。

(3) 提高对内部风险和机会的预防、反应能力。

(4) 增加对增长性和突破性的考虑。

(5) 通过加强学习实现改进。

(6) 增强改革的动力。

可行的措施包括：

(1) 促进在组织的所有层级中建立改进目标。

(2) 对各层级员工进行培训，使其懂得如何应用基本工具和方法实现改进目标。

(3) 确保员工有能力成功地制定和完成改进项目。

(4) 部署和实施改进项目。

(5) 跟踪、评审和改进项目的计划、实施、完成和结果。

(6) 将新产品开发或产品服务和过程的更改都纳入改进中予以考虑。

(7) 赞赏和表彰改进。

1.4.6 基于证据决策

基于证据和信息的分析、评价，决策更可能产生期望的结果。虽然做决策是个复杂的过程，经常遇到一些不确定性的因素，也经常遇到多种类型、多种输入以及主观性的解释，但重要的是了解原因和结果的关系以及潜在的非预期的后果。事实上，证据和信息分析会使企业在决策时更加客观和有信心。

实施的目的包括：

(1) 改进决策过程。

(2) 改进对实现目的的过程绩效和能力的评估。

(3) 改进运行的有效性和效率。

(4) 增强决策能力。

(5) 增强证实以往决策有效性的能力。

可行的措施包括：

(1) 通过确定、测量和监察来证实组织绩效的关键指标。

(2) 使相关人员能够获得所需的全部数据。

(3) 确保数据和信息足够准确、可靠和安全。

(4) 采用适当的方法对数据和信息进行分析、评价。

(5) 确保人员对分析和评价所需的数据是胜任的。

1.4.7　关系管理

为了持续成功，组织需要管理与所有相关方的关系，即最大限度地发挥其在组织绩效方面的作用。对供方及合作伙伴的关系管理是非常重要的。

实施的目的包括：

（1）通过对每一个与相关方有关的机会和限制的响应，提高组织及其相关方的绩效。

（2）对于目标和价值观，与相关方有共同的理解。

（3）通过共享资源以及管理与质量有关的风险，增强为相关方创造价值的能力。

（4）使产品和服务稳定流动，管理好供应链。

可行的措施包括：

（1）确定组织各相关方（如供方、合作伙伴、顾客、投资者、雇员等）的关系。

（2）确定需要优先管理的相关方的关系。

（3）建立权衡短期收益与长期收益的关系。

（4）收集信息、专业知识和资源，并与相关方共享这些信息、专业知识和资源。

（5）在适当时，测量绩效并向相关方报告，以增强改进的主动性。

（6）与供方、合作伙伴及其他相关方共同开展开发和改进活动。

（7）鼓励和表彰供方与合作伙伴的改进和绩效。

1.5　国外企业质量管理概况

1.5.1　美国企业质量管理概况

美国是现代质量管理的发源地。美国科学技术发达，工业基础雄厚，在质量管理的实践中形成的一套理论、技术和方法，对世界各国产生了很大的影响，特别在西方工业化国家中，具有一定的代表性。概括起来，美国的质量管理有以下鲜明的特点：

1）重视建立严密的质量管理体系

美国企业在推行质量管理时，非常重视建立严谨的质量管理体系，注意对产品质量形成的全过程进行严格的控制。在质量管理体系中，设有专职的质量管理部门。这种专职机构，既是企业经理在质量问题上的参谋，又是协调企业质量管理活动的办事机构。

美国企业专职质量管理部门：规模较大，专业性强，权威性也很强；拥有各类实验室及一大批专业技术人员；拥有独立的经费，具有很强的制约作用；独立行使职权，能够最大限度地发挥作用。

美国企业编写质量管理手册，以指导各部门开展质量管理活动。质量管理手册中不仅规定了各部门在质量管理上的职责与权限，还规定了各种管理制度和管理标准。质量管理手册通常由企业的质量管理部门编制，由企业经理签发，有很强的权威性。

2）重视标准化在质量管理方面的作用

美国企业十分重视标准化工作对产品质量的保证作用。通常，企业具有十分完善的标准体系。标准是保证产品质量的重要基础，特别是管理标准。美国企业最早开展标准化的质量管理工作，并且从国家、行业、企业的不同层面形成了一整套对企业管理具有指导性的标准和文化，指导企业形成完善有效的质量标准性文件。这一点与美国文化背景相符合，使得管理标准能得到高度的贯彻与实施。

3）重视质量成本分析

美国企业开展质量管理活动的一个重要特点是重视质量成本分析。美国企业认为，适用性也包括对商品价格的要求，因此必须把质量水平和成本水平联系起来考虑，注意在一定成本水平的条件下，不断提高产品质量，反对不考虑成本而一味追求所谓的“高质量”。由于各种互相矛盾的因素交织在一起，如既要质量好，又要成本低；既要寿命长，又要与产品升级周期相适应等，因此质量成本是一个复杂的问题。费根堡姆首先在美国通用电气公司开展了质量成本分析工作，研究出一套分析方法和制度，已被很多企业采用。

4）重视最新科学成果的采用

通常美国企业采用新技术、新设备的速度高于其他国家。自20世纪80年代以来，美国企业大规模进行技术改造，大量新技术被采用，尤其是大批先进的制造技术被采用，从根本上提高了产品的质量水平。美国企业在管理思想上，认为提高产品质量的根本手段是采用新技术和最新的科研成果，以此来保证产品质量。

同时，美国企业重视将统计方法应用于全过程的质量控制。美国企业在进行全过程的质量控制时，注重运用各种质量管理方法。例如，在设计阶段，美国企业非常重视将可靠性技术应用于产品设计。可靠性技术是随着美国20世纪60年代阿波罗计划的成功而迅速普及到各企业的一种用于提高产品可靠性的方法。在产品设计阶段进行可靠性设计和故障预测，预先消除设计上的质量隐患，这就是朱兰所说的“早期警戒方式”。在制造阶段，传统的统计质量控制仍受到普遍的重视，而数据的分析与处理实现了计算机化，加快了信息反馈的速度，有效地控制了过程质量。另外，传统的质量检验方式也在被越来越先进的检测手段所取代。

5）重视服务过程中的质量管理

美国企业重视为用户提供技术服务工作，把为用户提供及时的技术服务工作作为竞争的一种重要手段。在产品销售之前编写和散发产品样本、说明书、产品使用指南、技术手册等，在公司内设置产品介绍示范室和操作训练室，向用户介绍实物和指导操作要点。在售后技术服务方面，特别是一些大公司，有健全的销售服务网，如顾客有需要，企业可在最短时间内向国内外顾客提供必要的零部件。

6）逐步重视社会质量监督工作

在社会性的质量监督方面，美国最早制定了全面的质量责任法规，用以保障消费者的利益。在产品质量保证方面，实行广泛的质量认证制度，其中比较著名的有美国机械工程师协会的质量保证资格认证制度等。在质量管理咨询方面，除美国质量管理协会之外，还有许多专门的质量管理咨询公司。例如，朱兰研究中心就是一家很有名气的咨询公司。这些公司可以根据不同企业的情况和需要进行管理设计和咨询，不仅能解决一般问题，还可以解决特殊问题，从而促进了质量管理的横向交流，产生了明显的社会效应。在对未来的研究方面，美国质量管理学界看到计算机辅助设计、制造的大量应用，特别是第5代计算机技术的开发，将更好地发挥人工智能的作用，势必减少非技术人员的数量，而增加技术性强的操作人员。这样企业势必会加强生产前的基本训练，否则无法保证生产的顺利进行和优质产品的生产，因而提出要用“软件”管理来迎接新的挑战。

20世纪中期，由于日本经济的崛起，美国在和日本的贸易竞争中，屡屡处于不利的、被动的地位。这使美国质量管理学界和企业认识到美国式的质量管理中，方法论的意味较浓，而在把工人的积极性和智慧发挥出来的方面远比日本落后，所以美国现在反过来注意学习日本的经验。1984年10月，美国质量管理协会争取到国会的支持，开展了质量月活动，并设立了质量管理奖，表彰在质量管理方面有卓越贡献的专业人员。美国参议院曾指出，美国的力量来源于工业所提供的优质商品和优质服务，为确保美国在世界市场上的领先地位，必须注意制造和服务质量，防止缺陷，提高可靠性，提高生产率，通过改进质量，降低费用，让消费者满意。此外，各企业在开展质量教育、开展质量管理小组活动、改进外协品管理等方面也做了不少努力，取得了一定的成果。

1.5.2　日本企业质量管理概况

第二次世界大战之后，日本从美国引入了质量管理。由于日本在推行质量管理时能结合本国国情，形成了一套具有日本独特风格的质量管理理论和方法体系，引起了世界各国的普遍重视。日本式的质量管理有以下特点：

1）全企业、全员参加的质量管理

质量管理贯穿企业活动的全过程，并且从企业的最高领导开始直至现场一线的工人。企业各层次的全体人员均参加质量管理活动，是日本的质量管理区别于西方各国质量管理的主要特征。因此，日本式的全面质量管理又称全企业的质量管理（Company Wide Quality Control，CWQC）。

所有部门都参加的质量管理，就是企业所有部门的人员都学习、参与和进行质量管理。在纵向联系很强的日本，即使按费根堡姆的方式把质量管理技术人员安放到各个部门，这些职能人员的意见也是很难被接受的。所以，日本企业一直对各个部门的人员进行教育，让各个部门的人员自己进行质量管理。因此，日本企业有面向营业部门、采购部门等的不同层级的质量管理课程，各种质量管理课程分别得到了完善。

全体人员参加的质量管理，就是企业的董事、经理、中层干部、职能人员、工班长、操作人员、推销人员等全体人员都参加质量管理，每个人都进行质量管理。进而扩展到外协部门、流通部门也都全员参加，这也是考虑到与欧美企业的情况不同而在日本企业中开发运用的质量管理方式。

2）质量管理小组活动

作为全企业质量管理活动一环的质量管理小组活动的基本思想是：

（1）为提高企业素质、为企业发展作出贡献。

（2）重视人的因素，创造有意义的、愉快的工作现场。

（3）发挥人的能力，挖掘无限的可能性。

此外，质量管理小组活动还强调：①自我启发；②自主性；③集体活动；④全员参加；⑤质量管理工具技法的应用；⑥与工作现场紧密结合的活动；⑦质量管理小组活动的活跃与持久；⑧互相启发；⑨动脑创新；⑩质量意识、问题意识、改善意识等，作为对质量管理小组活动的精神准备。

3）质量管理诊断

日本企业的最高经营者一般都十分重视企业的质量管理工作。在企业内部以总经理为首的经营者们，经常去所属各工厂、分公司、营业所，对下属各单位质量管理活动进行诊断、检查和指导，开展质量管理活动的监察活动。这种监察，对于保持质量管理活动的不断深入推进，有不容忽视的促进作用。

日本的质量管理诊断分为两类：一类是由公司外部人员进行的诊断；另一类是由公司内部人员进行的诊断。

（1）由公司外部人员进行的诊断，具体包括：①由买方对卖方进行的质量管理诊断；②为了授予资格而进行的质量管理诊断；③戴明奖（即日本质量管理奖）的审查；④由顾问进行的质量管理诊断。

（2）由公司内部人员进行的诊断，具体包括：①公司经理的质量管理诊断；②所属领导的质量管理诊断，即由处长、所长等进行的质量管理诊断；③由质量管理人员进行的质量管理诊断；④人员之间相互进行的质量管理诊断。

4）统计方法的应用

日本企业开展质量管理活动时，重视灵活地应用各种统计方法，而且十分注重发挥它们的实际效果。对于多变量解析、实验设计法等比较高级的统计方法，注意将它们与计算机技术结合起来应用。对于生产现场常用的统计方法，则注意将它们简单化、程式化，以利于现场工人能方便使用。广为人知的质量管理“新七种”统计工具，就是简单化、程式化的产物，它消除了统计方法的神秘感，真正使统计工具成为广大的普通员工用来参与质量管理的工具。

5）质量管理教育和培训

日本有“质量始于教育，终于教育”的说法。可以说，要推行质量管理，教育是必不可少的工作。采取各种形式对企业全员，上至企业的经营者，下至一线的作业者，进行彻底的质量管理教育、训练，增强他们的质量意识和做好本职工作的技术、技能，这也是日本质量管理的一个突出特点。

（1）按不同阶层进行的质量管理教育。日本的一些机构，如日本科学技术联盟会为企业领导、企业中层干部、技术人员、现场负责人、质量管理小组推进者、质量管理小组组长和组员、操作人员，或为营业部门、采购部门等，制订细致的质量管理教育计划。

（2）长期的质量管理教育。日本的质量管理基础课程，是日本质量管理教育课程的典范。例如，质量管理基础课程一期6个月，每月上课5天的长期课程。把一星期学到的内容带回工厂，花3周时间利用工厂的实际数据进行实践，然后带着实践的结果参加下个月的课程学习，反复学习和实习。2～3名学员配一名指导讲师进行个别指导，这一指导有利于学员自身的学习，也有益于讲师本身。因为讲师能够亲身接触各种行业的实例，所以讲师也受到了训练。这一教育持续进行了几十年，这是日本质量管理的精髓。

(3) 企业内部的教育训练。日本人认为仅有专门团体进行教育训练是远远不够的，他们提倡企业内的教育和训练。很多企业分别编写本企业的教材，进行全体员工的教育和训练。

(4) 教育必须持久进行。日本人半个多世纪以来，在企业中持续地、有增无减地进行教育。日本人认为，人一年要长一岁，而且每年都要招收年轻人，所以必须分别进行相应的教育。

(5) 集中教育之外的教育。集中教育只是整个教育的一部分，除此之外，上级要通过实际业务和工作来教育下级，这是上级的责任。然后，上级把权限转让给下级，并提出大的方针，让下级自主进行工作。

如上所述，日本十分强调教育和训练，通过教育来磨炼头脑、改变思想。

6）全面的质量管理推行活动

为了造成一种声势，每年的11月被定为日本的质量月，各种全国性的质量管理大会和有关质量管理的演讲会都在此期间举行。各企业也往往结合本企业的情况，组织各种有关质量管理的活动。除了质量月之外，平时也有质量管理小组成果发表会、标准化与质量管理大会等活动。日本科学技术联盟、日本规格协会等机构开展的各种质量管理讲座，可供企业各类人员进修。除此之外，与日本工业标准质量认证等联系在一起的质量管理审查制度、表彰制度，以及以日本质量管理的启蒙者、美国著名质量管理学者戴明的名字命名的戴明奖评审制度等，也都是促使日本质量管理不断深入发展的强大推动力。

质量管理研究会、质量月委员会、质量管理大会委员会、质量管理小组总部及支部等民间推进组织的存在，成为战后日本质量管理发展的动力。

综合起来，日本的质量管理是一种经营思想的体现。这一经营思想的内容可以归纳为：①质量第一，即不能短期利益第一；②面向消费者，即不能面向生产者，要考虑对方的立场；③下道工序是顾客，即要打破本位主义；④用数据、事实说话，即应用统计方法；⑤重视人的因素，即全员参与；⑥机能管理，即以机能委员会为基础的管理。

思政专栏

2023年2月，中共中央、国务院发布《质量强国建设纲要》（以下简称《纲要》），作为首个由中共中央、国务院印发的质量工作中长期纲领性文件，确立了新时期质量工作的新方位，掀开了新时代建设质量强国的新篇章。

《纲要》对质量强国建设的总体思路、发展目标等进行顶层设计和系统谋划，为新时代统筹推进质量强国建设提供了行动指南。特别是《纲要》以建设更适配的质量供给体系、高水平的质量基础设施体系、现代化的质量治理体系为主攻方向，部署多个方面重点任务。

——着眼更适配的质量供给体系建设，《纲要》强调推动经济质量效益型发展、增强产业质量竞争力、加快产品质量提档升级、提升建设工程品质、增加优质服务供给、增强企业质量和品牌发展能力，加强宏观、中观、微观系统性设计和整体性推进，促进打造质量供给体系升级版。

——着眼高水平的质量基础设施建设，《纲要》强调优化管理、提升能力、发挥效能，打造系统完备、结构优化、高效实用的质量基础设施。

——着眼现代化的质量治理体系建设，《纲要》强调加强法治建设、健全政策制度、优化监管效能、推动社会共治、加强国际合作，着力健全有利于质量发展的体制机制。

资料来源 国家市场监督管理总局质量发展局. 中央级质量工作文件发布，掀开质量强国新篇章[J]. 瞭望，2023（29）.

点评：质量是国家竞争力的重要标志，是实现现代化的重要支撑。进入新时代，以习近平同志为核心的党中央统揽全局，作出建设质量强国的决策部署。《纲要》的出台，凸显了质量在经济社会发展全局中的基础性、战略性地位和作用，彰显了质量强国建设在全面建设社会主义现代化国家中的使命和责任。

[知识掌握]

一、单项选择题

1.质量定义中的“特性”指的是（　　）。

A.固有的　　B.赋予的

C.潜在的　　D.明示的

2.下列论述中，错误的是（　　）。

A. 特性可以是固有的或赋予的

B. 完成产品后，因不同的要求而对产品所增加的特性是固有特性

C. 产品可能具有一类或多类别的固有特性

D. 某种产品的某一固有特性在其他产品中，不一定是固有特性

3.下列特性中，属于汽车产品固有特性的是（　　）。

A.汽车的价格

B.汽车交付的及时性

C.汽车百公里耗油量

D.汽车交付的方式

二、多项选择题

1.下列关于质量的特性中，（　　）是固有特性。

A.运输公司的货运时间

B.饭店的上菜时间

C.空调机厂的销售价格

D.物业公司的绿化率

2.下列各项中，属于固有特性的是（　　）。

A.产品的价格　　B.产品的说明书

C.产品的“三包”要求　　D.产品的机械性能

3.“朱兰三部曲”是指（　　）。

A.质量保证　　B.质量策划

C. 质量控制　　　　　　　　　　D. 质量改进

三、简述题

1. 试述“质量”、“过程”、“服务”和“顾客”的定义。

2. 质量管理的发展一般分为哪几个阶段？

3. 试述质量管理原则。

第2章 全面质量管理及其基础工作

［学习目标］

（1）掌握全面质量管理的基本观点和特点。

（2）熟练掌握全面质量管理的基础工作。

引例

夯实“中国制造”质量基础

质量是制造业的生命，卓越质量是高端制造的标准。

我国长期致力于统筹推进质量强国建设。2023年2月，中共中央、国务院发布的《质量强国建设纲要》提出，要开展先进标准研制、推广卓越质量管理实践，为制造业质量提升提供了科学指引。

2023年12月，工业和信息化部等三部门联合发布的《制造业卓越质量工程实施意见》（以下简称《实施意见》）指出，持续推进以制造业卓越质量工程实现产品高质量、企业现代化、产业高端化，加快新型工业化进程。

我国是名副其实的制造大国，制造业规模连续13年位列全球第一，在全球制造业占比近30%。目前，我国经济已由高速增长转向高质量发展阶段，制造业也到了从“量的积累”转向“质的提升”的关键时期。如果制造业企业质量管理能力不高、高端产品供给不足，则会制约制造业的高质量发展。所以，实施制造业卓越质量工程，提升企业质量管理能力和产品质量水平，既是加快补齐短板弱项的迫切要求，又是制造业转型升级、适应高质量发展要求的现实需要。

《实施意见》坚持创新驱动，明确了未来5年我国制造业质量水平提升的主要目标，部署了增强企业质量意识、提升企业质量发展能力、推进质量管理数字化等一系列重要任务。

《实施意见》坚持分级指引，科学制定评价标准，形成“经验级、检验级、保证级、预防级、卓越级”分级梯度评价体系，组织企业科学评价和自我声明。

一方面，这有利于引导企业将评价结果用于质量诊断和改进，提高质量辨别能力，推动新时期制造业高质量发展；另一方面，科学的评价标准可以引导产业链上下游企业、供应商、用户等认可卓越质量这一理念，共促产业链质量水平整体提升。对政府而言，评价结果也是对制造业质量发展情况的有效量化，可以为精准施策施力、优化资源配置提供依据，切实为“中国制造”筑牢质量基础。

资料来源　崔爽．夯实“中国制造”质量基础［N］．科技日报，2023-12-21.

2.1 全面质量管理

全面质量管理起源于美国。费根堡姆于1961年在《全面质量管理》一书中最先提出全面质量管理的概念。费根堡姆认为："全面质量管理是为了能够在最经济的水平上，并考虑到充分满足顾客要求的条件下，进行市场研究、设计、生产和服务，把企业内各部门的研制质量、维持质量和提高质量的活动构成一体的有效体系。"这个概念在当时引起了较大反响。由于日本的成功运用，全面质量管理引起世界各国的广泛重视，并得到了极大的发展，使全面质量管理的理论趋于成熟。

在中国，全面质量管理的概念是在1978年以后才逐步建立起来的。1978年，随着中国的改革开放，北京内燃机厂从日本小松制作所引入了全面质量控制（Total Quality Control，TQC）的思想，这一思想的引进大大推动了我国对质量概念认识的深化，也促进了企业对整体质量的认识和重视，掀起了全国性的全面质量管理浪潮。

2.1.1 全面质量管理的概念

全面质量管理既是一套哲学体系，又是一套指导原则。在全面质量管理概念的产生和发展过程中，其定义和解释也在不断发展。

在ISO 8402：1994中，对全面质量管理的定义是：一个组织以质量为中心，以全员参与为基础，目的在于通过让顾客满意和本组织所有成员及社会受益而达到长期成功的管理途径。

其中，"全员"是指该组织结构中所有部门和所有层次的人员。最高管理者强有力的、持续的领导，以及该组织内所有成员的教育和培训是这种管理途径取得成功所必不可少的条件。在全面质量管理中，"质量"这个概念与全部管理目标的实现有关。"社会受益"意味着在需要时满足"社会要求"。

著名的日本质量管理大师石川馨教授根据日本企业的质量管理实践，将全面质量管理描述为全公司的质量控制。他指出："全公司的质量管理的特点在于整个公司从上层管理人员到全体员工都参与质量管理。不仅研究、设计和制造部门参与质量管理，而且销售、材料供应部门和诸如计划、会计、劳动、人事等管理部门以及行政办事机构也参与质量管理。质量管理的概念和方法不仅用于解决生产过程、进厂原材料管理以及新产品设计管理等问题，而且当上层管理人员决定公司方针时也用它进行业务分析，检查上层管理方针的实施情况，解决销售活动、人事劳动管理问题以及解决办事机构的管理问题。"

在出版的《朱兰质量手册》（第6版）中认为，全面质量管理是"当今在全世界为了管理质量而应用的所有理念、概念、方法和工具的集合"。这一定义意味着全面质量管理理论处于动态的继承性发展过程中，全面质量管理倡导管理方法的不断创新。

2.1.2 全面质量管理的几个基本观点

在质量管理中，全面质量管理的理念应该说是一个最高境界，当前乃至今后所出现的各种理论，可以预计都无出其右，也无法代替它，而只是不断地对全面质量管理的理论进行完善、发展和丰富。纵览目前全面质量管理的理论，它具有以下几个基本观点：

（1）以用户为中心，坚持用户至上：一切为用户服务的指导思想，使产品质量和服务质量全方位地满足用户需求。日本提出了“用户是上帝”的口号，就是强调将用户的需要放在第一位，按用户需要的质量特性组织生产，为用户提供满意的产品。“用户”不仅包括组织外的直接用户，还包括组织内部“下道工序是用户”。为了满足用户的要求，就要经常访问下道工序，按下道工序的意见和要求来改进自己的工作，提高工作质量，以保证产品质量。

（2）预防为主，强调事先控制：将质量隐患消除在产品形成过程的早期阶段。

（3）一切用数据说话：用数据说话就是用事实说话。在推行全面质量管理的过程中，广泛采用各种统计方法和工具，对影响产品质量的各种因素，系统地收集有关资料，并对其整理、加工和分析，找出质量波动的规律，实现对产品质量的控制。

（4）持续改进质量：在保证质量的基础上，按PDCA循环模式进行质量持续改进，是全面质量管理的精髓。任何一个组织都应在实现和保持产品质量的基础上，提高质量管理水平，不断改进产品质量和服务质量。

（5）强调以人为本：突出人的作用，调动人的积极性，充分发挥人的主观能动性。

2.1.3　全面质量管理的特点

费根堡姆、朱兰等人提出的全面质量管理概念，强调了其内涵：① 质量管理仅靠检验和统计控制方法是不够的，解决质量问题的方法和手段是多种多样的，必须有一整套的组织管理工作（多方法的质量管理）；② 质量职能是企业全体人员的责任，企业全体人员都应具有质量意识，承担质量责任（全员的质量管理）；③ 质量问题不限于产品的制造过程，解决质量问题也是如此，应该在整个产品质量产生、形成、实现的全过程中都实施质量管理（全过程的质量管理）；④ 质量管理必须综合考虑质量、价格、交货期和服务等各个方面，而不能只考虑狭义的产品质量（全面的质量管理）。

全面质量管理的内涵决定了它的特点，因此概括起来就是“三全一多”或“四全”：全员的质量管理、全过程的质量管理、全面（范围）的质量管理和多方法的质量管理（或全面的方法运用）。

1）全面质量管理参与人员的全面性

全面质量管理的基本原理是对生产全过程的控制，而全过程的质量活动都是通过不同岗位的责任者实施和完成的。因此，任何一个岗位的责任者对产品质量都有直接或间接的影响。产品质量人人有责，全面质量管理要求人人关心质量、人人做好本职工作，全员参与质量管理。这是全面质量管理首要的要求和特点。实施全员参与质量管理的措施如下：

（1）搞好质量教育。质量要“始于教育，终于教育”，使全员牢固树立“质量第一”的思想，增强质量意识，能自觉参与质量保证和管理活动，要不断地通过培训教育，掌握必要的知识和技能，不断更新知识，才能胜任工作。

（2）明确职责和职权。各单位和部门都要为有关人员制定明确的职责和职权，并注意各过程接口和合作，使全员密切配合，协调、高效地参与质量管理工作。

（3）开展多种质量管理活动。全员参加质量活动是保证质量的重要途径，特别是群众性的质量管理小组（QC）活动，可以充分调动员工的积极性，发挥他们的聪明才智，这是全面质量管理的基本要求。

(4) 奖罚分明。这一措施可以引起大家对质量的重视，形成“唯质量最重要”的价值观，造就质量文化氛围，是有效实施全面质量管理的必要基础。

2）全面质量管理过程的全面性

任何产品的产生、形成和实现都有一个过程，即质量环。因此，要保证产品质量，必须把产品质量形成的全过程、各环节以及有关因素都有效地控制起来，并形成一个综合的质量体系，这样才符合全面质量管理基本原理的要求。

全过程质量管理的手段或方法有以下四种：

(1) 编制程序文件。任何过程都是通过程序运作来完成的，因此编制科学、有效的程序文件是保证过程控制的基础。

(2) 有效地执行程序文件。程序文件是反映过程和运作的指南，若只编程序文件而不执行或错误地执行，则不会发挥程序文件的指南作用，也就不会保证全过程处于受控制状态。

(3) 质量策划。质量策划是为了更好地分析、掌握过程的特点和要求，并为此而制定相应的办法，最终更好地实施全过程的控制。

(4) 对过程接口的有效控制。有些质量活动是由很多小规模的过程连续作业完成的，还有些质量活动同时涉及不同类型的过程，这些情况都需要协调和衔接，如果不能密切配合，就无法做到全过程的有效控制。

3）全面质量管理对象的全面性

全面质量管理的对象是全面的，不仅包括产品质量，还包括产品赖以形成的工作质量。全面质量管理中的质量是广义的质量，不仅指狭义的产品“适用性质量”，还包括数量（交货期）、价格和服务以及工作质量，因此要对全面（广义）的质量进行管理。

全员和全过程的质量管理要求有全企业范围的组织协调，否则无法形成一个有机的系统和整体，也无法使全面质量管理发挥作用。因此，全面质量管理必须有上层、中层和基层人员共同参与的组织体系，并形成全企业的质量管理体系，才符合全面质量管理的基本原理和要求，才能发挥全面质量管理的作用。

全面的质量管理应注意以下几点：

(1) 确立管理职责，明确职责和权限。一个单位或组织是否能协调并有机运转，主要在于是否明确管理职责和权限，并各尽其责。

(2) 建立有效的质量体系。费根堡姆把他最先定义的全面质量管理称为“一种有效的体系”，这就是从全企业的范围考虑如何通过系统工程对质量进行全方位控制。全企业范围的质量管理必须包括健全的组织结构，通过程序文件控制过程，并配备必要的资源。因此，建立质量体系是全企业范围质量管理的根本保证。

(3) 配备必要的资源。资源包括人力资源、物资和信息等，同时对于人力资源强调智力资源比体力资源更重要。一个组织，如果只有组织结构、过程和程序，而没有必要的资源，这样的组织无法运行。因此，必要的资源是全企业范围质量管理的基础。

(4) 领导重视。实践证明，必须领导重视并起带头作用才能搞好全面质量管理，否则不会成功。因为全面质量管理本身要求全员、全过程和全方位的控制，没有领导的重视和协调是无法进行全面质量管理的。

4）全面质量管理方法的全面性

质量管理是一门新兴的、多学科性的边缘科学。全面质量管理更是集许多现代管理科学和工程技术为一体的先进科学管理体系，因此它借鉴了所有先进的管理思想和技术方法。其中最为重要的是系统工程思想和统计技术，这是全面质量管理能够形成独立的学科并被广泛接受和发展的基础。

在应用和发展全面质量管理科学方法时，应注意以下几点：

（1）尊重客观事实和数据。已经成为真实的数据既可以定性反映客观事实，又能定量描述客观事实，因此企业必须用事实和数据说话，才能解决有关质量的实质性问题；否则，只凭感觉或靠经验，不能准确反映质量问题的实质，反而可能造成错觉。

（2）广泛采用科学技术新成果。全面质量管理是市场经济的产物，也是现代科学技术和现代大规模生产发展的结果。因此，全面质量管理本身必须要求采用科学技术的最新成果，才能满足大规模生产发展的需要。目前，全面质量管理已广泛采用系统工程、价值工程和网络计划及运筹学等先进科学管理技术和方法，同时也应用一些以计算机为中心的检测技术和设备。今后，全面质量管理技术应与各种先进的科学技术同步发展。

（3）注重实效，灵活运用。有些技术很适用于全面质量管理，但必须结合实际，不能过于追求形式，否则将适得其反。特别是在运用各种统计技术时，更要注意实效性和灵活性，统计过程应避免过于烦琐。

2.1.4　全面质量管理与质量管理体系的关系

这里谈及的全面质量管理与质量管理体系的关系，更具体一点，是指全面质量管理与依ISO 9000系列标准、IATF 16949标准等建立的质量管理体系的关系。

总体而言，全面质量管理与质量管理体系之间是相互补充、相辅相成的关系。费根堡姆在提出全面质量管理概念之时，第一次提出了“质量体系”的观点。正是在费根堡姆的“全面质量管理”理论指导下，后来才有了欧美几个发达国家制定的“质量体系”的国家标准，进而发展为ISO 9000系列标准、IATF 16949标准等国际标准。从ISO 9000系列标准、IATF 16949标准等国际标准的内容、结构来看，无不体现着全面质量管理的思想。

因此，依据ISO 9000系列标准、IATF 16949标准等国际标准建立的质量管理体系，仅仅体现了全面质量管理的一种形式、一种“载体”，它只是实施全面质量管理的一种手段或方法。也就是说，对于企业质量管理工作，全面质量管理是指导质量管理工作的灵魂、思想和观念；依据ISO 9000系列标准、IATF 16949标准等国际标准建立的质量管理体系，使得全面质量管理更具有指导性和操作性。

2.2　全面质量管理的基础工作

在第1章介绍质量管理经历的发展阶段时，本书的观点认为，现代企业质量管理仍然处于全面质量管理阶段。因此，全面质量管理的基础工作就是现代企业质量管理的基础工作。一个组织或一个企业的质量管理工作是否扎实，就看全面质量管理的基础工作是否得以落实。因此，现代企业质量管理应该从全面质量管理的五项基础工作抓起。

2.2.1 标准化工作

企业的标准化工作是企业管理走向科学化、现代化的重要基础工作。它是一种以提高经济效益为中心，以企业生产、技术、经营等全部活动为内容，进行制定标准和贯彻标准的有组织的活动。它在质量管理的全过程中也是一项重要的基础性工作。各种产品质量标准是衡量企业产品是否合格和优劣的尺度。各项工作质量标准是考核评价各部门、各生产环节以及每个人的工作成效的重要依据。如果没有标准化工作作为基础和依据，企业开展全面质量管理是不可能取得成效的。

标准化工作离不开标准，没有标准也就失去了管理的依据。一方面，标准是衡量产品质量和工作质量的尺度；另一方面，标准又是企业进行生产和质量管理工作的依据。

企业标准主要有两大类：一类属于技术标准。这类标准主要是有关国家标准和行业标准的具体化，是直接用以衡量产品质量的技术尺度，如各种基础标准、原料和材料标准、产品技术标准、零件和部件标准、设备和工具标准、工艺标准等。这些标准是企业生产技术活动的基本依据。其中，产品技术标准是最重要的标准，是指对产品性能、规格及其检验方法所做的统一技术规定，是产品主要质量特性的定量表示，是组织生产、检验产品质量、进行质量管理的主要技术依据。在全面质量管理过程中，有些企业还制定优于国家标准和行业标准的产品技术标准，或采用国际标准。另一类属于管理标准。这类标准是企业为了保证和提高产品质量以及实现质量目标，而规定的各方面经营管理业务活动的具体标准，如所规定的各项管理业务活动的工作程序、办事规则、业务守则及各种职责条例等，是衡量工作质量的主要依据。当今，国内外企业界兴起的力争通过《国际标准 ISO 9000 系列标准——质量管理与质量保证标准》的认证活动，也反映了管理标准日益受到重视和关注。

2.2.2 计量工作

计量工作是一种关于测量和保证量值一致、准确的重要技术基础工作。依靠计量检测技术取得准确一致的数据信息，是科学研究、国防建设、生产建设、国际贸易以及社会经济活动的必要基础条件。俄国化学家门捷列夫曾说过："有测量，才有科学。"在科学技术的发展史上，一种新学说、新理论的诞生，往往要经过反复的争论和斗争。这些争论和斗争，往往又是通过试验和测量，最后得到验证而结束，伴随而来的是科学技术的大飞跃。

就企业而言，计量工作是保证测量值的准确性和一致性、确保技术标准的贯彻执行、保证零部件互换和产品质量的重要手段，是质量管理的一项重要的基础工作。

计量工作是保证产品质量的重要手段。计量工作的主要内容包括：

（1）正确合理地选择和使用计量器具和仪器。

（2）严格按照检验规程对所有计量器具进行检查和校验。

（3）及时修理或报废不合格的计量器具。

（4）不断改进计量器具和计量方法，实现检验测试手段的现代化。

2.2.3　质量信息工作

质量信息，是指反映产品质量和产供销各环节工作质量的基本数据和原始记录，以及产品在使用过程中反映出来的各种情报资料的总称。质量信息是质量管理的耳目，也是一种重要的资源。质量信息工作包括信息的收集、整理、分析和管理等工作。

影响产品质量的因素是多方面的、错综复杂的。要搞好质量管理，提高产品质量，关键是要对来自各方面的影响因素有清楚的认识，在同时存在的许多矛盾中，要善于区别现象和本质，否则改进质量管理就会抓不到点子上。为此，企业必须十分重视第一手资料，在获取全面而准确的资料的同时，必须对这些丰富的第一手资料进行科学的整理，以及进行精心的研究、分析和加工，使它们集中地反映出质量问题的根本，为加强质量管理工作提供切实可靠的依据。

可见，质量信息是质量管理不可缺少的重要依据。它是改进产品质量、改善各环节工作质量最直接的原始资料和信息来源，是正确认识影响产品质量诸多因素变化和产品质量升降的内在联系、掌握提高产品质量规律性的基本手段。因此，质量信息工作也是质量管理的一项很重要的基础工作。

在现代企业中，由于生产规模的日益扩大和技术水平的不断提高，以及企业经营环境的日趋复杂和市场竞争的日趋激烈，对质量信息工作也提出了更高的要求。这种工作要求可概括为准确、及时、全面、系统。

2.2.4　质量责任制

在现代企业生产中，企业的产品要经过许多人的共同劳动（包括脑力劳动和体力劳动）才能生产出来。每个人在产品形成过程中，只分担一部分，甚至是很小的一部分工作。然而，这很小的一部分工作却是整个产品形成过程中不可缺少的组成部分。企业里每一个人的工作，都通过不同的渠道、不同的方式直接或间接地影响产品质量的好坏。每一个人究竟应该做些什么？应该怎样去做？应该负什么责任？又该有些什么权力？这些必须通过建立责任制把它们明确地规定下来。因此，建立质量责任制，是组织共同劳动，保证生产正常进行，确保产品质量的基本条件。只有通过建立质量责任制，做到质量管理人人有责，才能把质量管理各个方面的任务和要求，具体落实到每个部门和每个工作岗位中，使全面质量管理成为一个实实在在的管理活动。

建立质量责任制，做到每个人职责分明，有利于处理人们在生产过程中的相互关系，克服那种遇到质量问题互相推诿、不负责任的不良作风，使每个部门和每个人都能在自己的质量责任范围内，各负其责，共同为保证和提高产品质量认真地工作。建立质量责任制，还有利于纠正"质量管理说起来重要，做起来次要，忙起来不要"的不良局面，可以使质量管理真正成为企业各个部门和全体员工共同关心的事情，从而使全面质量管理建立在广泛的员工基础之上，形成"人人关心质量管理，人人参与质量管理"的良好局面。

2.2.5　质量教育工作

质量教育工作是推行全面质量管理的一项基础性工作。质量管理要"始于教育、终于教育"。人是生产力诸要素中最活跃、最重要的要素。工作要靠人做，产品要靠人制造出来。产品质量的好坏，归根结底取决于员工队伍的技术水平和各方面管理工作的水平。因此，开展全面质量管理，应从提高员工的素质抓起，把质量教育工作视为“第一道工序”，视为提高产品质量、提高企业素质、提供合格的人力资源的重要保证。

质量教育工作的内容大致有两个方面：一方面，增强质量意识的教育和全面质量管理基本知识的教育。通过教育使企业全体员工增强“质量第一”、“用户至上”、“顾客在我心中”和“质量在我手中”的观念；通过教育使全体员工对全面质量管理的基本知识和管理方法有一个普遍的了解和掌握，并结合本职工作灵活地加以运用。另一方面，加强专业技术教育和培训。这是结合员工的专业工作所进行的技术基础教育和操作技能训练。通过这样的教育提高员工的技术业务水平，以适应新设备、新技术等技术进步的客观要求。

思政专栏

2018年1月26日，国务院印发《关于加强质量认证体系建设 促进全面质量管理的意见》（以下简称《意见》）。

《意见》中提出要全面贯彻党的十九大精神，以习近平新时代中国特色社会主义思想为指导，按照实施质量强国战略和质量提升行动的总体部署，运用国际先进质量管理标准和方法，构建统一管理、共同实施、权威公信、通用互认的质量认证体系，推动广大企业和全社会加强全面质量管理，全面提高产品、工程和服务质量，显著增强我国经济质量优势，推动经济发展进入质量时代。

资料来源　国务院. 关于加强质量认证体系建设促进全面质量管理的意见［EB/OL］.［2020-11-13］. http: //www.gov.cn/xinwen/2018-01/26/content_5260945.htm.

点评：这段话可以这样理解：一般认为，质量认证是由质量管理体系认证和产品质量认证构成的。在我国，大部分企业的“质量管理体系认证”采用的认证标准是ISO 9000质量管理体系标准；部分企业，如汽车及其相关企业等的“质量管理体系认证”采用的认证标准是以ISO 9000质量管理体系标准为基础的TS 16949标准；比较特殊的行业或企业的“质量管理体系认证”采用其他质量管理体系标准。无论企业的“质量管理体系认证”采用哪种标准，其建立的质量管理体系都是组织进行全面质量管理的具体实施。而企业的“产品质量认证”则是以产品的技术标准等从产品是否符合要求的角度进行的认证，也是组织进行全面质量管理的一种重要实施。我国历来重视全面质量管理，全面质量管理的基础工作是企业质量管理中最基本的工作。

［知识掌握］

一、单项选择题

1.最先提出全面质量管理概念的学者是（　　）。

A.朱兰　　B.费根堡姆　　C.戴明　　D.泰勒

2.下列各项中，属于全面质量管理直接目标的是（　　）。

A.降低成本　　B.提高利润　　C.满足顾客的需求　　D.扩大销售

3.我国企业在实践中将全面质量管理概括为“三全一多”。下列对“三全一多”的叙述不正确的是（　　）。

A. 全员参与的质量管理

B. 全过程的质量管理

C. 全组织（范围、管理对象）的质量管理

D. 全方位的质量管理

二、多项选择题

1. 全面质量管理强调“始于识别顾客的需要，终于满足顾客的需要”，这里的“顾客”是指（　　）。

A. 外部顾客　　B. 相关方　　C. 内部顾客　　D. 供应商

2. 下列各项中，属于质量信息工作的是（　　）。

A. 建立企业的信息反馈系统和质量信息中心

B. 制定质量信息制度

C. 规定质量信息责任制

D. 制定质量标准规范

3. 下列有关全面质量管理的含义，论述正确的有（　　）。

A. 全面质量管理以全面质量为中心

B. 建立质量体系是质量管理的主要任务

C. 全面质量管理是组织进行管理的途径，别无其他

D. 将质量概念扩充为全部管理目标

三、简述题

1. 试述全面质量管理的基本观点。

2. 全面质量管理的特点有哪些？

3. 全面质量管理的基础工作有哪些？

第3章 质量控制技术与方法

[学习目标]

(1) 掌握质量统计控制的一些基础知识。

(2) 掌握质量统计控制的"老七种"统计技术。

(3) 掌握几种常用的简易图分析方法。

引例

国务院：推动企业开展在线计量等质量控制新模式

据中国政府网消息，国务院《关于深化制造业与互联网融合发展的指导意见》(以下简称《意见》)5月20日正式出炉，部署深化制造业与互联网融合发展，协同推进"中国制造2025"和"互联网+"行动，加快制造强国建设。

《意见》提出，要坚持创新驱动，激发转型新动能；坚持融合发展，催生制造新模式；坚持分业施策，培育竞争新优势；坚持企业主体，构筑发展新环境。到2018年，制造业重点行业骨干企业互联网"双创"平台普及率达到80%，成为促进制造业转型升级的新动能来源，制造业数字化、网络化、智能化取得明显进展；到2025年，力争实现制造业与互联网融合"双创"体系基本完备，融合发展新模式广泛普及，新型制造体系基本形成，制造业综合竞争实力大幅提升。

《意见》明确了深化制造业与互联网融合发展的七项主要任务，包括打造制造企业互联网"双创"平台，推动互联网企业构建制造业"双创"服务体系，支持制造企业与互联网企业跨界融合，培育制造业与互联网融合新模式，强化融合发展基础支撑，提升融合发展系统解决方案能力，提高工业信息系统安全水平。

在培育制造业与互联网融合新模式的任务中，《意见》提出要面向生产制造全过程、全产业链、产品全生命周期，实施智能制造等重大工程，支持企业深化质量管理与互联网的融合，推动在线计量、在线检测等全产业链质量控制，大力发展网络化协同制造等新生产模式。

同时，《意见》还提出要组织实施企业管理能力提升工程，加快信息化和工业化融合管理体系标准的制定和应用推广，推动业务流程再造和组织方式变革，建立组织管理新模式；鼓励制造企业与互联网企业合资合作培育新的经营主体，建立适应融合发展的技术体系、标准规范、商业模式和竞争规则，形成优势互补、合作共赢的融合发展格局等多项与标准化工作相关的部署安排。

此外，《意见》提出了完善体制机制、深化国有企业改革、加大财政支持力度、完善税收和金融政策、强化用地用房等服务、健全人才培养体系、推动国际合作交流七个方面的政策支撑和保障措施。要求各地区、各部门高度重视深化制造业与互联网融合发展工作，统一思想，提高认识，加大工作力度，切实抓好政策落实。

资料来源　徐建华. 国务院出台《关于深化制造业与互联网融合发展的指导意见》推动企业开展在线计量等质量控制新模式［N］. 中国质量报，2016-05-24.

3.1　质量控制基础知识

3.1.1　数据、统计数据及其分类

数据是统计方法运用的前提，是产品质量特性的具体反映，数据的收集是质量管理活动的基础工作。在工厂、车间、生产现场，经常会碰到的统计数据有员工人数、员工工资总额、产量、尺寸、质量、化学成分、硬度、纯度、强度、压力、温度、时间、耗电量、用水量、气孔数、砂眼数、疵点数、假焊数、色斑数、不合格品数、不合格品率、合格品数、合格品率等。这些统计数据，有的是可以测量出来的，有的是能够数出来的，有的是由两个数据相除得到的。从统计的角度来看，一般把上述形形色色的统计数据归纳为两大类，即计量数据和计数数据。

1）计量数据

计量数据是指可以连续取值，或者可以用测量工具测量出小数点以下数值的数据，如长度、体积、重量、温度、产量、工资等。例如，用来衡量长度的1.2cm等数值。一般来说，计量数据（不是全部的）服从正态分布。

2）计数数据

计数数据是指不能连续取值，或者用测量工具也得不到小数点以下的数值，而只能得到0或1、2、3等自然数的这类数据，如不合格品数、缺陷数等。

值得注意的是，当数据用百分率表示时，它是计量数据还是计数数据，应取决于该百分率的计算公式的分子。如果分子是计量数据，则得到的百分率数据是计量数据；如果分子是计数数据，则得到的百分率数据是计数数据。例如，生产1 000台电动机，如果发现有12台不合格，则其不合格品率为：12÷1 000×100%=1.2%。从数值上来看，它有小数点以下的数值，但它是以计数数据为分子计算出来的，因此这个1.2%是计数数据。

计数数据可以再进一步细分为计件数据和计点数据。计件数据是指按件计数的数据，如一个不合格品、一台电视机等。计点数据是指按缺陷点（项）计数的数据，如在一块布料上的疵点数、一根钢管上的砂眼数、某个产品上的缺陷数等。

一般情况下，计件数据服从二项分布，计点数据服从泊松（Poisson）分布。

3.1.2　总体和样本

通常，为了掌握一批产品的质量信息，不可能对整批产品全部检查，只能从中抽取一定数量的样品进行测试，根据样品的测试结果来推断整批产品的质量。

总体，又称“母体”，是指在某一次统计分析中研究对象的全体。比如，要研究分析一道工序或一批产品质量的好坏，那么被研究分析的这道工序或那批产品就是总体。总体可以是有限的，也可以是无限的。例如，生产电子元件10万件，尽管它数量相当大，但

是可以数得清楚，因此可以说这批被研究的10万件电子元件是有限总体。然而，对于这个电子元件工厂或其某个生产过程、某道工序来说，过去、现在都生产着这种电子元件，而且以后仍将继续生产这种电子元件，这样它的数量就无法数清了。因此可将这个工厂、某个生产过程或某道工序的从前、现在和将来的全部产量视为无限总体。组成总体的每个单元（产品），称为“个体”。总体中所含的个体数，称为“总体含量（或总体大小）”，常用符号N表示。

样本，也称“子样”，是从总体中随机抽取出来，并且要对它进行详细研究分析的一部分个体（产品）。样本中所含的样品数量，一般称为“样本容量（或样本大小）”，常用符号n表示。比如，从一批数量为1 000件的产品中随机抽取20件产品就组成了一个样本，即n=20，样本大小为20。可见，被抽出的样本中的每一个产品都称为样品。样本是由一个或若干个样品组成的。

3.1.3　抽样及抽样方法

1）抽样

抽样是指从总体中随机抽取样品组成样本的活动过程。

在质量管理中，常用抽取的样品获得样本信息，通过研究局部（样本）去推断、估计、预测全局（总体）的统计方法，达到保证和提高产品质量的目的。通过抽样得到样本来估计、推断总体，当然不会是百分之百正确的，而且肯定会有误差和判断错误。不过，可以根据目的要求让这种错误尽量减少。

总体经过抽样得到样本，对样本进行分析研究进而推断总体的过程，可用图3-1表示。

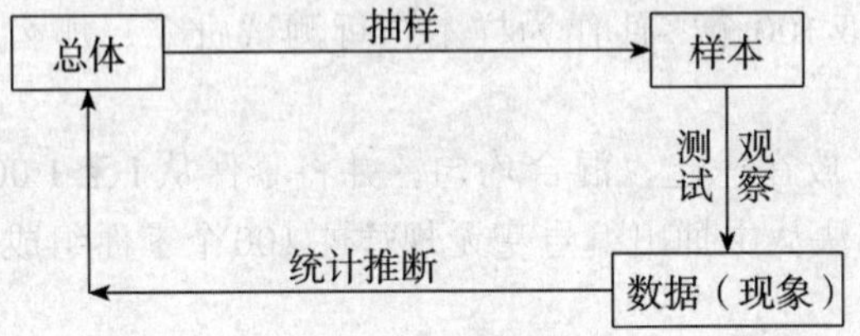

图3-1　总体、样本、数据间的关系

2）抽样方法

抽样方法很多，下面介绍四种常用的抽样方法。

（1）简单随机抽样法。简单随机抽样法，是指总体中的每个个体被抽到的机会是相同的。为实现抽样的随机化，可采用抽签、查随机数值表、掷随机数等办法。例如，要从100件产品中随机抽取10件组成样本，可把这100件产品从1开始编号一直编到100号，然后用抽签的办法任意抽出，假如抽到的10个编号分别是3，7，15，23，35，46，51，72，89，92，于是把这10个编号的产品拿出来组成样本。虽然简单随机抽样法具有抽样误差小的优势，但是其抽样手续较繁杂。

（2）分层抽样法。分层抽样法，也称类型抽样法，实际上是一种两阶段抽样，它是从一个可以分成不同子总体（或称为层）的总体中，按规定的比例从不同层中随机抽取样品（个体）的方法。比如，有甲、乙、丙3个工人在同一台机器设备上倒班做同一种零件，他们加工完的零件分别堆放在3个地方，如果现在要求抽取15个零件组成样本，采用分层抽样法，应从堆放零件的3个地方分别随机抽取5个零件，合起来一共15个零件组成样本。分层抽样法的优点是样本的代表性比较好，抽样误差比较小，精度高于简单随机抽样法；缺点是抽样手续比简单随机抽样法复杂。分层抽样法一般用于对产品质量的验收中。

（3）系统抽样法。系统抽样法，又称等距抽样法或机械抽样法，如要从100件产品中抽取10件组成样本，首先应将100件产品按1，2，3，…，100编号；然后，用抽签或查随机数值表的方法确定1～10编号中的哪一件产品入选样本（此处假定是3）；其余依次入选样本的产品编号分别是：13，23，33，43，53，63，73，83，93；最后，由编号为3，13，23，33，43，53，63，73，83，93的10件产品组成样本。

系统抽样法的优点是操作简便，实施起来不易出现差错，因此在生产现场使用广泛。然而，抽样的起点一旦被确定后，整个样本也就被完全确定，因此系统抽样法容易出现较大的偏差。例如，一台织布机恰好是每隔50m（周期性）出现一段疵布，而检验人员又正好每隔50m抽一段进行检查，抽样的起点正好碰到有瑕疵的布段，以后抽查的每一段也都有瑕疵，这样就会错误地对整匹布甚至整个工序的质量作出不合格的结论。因此，在总体会发生周期性变化的场合，不宜使用系统抽样法。

（4）整群抽样法。整群抽样法，又称集团抽样法，是指将总体分成许多群，每个群由个体按一定方式结合而成，然后随机抽取若干个群，并由这些群中的所有个体组成样本。比如，对某种产品每隔20h抽出其中1h的产量组成样本，或者每隔一定时间（如3min、1h、4h、8h等）一次抽取若干个（如几个、十几个、几十个等）产品组成样本。整群抽样法的优点是抽样实施方便；缺点是由于样本只来自个别几个群体，而不能均匀分布在总体中，因此代表性差，抽样误差大。整群抽样法常用于生产过程控制中。

【例3-1】假设某种成品的零件分别装在20个零件箱中，每箱各装50个，总共是1 000个。如果想从中取100个零件作为样本进行测试研究，那么应该怎样运用上述四种抽样方法呢？

解：1.将20箱零件放在一起，混合均匀，并将零件从1至1 000逐一编号，然后用查随机数值表或抽签的办法从中抽出编号毫无规律的100个零件组成样本，这就是简单随机抽样法。

2.从20箱零件中，每箱都随机抽出5个零件，共100个零件组成样本，这就是分层抽样法。

3.将20箱零件放在一起，混合均匀，并将零件从1至1 000逐一编号，然后用查随机数值表或抽签的办法先决定起始编号，如起始编号为16，那么后面入选样本的零件编号依次为26，36，46，56，…，996，6，由这100个零件组成样本。这就是系统抽样法。

4.先从20箱零件中随机抽出2箱，然后对这2箱零件进行全数检查，即把这2箱零件看成“整群”，由它们组成样本，这就是整群抽样法。

以上四种抽样方法中的抽样单元，都是随机抽出的，属于概率抽样技术。

3.1.4 统计特征数

统计特征数是相对于样本来说的，是由样本得出的、推断总体状况的特征值。

统计方法中常用的统计特征数可分为两类：一类是表示数据的集中位置的，如样本平均值、样本中位数、众数等；另一类是表示数据的离散程度的，如样本极差、样本标准偏差等。下面介绍常用的几个重要的统计特征数。

1）样本平均值

样本平均值是表示数据集中位置的各种特征数中最基本的一种，常用符号 $\overline{X}$（读“x拔”，或读“x bar”）表示。样本平均值的计算公式为：

$$\overline{X}=\frac{1}{n}\sum_{i=1}^{n}X$$

式中：$\overline{X}$——样本平均值；n——样本大小。

例如，有5个统计数据分别是2，3，4，5，6，其平均值为：

$$\overline{X}=\frac{2+3+4+5+6}{5}=4$$

2）样本中位数 $\tilde{X}$

样本中位数 $\tilde{X}$ 是表示数据集中位置的一种特征数，只是较样本平均值所表示的数据集中位置要粗略一些，但其计算简单。

求法：把收集到的统计数据 X_1，X_2，…，X_n 按大小顺序重新排列，排在正中间的那个数就是中位数，用符号 $\tilde{X}$ 表示。这时会出现两种情况：①当n为奇数时，正中间的数只有一个；②当n为偶数时，正中间的数有两个，此时中位数为正中间两个数的算术平均值。

例如，有5个统计数据分别是1.2，1.1，1.4，1.5，1.3，其中位数为：

$\tilde{X}=1.3$

又如，有4个统计数据分别是1.0，1.2，1.4，1.1，其中位数为：

$\tilde{X}=(1.1+1.2)\div 2=1.15$

3）样本方差

样本方差是衡量统计数据分散程度的一种特征数，在方差分析中常用到。

样本方差的计算公式为：

$$S^2=\frac{\sum_{i=1}^{n}(X_i-\overline{X})^2}{n-1}$$

式中：S^2——样本方差；$X_i-\overline{X}$——某一数据与样本平均值之间的偏差。

例如，有5个统计数据分别是2，3，4，5，6，其方差为：

$$S^2=\frac{(2-4)^2+(3-4)^2+(4-4)^2+(5-4)^2+(6-4)^2}{5-1}=2.5$$

4）样本标准偏差

国际标准化组织规定，把样本方差的正平方根作为样本标准偏差，用符号S表示。所以，样本标准偏差的计算公式为：

$$S=\sqrt{\frac{\sum_{i=1}^{n}(X_i-\overline{X})^2}{n-1}}$$

继续用计算样本方差的例子，则上述5个统计数据的标准偏差为：

$$S=\sqrt{\frac{(2-4)^2+(3-4)^2+(4-4)^2+(5-4)^2+(6-4)^2}{5-1}}=1.58$$

为什么要用 S^2 或S来衡量数据的离散程度呢？对于上述样本方差和标准偏差中的两个公式，其求和符号 $\sum$ 中的每一项（$X_i-\overline{X}$）是表示第i个数据同这批数据的平均值 $\overline{X}$（即代表这批数据的集中位置）的偏差。如果将这些偏差值单纯地相加，很有可能得到“和为零”的结果，而无法用来表示数据的离散程度。因此，一般都用偏差的“平方和”来衡量数据的离散程度。在计算公式中，计算样本方差时用n-1作为除数，简单地说，这样可以使计算结果更加精确。

数学上，样本的$\overline{X}$和S^2分别是总体μ（均值）、σ^2（偏差平方）的无偏估计，但S不是σ（偏差）的无偏估计。

5）样本极差

样本极差是一组数据中最大值与最小值之差，常用符号R表示。样本极差的计算公式为：

$$R=X_{max}-X_{min}$$

式中：X_{max}——一组数据中的最大值；X_{min}——一组数据中的最小值。

例如，有5个数据分别是3，7，6，10，8，组成一组，其极差为：

$$R=10-3=7$$

极差是表示数据离散程度的各种特征值中计算最简单的一种。但只用了一组数据中两头的数据，没有充分利用全部数据所提供的信息，所以极差反映实际情况的准确性较差。例如，2，4，5，7，9与2，3，5，8，9这两组数据，它们的极差（R=7）都是一样的，但是这两组数据的分布情况并不相同。

通常情况下，极差用于样本个数n<10的场合；当样本个数n>10时，一般用样本标准差S表示离散程度。

3.2 “老七种”统计技术

质量管理用的统计技术，有“老七种”和“新七种”之说。

“老七种”统计技术是指分层法、统计分析表、排列图、因果图（鱼刺图）、直方图、控制图和散布图；“新七种”统计技术为系统图（树图）、关联图、亲和图、矩阵图、矢线图、PDPC法和矩阵数据分析法。本章主要介绍“老七种”统计技术。此外，还介绍一些简易图和最常用的系统图（树图）、亲和图。

3.2.1 分层法

分层法，又称分类法、分组法，通俗地说，就是“分门别类”法，是把杂乱无章和错综复杂的数据（意见）按其不同的目的进行分类，把性质相同、在同一条件下收集的数据归并成一类，即将数据分门别类地统计，以便找出数据统计规律的一种方法。分层法的目的在于把杂乱无章和错综复杂的数据（意见）加以归类汇总，使之能更确切地反映客观事实。

分层法常用于归纳整理所收集到的统计数据，或归纳汇总由“头脑风暴法”所产生的意见和想法，并常与其他统计方法结合起来使用。分层法的原则是使同一层次内的数据波动（或意见差异）幅度尽可能地小，而层与层之间的差异尽可能地大，否则就起不到归类汇总的作用。分层的目的不同，分层的标志也不一样。一般来说，可采用人员、机器设备、材料、工艺方法、工作时间、工作环境、测量及其他标志进行分层。

（1）人员。可按员工的工龄、性别、技术级别以及班次进行分层。

（2）机器设备。可按设备类型、新旧程度、不同工具等进行分层。

（3）材料。可按产地、批号、制造厂、规格、成分等进行分层。

（4）工艺方法。可按不同工艺、不同加工规程等进行分层。

（5）工作时间。可按不同班次、不同日期等进行分层。

（6）工作环境。可按照明度、清洁度、温度、湿度等进行分层。

（7）测量。可按测量设备、测量方法、测量人员、测量取样方法和环境条件等进行分层。

（8）其他。可按地区、使用条件、缺陷部位、缺陷内容等进行分层。

分层方法有很多，可根据具体情况灵活应用，也可在质量管理活动中不断创新，创造出新的分层标志。分层法的应用程序是：①收集数据和意见；②将采集到的数据或意见根据目的不同选择分层标志；③分层；④按层归类；⑤画出分层归类图。

【例3-2】某装配厂气缸体与气缸盖之间经常发生漏油。经抽查50套产品后发现：一是在涂黏结剂时，三个操作者的操作方法不同；二是所使用的气缸是由两个制造厂所提供的。

解：在用分层法发现漏油原因时，采用以下两种分层标志进行分类：

1.按操作者分层（见表3-1）

表3-1　**按操作者分层**

操作者	漏油	不漏油	漏油率（%）
王师傅	6	13	32
李师傅	3	9	25
张师傅	10	9	53
共计	19	31	38

2.按气缸垫生产厂家分层（见表3-2）

表3-2　**按气缸垫生产厂家分层**

生产厂家	漏油	不漏油	漏油率（%）
一厂	9	14	39
二厂	10	17	37
共计	19	31	38

从表3-1和表3-2中可以看出：为降低漏油率，应采用李师傅的操作方法和选用二厂的气缸垫。然而，事实并非如此。当采用此方法后，漏油率并未降到预期的指标（见表3-3）。因此，这样的简单分层是有问题的。正确的方法应该是：①当采用一厂生产的气缸垫时，应推广李师傅的操作方法；②当采用二厂生产的气缸垫时，应推广王师傅的操作方法。可见，运用分层法时，不应简单地按单一因素分层，应考虑各种因素的综合影响效果。

表3-3　　按两种因素交叉分层

操作者	气缸垫	生产厂家		合计
		一厂	二厂	
王师傅	漏油	6	0	6
	不漏油	2	11	13
李师傅	漏油	0	3	3
	不漏油	5	4	9
张师傅	漏油	3	7	10
	不漏油	7	2	9
合计	漏油	9	10	19
	不漏油	14	17	31
共计		23	27	50

3.2.2　因果图

因果图，也称鱼刺图、特性要因图、树枝图，是由日本质量管理学者石川馨在1943年提出的，所以又称石川图，它表示质量特性波动与其潜在原因之间的关系，是表达和分析因果关系的一种图。因果图被广泛应用于制造业及服务业的质量分析和质量改进活动中。

1）因果图的应用程序

（1）简明扼要地规定结果，即规定需要解决的质量问题。例如，主轴颈有刀痕、烟支空松、复印不清楚等。

（2）确定问题中影响质量原因的分类方法。这时要考虑的类别因素主要有数据和信息、人员、机器设备、材料、方法、环境等。

（3）开始画图，把“结果”画在右边的矩形框中，然后把各类主要原因放在它的左边，作为“结果”框的输入，如图3-2所示。

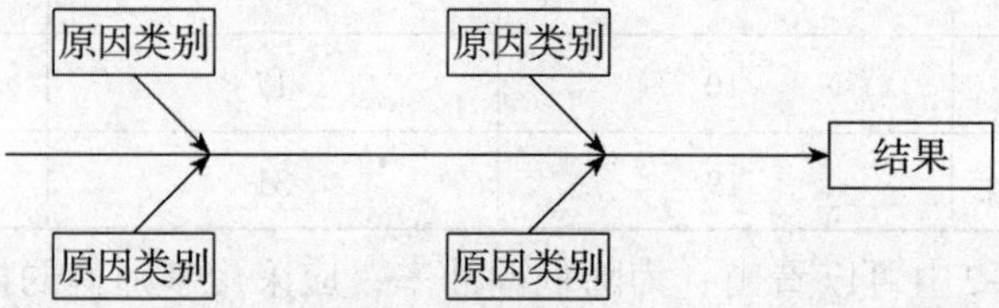

图3-2　因果分析简图

（4）寻找所有下一个层次的原因，画在相应的主（因）枝上，并继续一层层地展开下去（如图3-3所示）。一张完整的因果图，其展开的层次至少应有两层，在许多情况下还可以有三层或更多层。

（5）从最高层次（即最末一层）的原因（末端因素）中选取和识别少量（一般为

3～5个）看起来对结果有最大影响的原因（一般称为重要因素，简称要因），并对它们做进一步的研究，如收集资料、论证、试验、控制等。

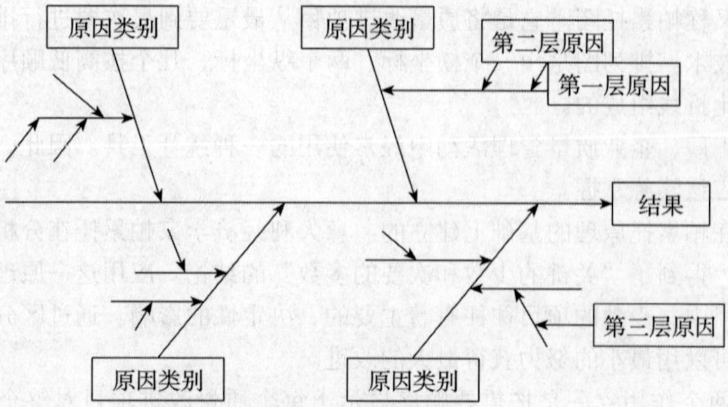

图 3-3　因果分析图

图 3-4 是某制造厂“模具合金开裂”的因果分析图。

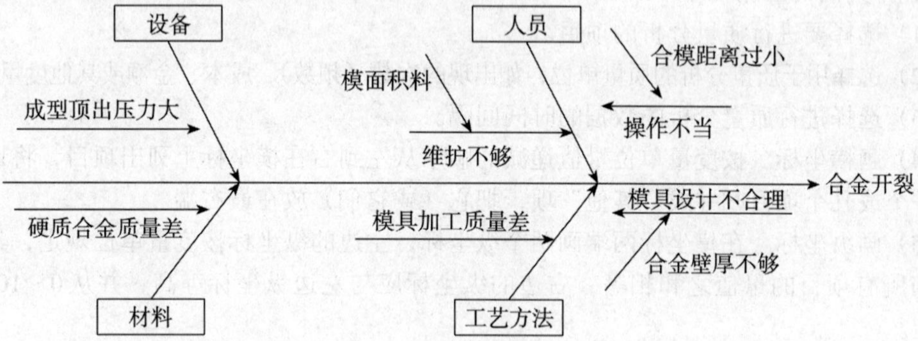

图 3-4　因果分析实例图

图 3-4 中标出的有些末端因素，如工艺方法中的“合金壁厚不够”等，就是引起模具合金开裂的要因，应对此做进一步的研究，对症下药，采取措施加以解决。

2）画因果图的注意事项

（1）结果（特性）要提得具体。如“零件不合格”就不具体，应指出是尺寸不合格还是其他缺陷造成的不合格；在尺寸不合格中又要明确哪个尺寸不合格，否则因果关系不易明确。

（2）应该明确是为了改善，还是为了维持现状。改善就是要改变平均值，维持就是要缩小波动。由于寻找因素的着眼点不同，对改进和维持要明确区分。

（3）因果图是一种枚举法，在分析原因时，要集思广益，充分发表意见，特别是重视现场人员的意见，力求分析结果无一遗漏。

（4）一个结果（特性）制作一个因果图。如果同一零件有两个缺陷项目，那么应分别作因果图。

（5）“原因”的审查。制作好因果图后，有必要对原因权衡轻重，确定哪个或哪些因素是重点，制定相应的措施去解决。

3.2.3 排列图

排列图，又称帕累托图。它是将质量改进项目从最重要到最次要进行排列而采用的一种简单的图示技术。排列图是由一个横坐标、两个纵坐标、几个按高低顺序排列的矩形和一条累计百分比折线组成的。

排列图是工厂、企业质量管理活动中经常使用的一种统计工具。因此，它是本章的重点内容之一，应该熟练掌握。

排列图是在帕累托原理的基础上建立的。意大利经济学家帕累托在分析意大利社会财富分布状况时，得到了“关键的少数和次要的多数”的结论。应用这一原理，就意味着在质量改进的项目中，少数的项目往往有着主要的、决定性的影响。通过区分最重要和最次要的项目，就可以用最小的努力获得最大的改进。

排列图有两个作用：一是按重要顺序显示出每个质量改进项目对整个质量问题的作用；二是寻找主要的、关键的问题或原因，识别质量改进的机会。

1）排列图的应用程序

（1）选择要进行质量分析的项目。

（2）选择用于质量分析的质量单位，如出现的次数（频数）、成本、金额或其他度量单位。

（3）选择进行质量分析的数据的时间间隔。

（4）画横坐标。按度量单位量值递减的顺序从左到右在横坐标上列出项目，将量值最小的一个或几个项目归并成“其他”项，把它（或它们）放在最右端。

（5）画纵坐标。在横坐标两端画两个纵坐标，左边的纵坐标按度量单位规定，其高度必须与所有项目的量值之和相等，右边的纵坐标应与左边纵坐标等高，并从0~100%进行标定。

（6）在每个项目上画长方形，其高度表示该项目度量单位的量值，长方形显示出每个项目的作用大小。

（7）由左到右累加每一项目的量值（以%表示），并画出累计频数曲线，此曲线又称帕累托曲线，用来表示各项目的累计作用。

（8）利用排列图确定对质量改进最为重要的项目。

2）排列图作图步骤

（1）收集数据，并将数据进行分类。

（2）确定用于分析数据的时间周期（间隔）。

（3）按分类项目进行统计。

（4）计算频数和累计频数。

（5）用坐标纸等画出横坐标、纵坐标。画横坐标时，按度量单位量值递减的顺序从左至右在横坐标上列出项目，含有最小项目的类别可归到“其他”一栏，把此栏置于最右端；画纵坐标时，在横坐标两端画两个纵坐标，左边的纵坐标按度量单位标定，其高度必须等于所有项目的量值总和，右边的纵坐标与它等高并从0~100%标定。

（6）按频数大小顺序，在每个项目上画长方形，其高度表示该项目度量单位量值。

（7）按累计频数制作排列曲线。

（8）图形分析，利用排列图确定质量改进的最关键项目。

【例3-3】某公司QC小组在工作中发现，在20米长的焊接管道中有16处砂眼，20处裂缝，4处局部敷焊，6处缩孔，请绘制出排列图，并从图中指出主要问题。

解：由题意列出统计表，见表3-4。

表3-4　问题统计

序号	项目	频数	累计频数	累计频率（%）
1	裂缝	20	20	43.5
2	砂眼	16	36	78.3
3	缩孔	6	42	91.3
4	局部敷焊	4	46	100
合计		46		

从图3-5中可以看出，裂缝和砂眼是主要问题。

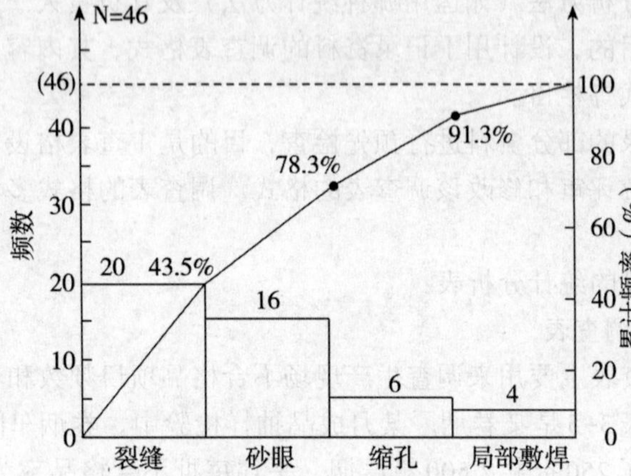

图3-5　焊接问题排列

3）排列图的应用范围

（1）分析现象用排列图。具体包括：①质量：不合格、故障、顾客抱怨、退货、维修等；②成本：损失总数、费用等；③交货期：存货短缺、付款违约、交货期拖延等；④安全：发生事故、出现差错等。

（2）分析原因用排列图。具体包括：①操作者：班次、年龄、经验、熟练程度等；②机器：设备、工具、模具、仪器等；③原材料：制造商、工厂、批次、种类等；④作业方法：作业环境、工序先后、作业安排、作业方法等。

4）排列图的注意事项

（1）分类方法不同，排列图也会不同。通过不同的角度观察和把握问题的实质，需要用不同的分类方法进行分类。

（2）为了抓住“关键的少数”。在排列图上通常把累计频率分为三类：①0～80%为A类因素，即主要因素；②80%～90%为B类因素，即次要因素；③90%～100%为C类因素，即一般因素。

需要注意的是，以上所述为一般的分类方法，在实际工作中，如果第一项的累计频率较高，而且与第二项的累计频率相差明显很大，虽然第一项未达到80%，但可以将其认定为主要因素。

（3）如果“其他”项所占的百分比很大，则说明分类不够理想。这是因为调查的项目分类不当，把许多项目汇总在一起了，需考虑采用其他的分类方法。

3.2.4 统计分析表

统计分析表，又称调查表、检查表、核对表，是用来系统地收集资料和积累数据，确认事实并对数据进行粗略整理和分析的统计图表。它能够促使人们按统一的方式收集资料并便于分析，一般在质量管理活动中，特别是在QC小组活动、质量分析和质量改进的活动中得到了广泛应用。

统计分析表的应用程序是：

（1）明确收集资料的目的。

（2）确定为达到目的需要收集哪些方面的资料。

（3）确定资料的分析方法（如运用哪种统计方法）及其负责人。

（4）根据不同的目的，设计用于记录资料的调查表格式，其内容应包括调查者、调查时间、调查地点和方式等栏目。

（5）对收集和记录的部分资料进行预先检查，目的是审查表格设计的合理性。

（6）在必要时，应评审和修改该调查表的格式。调查表的格式多种多样，可根据需要调查的项目灵活设计。

下面介绍几种常见的统计分析表：

1）不合格品项目调查表

不合格品项目调查表主要用来调查生产现场不合格品项目频数和不合格品率，以便用排列图等分析研究。表3-5是某卷烟厂某月成品抽样检验中，卷烟车间对外观不合格品项目的检验记录。检查了250批共2 500箱卷烟，平均每批不合格品率为0.8%。从外观不合格品项目的各项数据可以看出，空松、贴口、切口的质量问题较为突出。（注：外观不合格项目数≥不合格品数）

表3-5　**成品抽样检验及外观不合格品项目调查**

批次	产品号	成品量（箱）	抽样数（支）	不合格品数	批不合格品率（%）	外观不合格项目								
						切口	贴口	空松	短烟	过紧	钢印	油点	软腰	表面
1	烤烟型	10	500	3	0.6	1	1				1			1
2	烤烟型	10	500	8	1.6	1	1	2	2	1			1	
3	烤烟型	10	500	4	0.8		1	2				1	1	
4	烤烟型	10	500	3	0.6		2			1				
5	烤烟型	10	500	5	1.0	1		1			1		1	1
⋮	⋮	⋮	⋮	⋮	⋮									
250	烤烟型	10	500	6	1.2	1	1		2	1			1	
合计	烤烟型	2 500	125 000	990	0.8	80	297	458	35	28	10	15	12	55

调查者：李××　　　　地点：卷烟车间　　　　年　　月　　日

2）缺陷位置调查表

许多产品或零件经常存在气孔、疵点、碰伤、脏污等外观质量缺陷。缺陷位置调查表可用来记录、统计、分析不同类型的外观质量缺陷所发生的部位和密集程度，进而从中找出规律性，为进一步调查或找出解决问题的办法提供事实依据。表3-6列出的是某QC小组对中继线插头焊接缺陷（不合格）的调查表。

表3-6　　　中继线插头焊接缺陷（不合格）调查表（N=4 870）

序号	项目	频数	累计	累计频率（%）
A	插头槽径大	3 367	3 367	69.14
B	插头假焊	521	3 888	79.84
C	插头焊化	382	4 270	87.69
D	插头内有焊锡	201	4 471	91.82
E	绝缘不良	156	4 627	95.02
F	芯线外露	120	4 747	97.48
G	其他	123	4 870	100.00

调查者：吴××　　　地点：××公司插头焊接小组　　　年　月　日

图3-6列示了手套疵点、脱线质量的缺陷位置。从图3-6中可以看出，特别是虎口、拇指和食指处的疵点、脱线缺陷比较多，因此工厂应首先从这里采取措施提高手套质量。

产品零件		日期	
工序		检查者	
调查目的		调查数量	

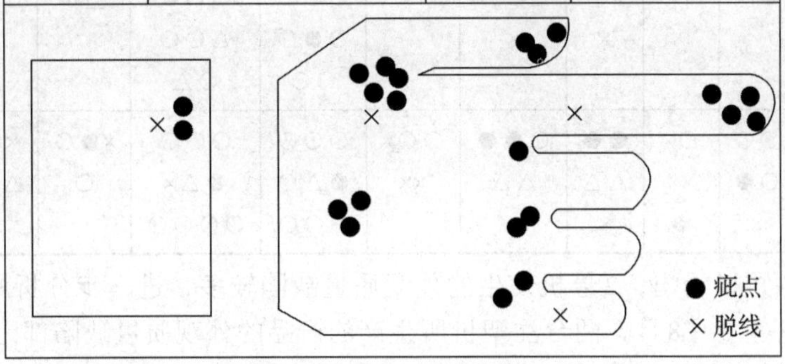

图3-6　手套缺陷位置调查

这种调查分析的做法是：首先，画出产品示意图或展开图，并规定不同外观质量缺陷的标识符号；然后，逐一检查样本，把发现的缺陷按规定的符号在同一张示意图中的相应位置上标示出来。这样缺陷位置调查表就记录了这一阶段（这一批）样本的所有缺陷的分布位置、数量和集中部位，便于进一步发现问题和分析原因，并采取改进措施。

3）质量分布调查表

质量分布调查表是对计量数据进行现场调查的有效工具。它是根据以往的资料，将某一质量特性的数据分布范围分成若干区间而制成的表格，用以记录和统计某一质量特性数据落在某一区间的频数。表3-7列示了一张某零件重量实测值分布调查表，从该表格的形式来看，质量分布调查表与直方图的频数分布表相似。但所不同的是，质量分布调查表的区间范围是根据以往资料划分区间范围，再制成表格，以供现场调查，记录数据；而直方图的频数分布表则是先收集数据，再适当划分区间，然后制成图表，以供分析现场质量分布情况之用。

表 3-7　　　　**某零件重量实测值分布调查表**

调查人__________　　　　调查日期　　年　　月　　日

调查数（N）__________

频数	1	3	6	14	26	32	23	10	4	2		
35												
30						丅						
25					丅	正						
20					正	正	下					
15					正	正	正					
10				止	正	正	正					
5			一	正	正	正	正	正				
0	丅	下	正	正	正	正	正	正	下			
0	0.5	5.5	10.5	20.5	25.5	30.5	35.5	40.5	50.5	(克)		

4）矩阵调查表

矩阵调查表是一种多因素调查表，它要求把产生问题的对应因素分别排列成行和列，在其交叉点上标出调查到的各种缺陷、问题和数量。表 3-8 是某厂两台注塑机生产的塑料制品外观质量调查表。

表 3-8　　　　**塑料制品外观质量调查表**

（缺陷符号：○气孔　△成形　●疵点　×变形　□其他）

机号	2月5日		2月6日		2月7日		2月8日		2月9日		2月10日	
	上午	下午	上午	下午	上午	下午	上午	下午	上午	下午	上午	下午
1号	○● ×○	●□	○○	×□ ×	△○△ ×	○	○○○ ○●○ ○○	○○● △○○ ○△	□○	○△	○×	×× ●
2号	△○□	○○ ○● ×	○× ×× ●	●● △△ ×	○●● △△	○○× ××	○○○ ●△○ ○○○	○○○ ●△× ○○○○	×●○ ○	×○ △□	○○ ×	○□

从表 3-8 中可以看出，2 号机发生的外观质量缺陷较多，进一步分析原因是注塑机 2 号的维护保养差。2 月 8 日，两台注塑机所生产的产品的外观质量缺陷都比较多，而且气孔缺陷尤为严重，经调查分析是由于当天的原材料湿度较大造成的。

5）确认用调查表

确认用调查表，也称检查表、点检表，是预先把需要检查的项目全部列出来，然后按顺序一一进行调查确认的一种调查表。由于确认用调查表在事前经过了周密考虑，详细列出了需要调查的项目，因此它可以有效地防止遗漏，而且可以作为质量记录保存下来，有利于以后对工序过程的研究和完善。确认用调查表特别适合于设备维修、维护后的检查、5S 管理实施的检查、QC 小组活动情况自查等。在质量体系审核工作中的各种检查表均属于确认用调查表。表 3-9 为轿车保养作业检查表。

表3-9　　　　轿车保养作业检查表

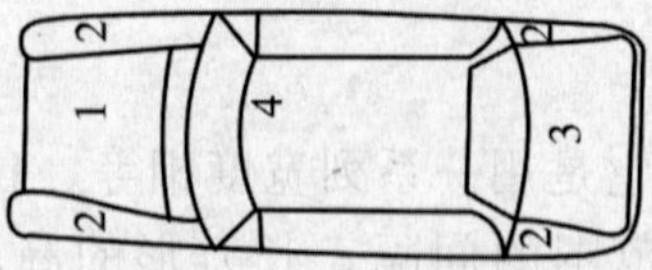

良好 √
不良 ×
尚可 △

	点检内容	9月5日	9月6日	9月8日	9月9日		
1处的点检	冷却水的量与是否漏水	√		√	√		
	风扇皮带的损伤与挠曲	√		√	√		
	机油的量与污浊程度	√		√	√		
2处的点检	轮胎的气压、磨损与损伤	√	√	√	×		
	弹簧的损伤	√	√	√	√		
3处的点检	千斤顶、工具的有无	√			√		
	备用轮胎的气压	√	√	√	√		
4处的点检	发动机的启动情况	√		√	√		
	各仪表的功能正常与否	√	√	√	√		
	离合器的离合情况	△	△	△	√		
	门、锁的情况	√		√	√		
	喇叭、雨刮器的情况	√	√	√	√		
备注							

调查表在应用中常见的错误，主要是调查表设计不当和记录数据上的差错。这是由于设计调查表时未能正确地分层或分层项目的概念混淆，使分类数据混杂而无法进行归纳分析。

3.2.5 直方图

1）直方图的概念

直方图是频数直方图的简称。它是用一系列宽度相等、高度不等的长方形来表示数据的图。长方形的宽度表示数据范围的间隔，长方形的高度表示在给定间隔内的数据数。

直方图的作用是：①显示质量波动的状态；②较直观地传递有关过程质量状况的信息；③当对比了常见的直方图形态表达的质量数据波动状况之后，就能掌握过程的状况，从而确定在什么地方集中力量进行质量改进工作。直方图与后续将介绍的控制图比较，可以说是一种静态的过程“控制图”。

2）应用直方图的步骤

现在以某厂生产的产品重量为例，对直方图的应用步骤进行介绍。该产品的重量规范要求1 000+0～1 000+0.50（g）。

（1）收集数据。直方图收集的数据一般应大于50个，以100个数据为宜。本例在生产过程中收集了100个数据，列于表3-10中。

表3-10　**数据表（按测量顺序排列）**　测量单位：$\frac{1}{100}$g

43	28	27	26	33	29	18	24	32	14
34	22	30	29	22	24	22	28	48	1
24	29	35	36	30	34	14	42	38	6
28	32	22	25	36	39	24	18	28	16
38	36	21	20	26	20	18	8	12	37
40	28	28	12	30	31	30	26	28	47
42	32	34	20	28	34	20	24	27	24
29	18	21	46	14	10	21	22	34	22
28	28	20	38	12	32	19	30	28	19
30	20	24	35	20	28	24	24	32	40

注：表中数据是实测数据减去1 000g后的简化值。

（2）确定数据的极差（R）。用数据的最大值减去最小值求得。在本例中，最大值X_{max}=48（$\frac{1}{100}$g），最小值X_{min}=1（$\frac{1}{100}$g），所以极差R=48-1=47（$\frac{1}{100}$g）。

（3）确定组距（h）。先确定直方图的组数，然后以此组数去除极差，可得直方图每组的宽度，即组距。组数的确定要适当，组数太少，则会引起较大的计算误差；组数太多，则会影响数据分组规律的明显性，且计算工作量加大。组数（k）的确定可参考组数选用表（见表3-11）。

表3-11　　组数选用表

数据数目	组数k	常用组数k
50～100	5～10	
100～250	7～12	10
250以上	10～20	

在本例中，组数k=10，即数据分为10组；组距（h）$=\frac{R}{k}$=47÷10=4.7≈5（$\frac{1}{100}$g）。组距一般取测量单位的整数倍，这样便于分组。

（4）确定各组的界限值。目前确定界限值（主要是确定第1组的下界限值，其他界限值加组距可得）有两种方法：

方法一：$X_{min}-\frac{最小测量单位}{2}$

方法二：$X_{min}-\frac{h}{2}$

式中：X_{min}——所收集、处理的数据的最小值；h——组距。

确定界限值要注意避免出现数据值与组的界限值重合而造成频数计算困难。因此，一般组的界限值确定采用"方法一"，即组的界限值的单位应取最小测量单位的1/2。当求出的组距为偶数时采用"方法二"，可能会出现数据值与组的界限值重合的情况；当求出的组距为奇数时，采用"方法二"不会出现数据值与组的界限值重合的情况，而且比较简便。"最小测量单位"可以理解为取测量单位的一个单位，当数据为整数时可取1；当数据为小数时，如数据有一位小数时可取0.1，数据有两位小数时可取0.01，依此类推。

如果采用"方法一"，本例最小测量单位是个位，其界限值应取0.5。分组时可以把数据表中最大值和最小值包括在内。

第一组下限值为最小值-0.5，即1-0.5=0.5，第一组上限值为第一组下限值加组距，即0.5+5=5.5；第二组下限值为第一组的上限值，即5.5，第二组上限值为第二组的下限值加组距，即5.5+5=10.5，可依此推出各组的界限值。

本例计算的组距为奇数"5"，也可采用"方法二"。

第一组下限值为$X_{min}-\frac{h}{2}=1-\frac{5}{2}=-1.5$，第一组上限值为第一组下限值加组距，即$-1.5+5=3.5$，可依此推出各组的界限值。

"方法一"和"方法二"确定的界限值略有不同，但不影响作图的正确性。

（5）编制频数分布表。把各组的上下界限值分别填入频数分布表内，并把数据表中的各个数据"对号入座"地列入相应的组，统计各组频数（f_i），并按下列公式计算u_i、f_iu_i、$f_iu_i^2$（见表3-12）。

进而可计算样本平均值$\overline{X}$、样本标准差S、过程能力指数C_{pk}以及过程不合格品率。

$$u_i=\frac{i组的组中值-X_0}{组距h}$$

式中：X_0——"统计频数"中频数最大的组中值。

表3-12 **频数分布表**

数据记录分组序号		频数分布		年 月 日			
组号	分组界限	组中值	统计频数	f_i	u_i	f_iu_i	$f_iu_i^2$
1	0.5 ~ 5.5	3	/	1	−5	−5	25
2	5.5 ~ 10.5	8	///	3	−4	−12	48
3	10.5 ~ 15.5	13	//////	6	−3	−18	54
4	15.5 ~ 20.5	18	//////////////	14	−2	−28	56
5	20.5 ~ 25.5	23	///////////////////	19	−1	−19	19
6	25.5 ~ 30.5	28	///////////////////////////	27	0	0	0
7	30.5 ~ 35.5	33	//////////////	14	1	14	14
8	35.5 ~ 40.5	38	//////////	10	2	20	40
9	40.5 ~ 45.5	43	///	3	3	9	27
10	45.5 ~ 50.5	48	///	3	4	12	48
		合计		100		−27	331

本例中频数最大的组是第6组，其组中值为28，即$X_0=28$。因此，$u_1=\frac{3-28}{5}=-5$，其余依此类推。

此处样本平均值$\overline{X}$和样本标准差S的计算如下：

当组数取奇数时，可用简化公式计算（组数取偶数时不适用，要用其他原始公式，参考本章3.1节的内容）。

样本平均值的简化公式为：

$$\overline{X} = X_0 + h\frac{\sum_{i=1}^{k} f_i u_i}{n}$$

样本标准差的简化公式为：

$$S = h\sqrt{\frac{\sum_{i=1}^{k} f_i u_i^2}{n} - \left(\frac{\sum_{i=1}^{k} f_i u_i}{n}\right)^2}$$

在本例中，组数k=10，为偶数，不可用上述简化公式，要用原始公式计算。

计算样本平均值为：

$\overline{X} = 26.65$

计算样本标准差为：

$S = 8.9959 \approx 9$

本例的公差范围为1 000+0 ~ 1 000+0.50（g），又有了样本标准差S值，就不难计算过程能力指数（参考第5章的内容）。

（6）按数据值的比例画横坐标，如图3-7所示。

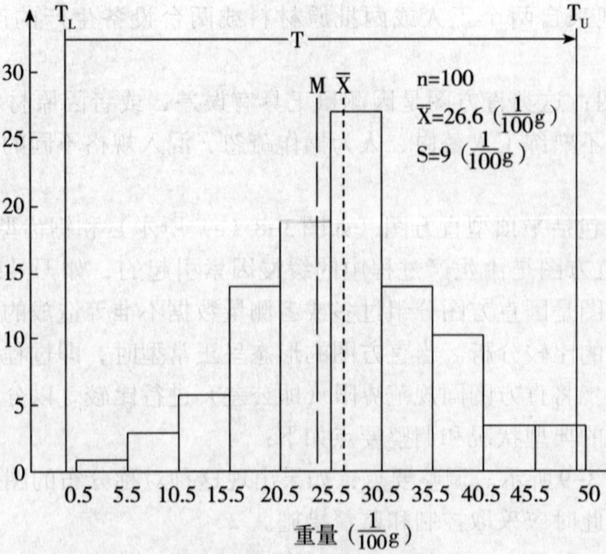

图3-7　成品重量直方图

（7）按频数值的比例画纵坐标，以观测值数目（或用百分数表示），如图3-7所示。

（8）画直方图。按纵坐标画出每个长方形的高度，代表了落在此长方形中的数据数（注意每个长方形的宽度都是相等的）。在直方图上应标注出公差范围（T）、样本大小（n）、样本平均值（$\overline{X}$）、样本标准差值（S）和$\overline{X}$、M的位置等。

3）直方图的观察分析

对直方图的观察分析可从以下两个方面入手：

（1）形状分析与判断。观察分析直方图应着眼于整个图形的形状。常见的直方图形态如图3-8所示，图中显示出了几种数据波动形态：

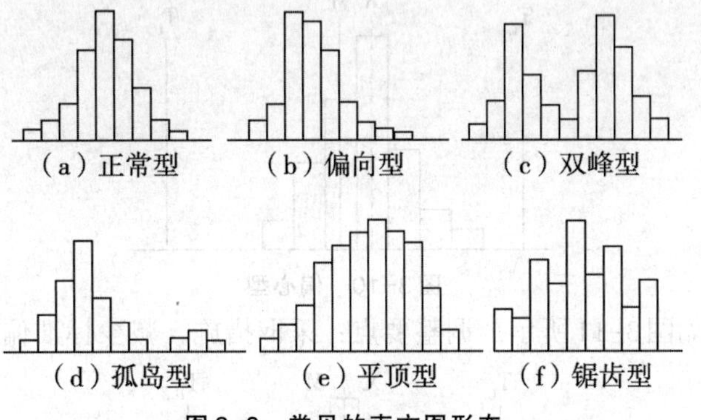

图3-8　常见的直方图形态

① 正常型直方图：中部有一顶峰，左右两边逐渐降低，近似对称，如图3-8（a）所示。这时可判定工序运行正常，处于稳定状态。

② 偏向型直方图：偏向型直方图又分为左偏型直方图和右偏型直方图。一些有形位公差要求的特性值分布往往呈偏向型直方图；孔加工习惯造成的特性值分布常呈左偏型直方图；轴加工习惯造成的特性值分布常呈右偏型直方图。图3-8（b）则是左偏型直方图。

③ 双峰型直方图：直方图中出现两个顶峰，这是因为数据来自不同的总体，如图3-8

（c）所示。比如，把来自两个工人或两批原材料或两台设备生产的产品混在一起而造成的。

④ 孤岛型直方图：这类直方图是因测量工具有误差，或者因原材料的变化、刀具的严重磨损、短时间内不熟练工人替岗、人为操作疏忽、混入规格不同的产品等造成的，如图3-8（d）所示。

此外，直方图还包括平顶型直方图（如图3-8（e）所示）和锯齿型直方图（如图3-8（f）所示）。平顶型直方图是由生产过程中的缓慢因素引起的，如刀具缓慢磨损、操作者疲劳等。锯齿型直方图是因直方图分组过多或者测量数据不准等造成的。

（2）与规范界限的比较分析。当直方图的形态呈正常型时，即过程在此时刻处于稳定状态时，还需要进一步将直方图同规范界限（即公差）进行比较，以分析判断过程满足公差要求的程度。常见的典型状况和调整要点如下：

①理想型，如图3-9所示。调整要点：如果出现这种对称分布的图形，且两边有一定余量，是理想状态，此时应采取控制和监督措施。

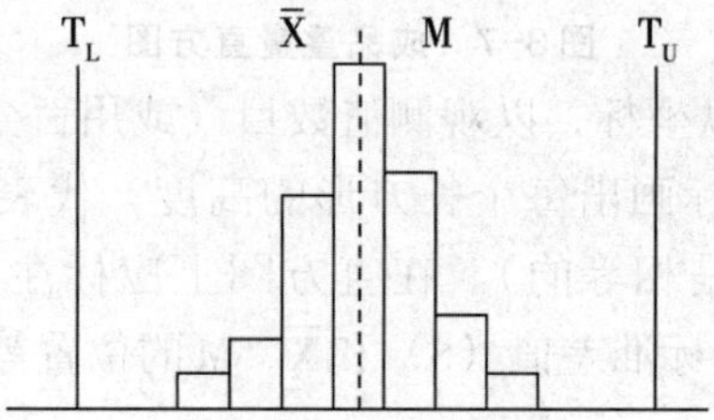

图3-9　理想型

②偏心型，如图3-10所示。调整要点：调整分布中心，使分布中心$\bar{X}$与公差中心M重合。

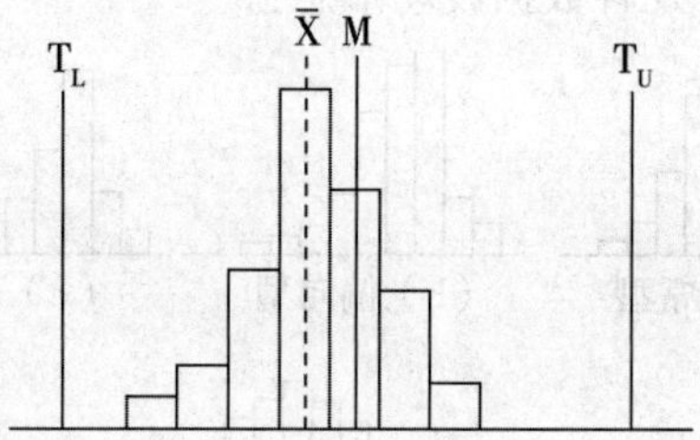

图3-10　偏心型

③无富余型，如图3-11所示。调整要点：采取措施，减少标准偏差S。

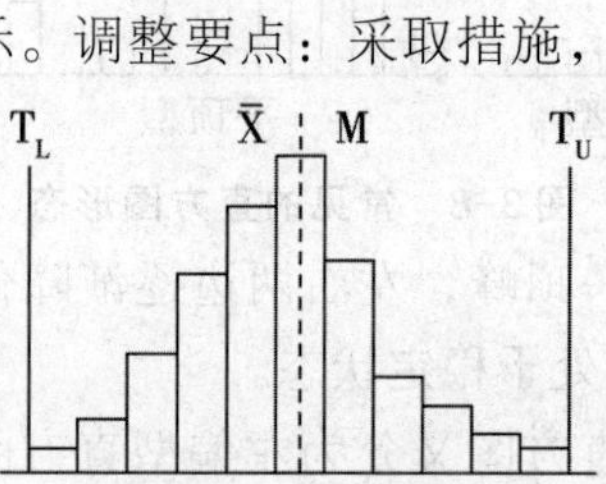

图3-11　无富余型

④能力富余型，如图3-12所示。调整要点：过程能力出现过剩现象，经济性变差，可考虑改变工艺，放宽加工精度或减少检验频次，以降低成本。

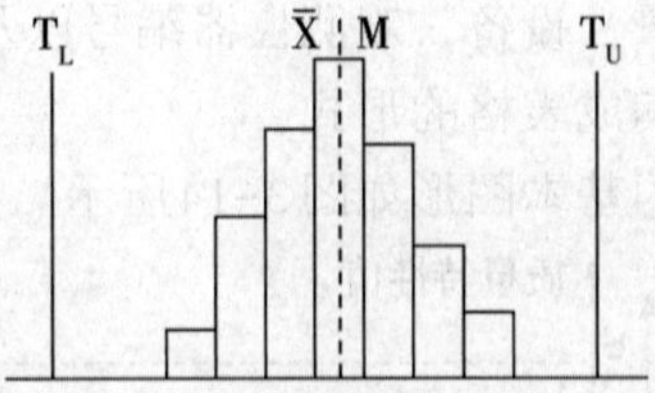

图3-12　能力富余型

⑤能力不足型，如图3-13所示。调整要点：已出现不合格品，应多方面采取措施，减少标准偏差S或放宽过严的公差范围。

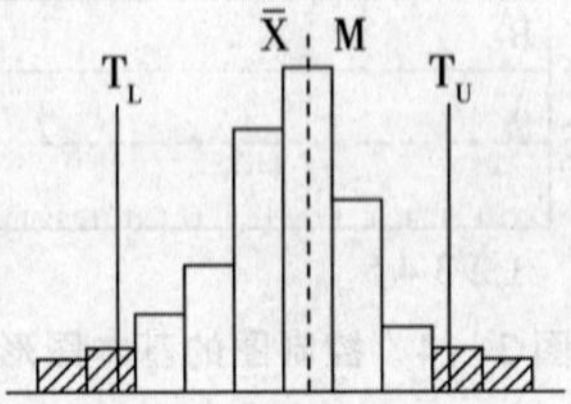

图3-13　能力不足型

3.2.6　控制图

1）控制图的概念与由来

控制图是对生产过程中产品质量状况进行实时控制的统计工具，是对过程质量特性值进行测量、记录、评估，从而监测过程是否处于受控状态的一种用统计方法设计的图。图上有中心线CL、上控制界限线UCL、下控制界限线LCL，并有按时间顺序抽取的样本统计量数值的描点序列。CL、UCL和LCL统称为控制线。如果控制图中的描点落在UCL和LCL之外，或者描点在UCL和LCL之间排列不随机（有规律或某些缺陷），则表明过程出现异常（从统计学的角度）。

20世纪20年代，美国贝尔电话实验室成立了以休哈特为首的过程控制研究组，创建了过程控制理论和监控过程的工具——控制图。第一张控制图诞生于1924年5月16日，休哈特则被誉为统计过程控制理论（SPC）的创始人。自控制图问世以来，由于它把产品质量控制从事后检验变为事前预防，为保证产品质量、降低生产成本、提高生产效率开辟了广阔的前景，因此它在世界各国得到了广泛的应用。我国已经制定了有关控制图的国家标准，即GB/T 4091.1—4091.9-1983，称为“常规控制图”。

2）控制图的用途

控制图的主要用途是：分析判断生产过程的稳定性，从而使生产过程处于统计控制状态；及时发现生产过程中的异常现象和缓慢变异，预防产生不合格品；查明生产设备和工艺装备的实际精度，以便作出正确的技术决定；为评定产品质量提供依据。

控制图就像心电图一样有一个很大的优点，即在图中将描点与控制界限相比较，从而能够直观地看到过程是否正常。人们对控制图的评价是“质量管理始于控制图，也终于控制图”。

3）基本格式

控制图的内容包括两个部分：

（1）标题部分。标题具体包括产品、编号、质量特性、观测方法、规范界限或要求、数据收集时间、抽样间隔、数量、设备、观测仪器编号以及车间、操作员、检验员、控制图的名称等。通常将上述内容编成表格的形式。

(2) 控制图部分。控制图的基本图形如图3-14所示。

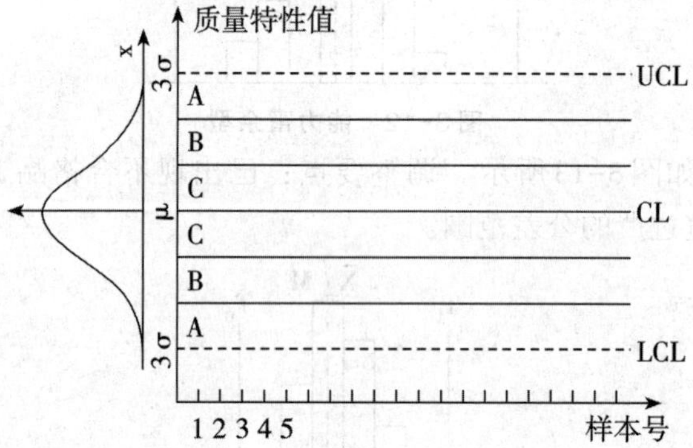

图3-14 控制图的基本图形

在图3-14中，横坐标为样本号，纵坐标为质量特性值。图上有三条主要的平行线分别是：①实线CL——中心线；②虚线UCL——上控制界限线；③虚线LCL——下控制界限线。

在生产过程中，定时抽取样本，把测得的点一一描在控制图上。如果点落在两条控制线（UCL和LCL）之间，且排列无缺陷，则表明生产过程正常，过程处于统计控制状态。如果这些点有的越出控制线，或排列有缺陷，则表明生产条件发生了异常变化，过程已处于非统计控制状态。此时，必须对过程采取措施，加强管理，使生产过程恢复正常。

4) 常用控制图的种类

(1) 按产品质量的特性来分类，控制图可分为计量值控制图与计数值控制图两大类：

①计量值控制图。计量值控制图一般适用于以计量值为控制对象的场合。所谓的计量值，表现为数轴上的所有点，是连续的数值。只要测量精度能够达到，那么其特征值可以以任意的精度表示，如长度、重量、时间、强度、含量及收率等连续变量。

计量值控制图对过程中存在的系统性原因反应敏感，所以具有及时查明并消除异常的明显作用，其效果比计数值控制图显著。计量值控制图经常用来预防、分析和控制过程加工质量，特别是几种控制图的联合使用。常用的计量值控制图有均值-极差控制图（$\overline{X}$-R图）、中位数-极差控制图（$\tilde{X}$-R图）、单值-移动极差控制图（X-R_s图）和均值-标准差控制图（$\overline{X}$-S图）。

②计数值控制图。计数值控制图的作用与计量值控制图类似，其目的也是分析和控制生产工序的稳定性，预防不合格品的发生，保证产品质量。它适用于产品质量特性为计数值的情形，如不合格品数、不合格品率、缺陷数、单位缺陷数等离散变量。常用的计数值控制图有不合格品率控制图（p图）、不合格品数控制图（pn图）、单位缺陷数控制图（u图）和缺陷数控制图（c图）。其中，不合格品率控制图和不合格品数控制图为二项分布（计件值）；单位缺陷数控制图和缺陷数控制图为泊松分布（计点值）。

以上控制图见附录中的附表1。附表1中的前四种为计量值控制图，后四种为计数值控制图。

(2) 按用途分类，控制图可分为分析用控制图与控制用控制图。

① 分析用控制图。分析用控制图用于分析生产过程是否处于统计控制状态。若经分析后，生产过程处于统计控制状态且满足质量要求，则把分析用控制图转为控制用控制图；若经分析后，生产过程处于非统计控制状态，则应查找过程失控的异常原因，并加以消除，去掉异常数据点，重新计算控制线（即CL、UCL和LCL）。若异常数据点比例过大，则应改进生产过程，再次收集数据，计算控制线；若经分析后，生产过程虽然处于统计控制状态，但是不满足质量要求，则应调整生产过程的有关因素，直到满足要求，方能转为控制用控制图。

② 控制用控制图。控制用控制图由分析用控制图转化而成，它用于对生产过程进行连续监控，按照确定的抽样间隔和样本大小抽取样本，计算统计量数值并在控制图上描点，判断生产过程是否异常。控制用控制图在使用一段时间以后，应根据实际情况对控制线进行修改。

5）各种控制图的用途

（1）X-R图。对计量数据而言，这是最常用、最基本的控制图。它用于控制对象为长度、重量、强度、纯度、时间、收率和生产量等计量值的场合。X图主要用于观察正态分布的均值变化，R图用于观察正态分布的分散或变异的变化，而$\overline{X}$-R图则是将二者联合运用，用于观察正态分布的变化。

（2）$\overline{X}$-S图与$\overline{X}$-R图相似，只是用S图（标准差）代替R图（极差）而已。因为极差计算简便，所以R图得到广泛应用，但当样本量n>10时，应用极差估计总体标准差σ的效率降低，需要应用S图来代替R图。现在计算机的应用已经普及，S图的计算已经不成问题，因此$\overline{X}$-S图的应用也将越来越广泛。

（3）$\tilde{X}$-R图与$\overline{X}$-R图也很相似，只是用$\tilde{X}$图代替$\overline{X}$图。由于中位数的计算比平均值简单，因此多用于现场需要把测定数据直接记入控制图进行控制的场合。这时为了简便，一般规定为奇数个数据。应用中位数还有一个好处，即它受到异常数据的影响较小，但如果严格按照规定来收集数据，则异常数据也不会很多。现在现场推行统计过程控制（Statistical Process Control，SPC），多应用计算机，计算平均值已经不成问题，因此$\tilde{X}$-R图的应用逐渐减少。

（4）X-R_s图。X-R_s图多用于下列场合：对每一个产品都进行检验，采用自动化检查和测量的场合，取样费时、昂贵的场合，以及如化工等气体与液体流程式过程，产品均匀、多抽样也无太大意义的场合。由于它不像前三种控制图那样取得较多的信息，因此它判断过程变化的灵敏度也要差一些。

（5）p图。p图用于控制对象为不合格品率或合格品率等计数质量指标的场合。需要注意的是，使用p图时应选择重要的检查项目作为判断不合格品的依据。p图用于控制不合格品率、废品率、交货延迟率、缺勤率、邮电和铁道部门的各种差错率等。

（6）pn图。pn图用于控制对象为不合格品数的场合。设n为样本大小，p为不合格品率，则pn为不合格品个数，因此取pn作为不合格品数控制图的简记记号。

（7）c图。c图用于控制一部机器、一个部件、一定的长度、一定的面积或任何一定的单位中所出现的不合格数。例如，布匹上的疵点数、铸件上的砂眼数、机器设备的不合格数或故障次数、电子设备的焊接不良数、传票的误记数、每页印刷错误数、办公室的差错次数等。

（8）u图。当样本量保持不变时，可以应用u图；当样本量变化时，则应换算为平均每单位的不合格数后再应用u图。

在生产实践中，根据所要控制的质量特性和数据的种类、条件等，按上文所述，可适当选用不同的控制图。

根据实际应用的情况，下面主要介绍$\overline{X}$-R图和pn图。对于其他控制图，读者可参阅有关书籍。

6）控制图的原理

（1）正态分布的重要结论。通过对正态分布各相关范围内的概率计算，得到如图3-15所示的重要结论：

① 在$\mu\pm\sigma$范围内的概率值为68.26%；

② 在$\mu\pm2\sigma$范围内的概率值为95.45%；

③ 在$\mu\pm3\sigma$范围内的概率值为99.73%；

④ 在$\mu\pm4\sigma$范围内的概率值为99.99%。

（2）控制图的设计原则（如图3-17所示）：

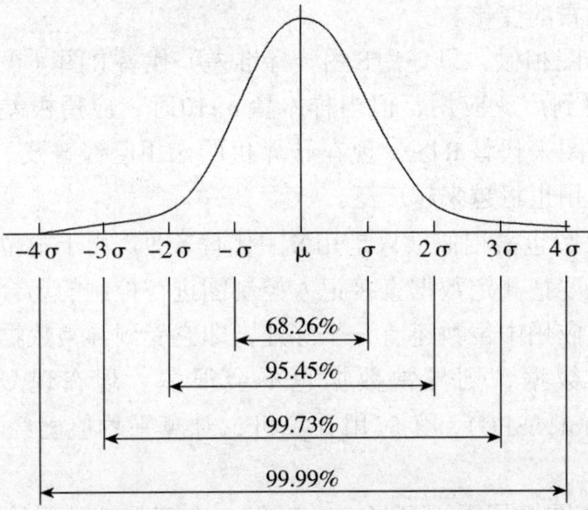

图3-15　正态分布的重要结论

①3σ原则，以$\mu\pm3\sigma$设计控制图的控制界限，受控概率达99.73%；同时体现在以此为控制界限时，是最经济的原则；

②控制图以典型分布的分布中心μ为控制中心线，符号为CL；

③控制图以典型分布的$\mu+3\sigma$为控制上限，符号为UCL；

④控制图以典型分布的$\mu-3\sigma$为控制下限，符号为LCL；

⑤在控制图中加入$\mu\pm\sigma$、$\mu\pm2\sigma$四条线，将控制图划分为六个区域（如图3-14所示），以利于控制图的分析。

如上所述，在生产正常的情况下，根据正态分布的特点，只有在偶然性因素的生产过程中，以$\mu\pm3\sigma$设计控制图的控制界限，受控概率达99.73%，即1 000个数据中最多只有3（实为2.7）个数据（点子）可能超出控制界限。3‰或0.3%这类事件，在数学上属于小概率事件。在生产正常的情况下，小概率事件一般不会发生，即小概率事件发生的可能性为

3‰。一旦发生某点子在界外的情况，就可判断生产过程发生了异常，需立即查明。这种判断的错判率只是3‰，如图3-16所示。

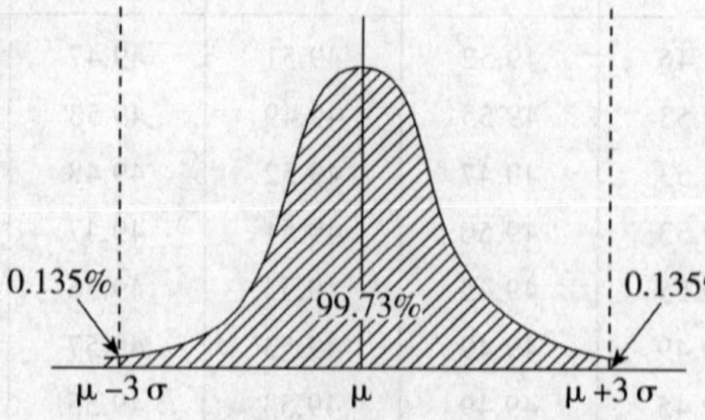

图3-16 正态分布在μ±3σ间的概率

实践经验也充分证明，当UCL=μ+3σ，LCL=μ-3σ时，既能达到控制的目的，又经济合算。据此，若对x设计控制图，则CL=μ，UCL=μ+3σ，LCL=μ-3σ。CL用实线表示，UCL和LCL用虚线表示（如图3-17所示）。

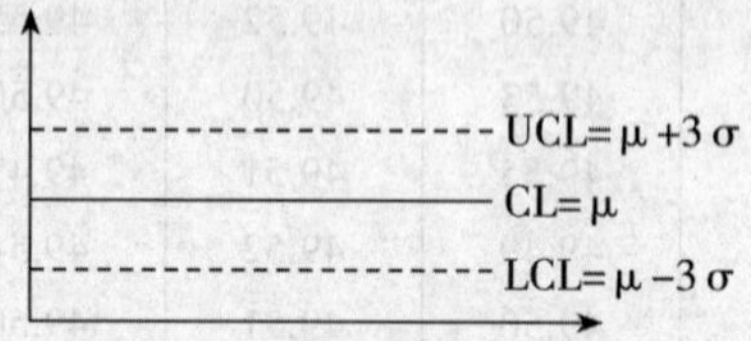

图3-17 控制图的设计原则

7）均值-极差控制图（$\overline{X}$-R图）与不合格品数控制图（pn图）

（1）均值-极差控制图（$\overline{X}$-R图）。X-R图是X图和R图联合使用的一种控制图，X图主要用于判断生产过程的均值是否处于或保持在所要求的受控状态；R图用于判断生产过程的标准差是否处于或保持在所要求的受控状态。X-R图通常在样本大小n≤10时使用，是一种常用的计量值控制图，下面举例说明其制作方法。

【例3-4】某厂生产一种零件，其长度要求49.50±0.10mm，生产过程质量要求过程能力指数不小于1，为对该过程实施连续监控，试设计X-R图。

解：1.收集数据并加以分组。在5M1E（即操作者、设备、材料、工艺方法、环境和测量六要素）充分固定并标准化的情况下，从生产过程中收集数据。每隔2小时，从生产过程中抽取5个零件，测量其长度值，组成一个大小为5的样本，一共收集25个样本，数据见表3-13。

一般来说，制作$\overline{X}$-R图，每组样本大小n≤10，组数k≥25。

2.计算每组的样本均值和样本极差。

$$\overline{X}_i = \frac{1}{n}\sum X_i,\ i = 1,\ 2,\ 3,\ \cdots,\ n$$

$$R = X_{imax} - X_{imin}$$

其计算结果也填写在表3-13中。

3.计算总平均和极差平均。

$$\overline{X}_i = \frac{1}{k}\sum_{i=1}^{k}\overline{X}_i = 49.5068$$

$$\overline{R} = \frac{1}{k}\sum_{i=1}^{i}R_i = 0.0800$$

表 3-13　　**某零件长度值数据表**　　单位：mm

样本序号	X_{i1}	X_{i2}	X_{i3}	X_{i4}	X_{i5}	$\overline{X}_i$	R_i
1	49.47	49.46	49.52	49.51	49.47	49.485	0.06
2	49.48	49.53	49.55	49.49	49.53	49.516	0.07
3	49.50	49.53	49.47	49.52	49.48	49.500	0.06
4	49.47	49.53	49.50	49.51	49.47	49.496	0.07
5	49.47	49.55	49.45	49.53	49.56	49.530	0.11
6	49.45	49.49	49.49	49.53	49.57	49.506	0.12
7	49.50	49.45	49.49	49.53	49.55	49.504	0.10
8	49.50	49.50	49.53	49.51	49.47	49.502	0.06
9	49.50	49.45	49.51	49.57	49.50	49.506	0.12
10	49.50	49.48	49.57	49.55	49.53	49.526	0.09
11	49.47	49.44	49.54	49.55	49.50	49.500	0.11
12	49.49	49.50	49.50	49.52	49.55	49.512	0.06
13	49.46	49.48	49.53	49.50	49.50	49.494	0.07
14	49.53	49.57	49.55	49.51	49.47	49.526	0.10
15	49.45	49.47	49.49	49.52	49.54	49.490	0.09
16	49.48	49.53	49.50	49.51	49.50	49.504	0.05
17	49.50	49.48	49.52	49.55	49.50	49.510	0.07
18	49.50	49.51	49.47	49.53	49.52	49.506	0.06
19	49.50	49.49	49.52	49.50	49.54	49.510	0.05
20	49.50	49.52	49.53	49.45	49.51	49.502	0.08
21	49.52	49.47	49.57	49.50	49.52	49.516	0.10
22	49.50	49.52	49.49	49.53	49.47	49.502	0.06
23	49.50	49.47	49.48	49.56	49.50	49.502	0.09
24	49.48	49.50	49.49	49.53	49.50	49.500	0.05
25	49.50	49.55	49.57	49.54	49.46	49.524	0.11
合计						1 237.669	2.01
平均						49.5068	0.08

4. 计算控制线。

$$\overline{X}\text{图}\begin{cases} UCL = \overline{\overline{X}} + A_2\overline{R} = 49.5068 + 0.577 \times 0.0800 = 49.5530 \\ CL = \overline{\overline{X}} = 49.5068 \\ LCL = \overline{\overline{X}} - A_2\overline{R} = 49.5068 - 0.577 \times 0.0800 = 49.4606 \end{cases}$$

$$R\text{图}\begin{cases} UCL = \overline{D}_4\overline{R} = 2.115 \times 0.0800 = 0.1692 \\ CL = \overline{R} = 0.0800 \\ LCL = D_3\overline{R} < 0 \end{cases}$$

上式中，A_2，D_4，D_3均从控制图系数表中查得（见附录中的附表2）。当n=5时，A_2=0.577，D_3<0，D_4=2.115。

5. 制作控制图。分别制作$\overline{X}$图和R图，两张图必须画在同一页纸上，这样便于对照分析。R图在下，$\overline{X}$图在上，纵轴在同一直线上，横轴相互平行，并且刻度对齐。先制作R

图，若R图正常，再制作$\overline{X}$图。本例中，R图的LCL为负值，但由于极差R不可能为负值(即取0值)，因此R图的LCL可以省略（如图3-18所示）。

6.描点。根据各样本的$\overline{X}$和R_i在控制图上描点（如图3-18所示）。

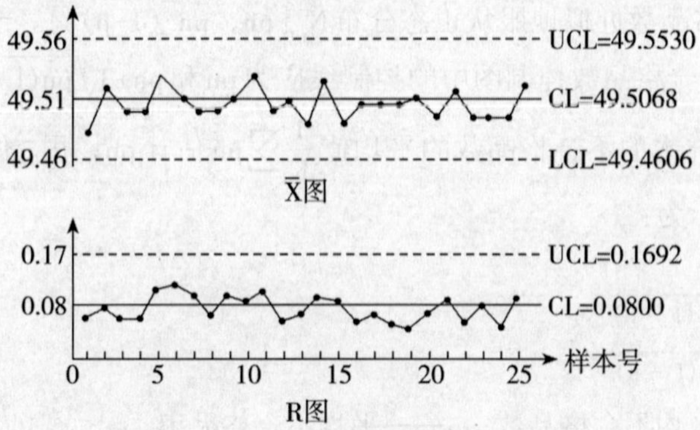

图3-18　零件长度的$\overline{X}$-R图

7.分析生产过程是否处于统计控制状态。根据分析用控制图的判断规则，分析生产过程是否处于统计控制状态。经分析本例中的生产过程处于统计控制状态，计算过程能力指数如下：

求C_p的值：

$$C_p=\frac{T}{6\sigma}=\frac{T}{\frac{6R}{d_{2(n)}}}=\frac{0.20}{6\times 0.08\div 2.326}=0.97$$

数学上，R与S是总体σ的有偏估计，常用$\frac{6R}{d_{2(n)}}$和$\frac{S}{c_{4(n)}}$来估计σ。用$\frac{R}{d_{2(n)}}$估计σ计算比较方便，但一般只在n≤10时使用。这里n=5，用$\frac{R}{d_{2(n)}}$估计σ，其中$d_{2(n)}$、$c_{4(n)}$都是修偏系数，查控制图系数表（见附录中的附表2)，n=5时，$d_{2(n)}=2.326$。

求修正系数k：

$$k=\frac{|\mu-M|}{\frac{T}{2}}=\frac{|\overline{\overline{X}}-M|}{\frac{T}{2}}=\frac{|49.5068-49.50|}{0.20\div 2}=0.068$$

式中：M——公差中心。

求修正后的过程能力指数C_{pk}：

C_{pk}=（1-k）C_p=（1-0.068）×0.97=0.90

倘若过程质量要求过程能力指数不小于1，则显然不满足要求，因此不能将分析用控制图转化为控制用控制图，应采取措施，提高加工精度。

（2）不合格品数控制图（pn图）。

①pn图的应用范围：当生产过程或工序相当稳定时，产品不合格率p有一个比较固定的数值。设样本大小为n，则pn为样本的不合格数。若生产过程或工序没发生变化或处于控制状态，则样本中的不合格数或不合格率变动不大；若发现不合格数或不合格率变动较大，超过事先确定的控制界限，则表明生产过程或工序处于异常状态，需要进行调整。这就是制定不合格品数控制图的基本思想。pn图一般在样本大小n固定的情况下使用，使用这种控制图，应使每个样本中含有1～5个不合格品，n常取50以上的数。当不合格品率

太小时，不宜使用这种控制图。

②pn图的原理：pn图属于计数值控制图。由概率分布理论可知，大小为n的样本中的实际不合格品数，不一定恰好为平均不合格品数，而是一个服从二项分布的随机变量，并且当$n \geq 5$时，不合格品数近似地服从正态分布N［pn，pn（1-p）］。于是，按照确定控制界限$\mu \pm 3\sigma$原理，不合格品数控制图中的控制线应为pn和$pn \pm 3\sqrt{pn(1-p)}$。但p通常为未知数，一般用K个样本的不合格品数的平均值$\frac{1}{K}\sum pn$估计pn，用$\bar{p}$估计p，因而pn图的控制线可近似地表示为：

$$\begin{cases} CL = \bar{p}n \\ UCL = \bar{p}n + 3\sqrt{\bar{p}n(1-\bar{p})} \\ LCL = \bar{p}n - 3\sqrt{\bar{p}n(1-\bar{p})} \end{cases}$$

式中：$\bar{p}n$——平均不合格品数；$\bar{p}$——平均不合格品率。

③pn图的制作步骤：数据的选取与分组；填写数据表；计算$\bar{p}n$。

$$\bar{p}n = \frac{1}{K}\sum pn$$

式中：$\sum pn$——不合格品总数；K——样本总数。

下面举例说明其制作方法。

【例3-5】试为某公司的某产品设计不合格品数控制图。

解：1.收集数据。pn图的统计资料见表3-14。

表3-14　**某产品样本、不合格品数的数据收集**

样本组号	样本大小n	不合格品数pn
1	100	2
2	100	2
3	100	4
4	100	0
5	100	0
6	100	3
7	100	4
8	100	5
9	100	6
10	100	2
11	100	1
12	100	4
13	100	3
14	100	0
15	100	1
16	100	1
17	100	6
18	100	2
19	100	1
20	100	3
21	100	3
22	100	7
23	100	2
24	100	0
25	100	3
合计	$\sum n=2\,500$	$\sum pn=65$

2. 计算 $\bar{p}n$ 和 $\bar{p}$。

$$\bar{p}n = \frac{1}{K}\sum n = 68 \div 25 = 2.72$$

$$\bar{p} = \frac{\sum pn}{\sum n} = 68 \div 2\,500 = 0.027$$

3. 计算控制线。

$CL=\bar{p}n=2.72$

$UCL=\bar{p}n+3\sqrt{\bar{p}n(1-\bar{p})}=2.72+3\times\sqrt{2.72\times(1-0.027)}=7.60$

$LCL=\bar{p}n-3\sqrt{\bar{p}n(1-\bar{p})}=2.72-3\times\sqrt{2.72\times(1-0.027)}<0$（不考虑）

4. 制作pn图。用表3-14中的pn值在图上描点（如图3-19所示）。

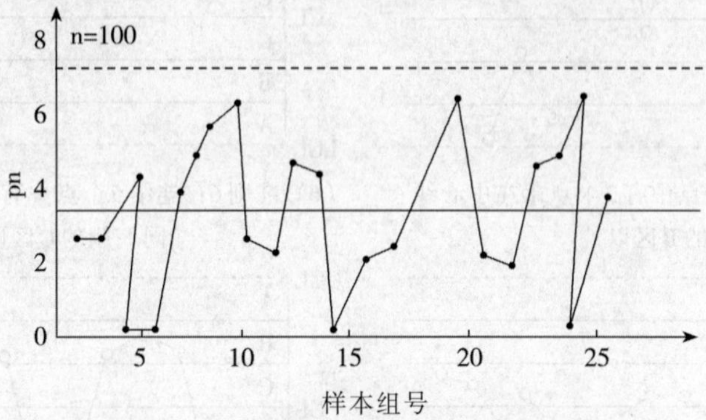

图3-19　某产品的pn图

5. 分析生产过程是否处于统计控制状态。从图3-19中可以看出，未出现异常现象，说明此生产过程处于控制状态。在各因素基本不变的情况下，可将此分析用控制图延长控制线，作为控制用控制图进行在线控制。

8）控制图的观察与分析

（1）生产过程的稳定状态判断有两个条件：一是控制图中所描的点是随机分布的。二是要符合下列条件之一：①连续25个点中没有1个点在控制界限外；②连续35个点中最多有1个点在控制界限外；③连续100个点中最多有2个点在控制界限外。

（2）生产过程的异常判断。依据国家标准“GB/T 4091-2001《常规控制图》”有八种判异准则，如图3-20所示。

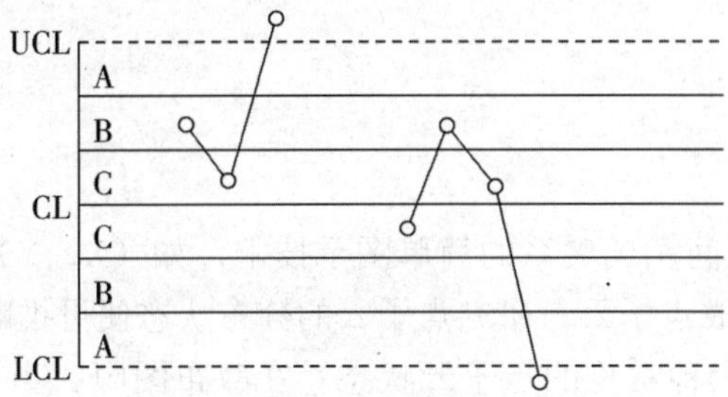

（1）准则1：1个点在A区以外

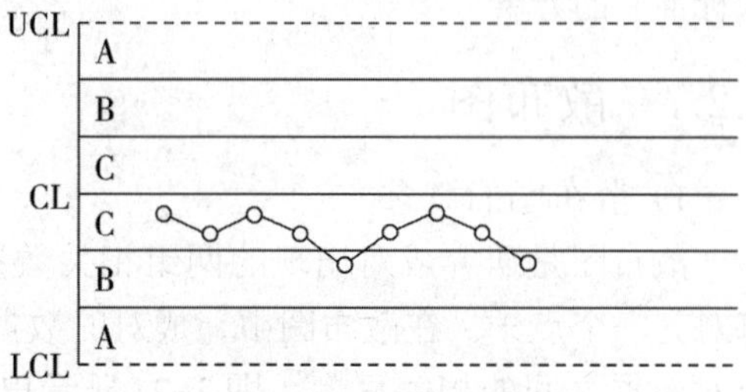

（2）准则2：连续9个点落在中心线同一侧

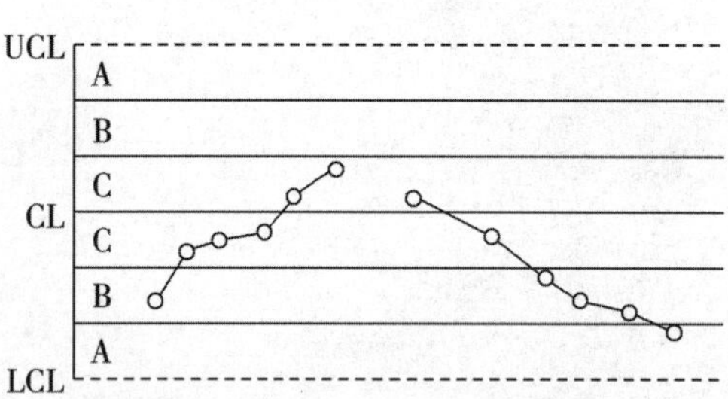

（3）准则3：连续6个点递增或递减

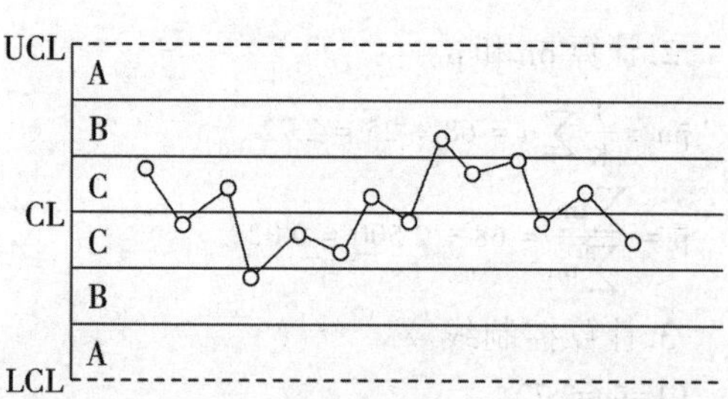

（4）准则4：连续14个点中相邻点交替上下

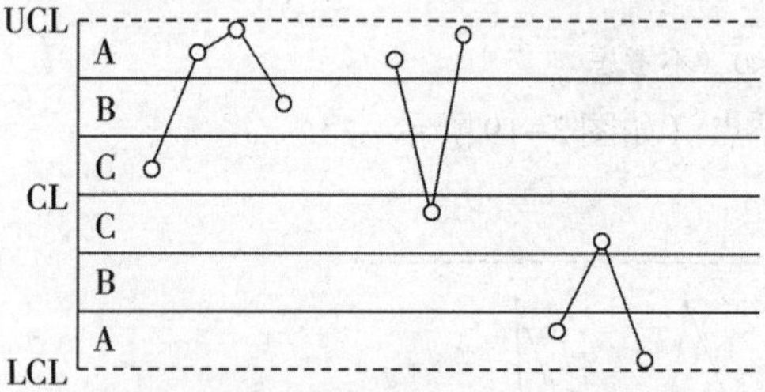

（5）准则5：连续3个点中有2个点落在中心线同一侧的B区以外

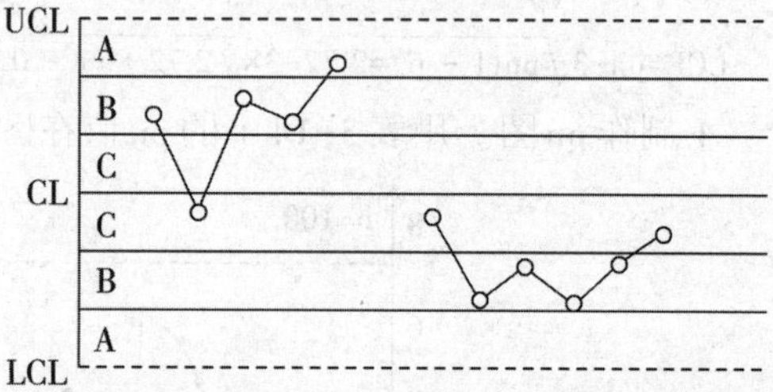

（6）准则6：连续5个点中有4个点落在中心线同一侧的C区以外

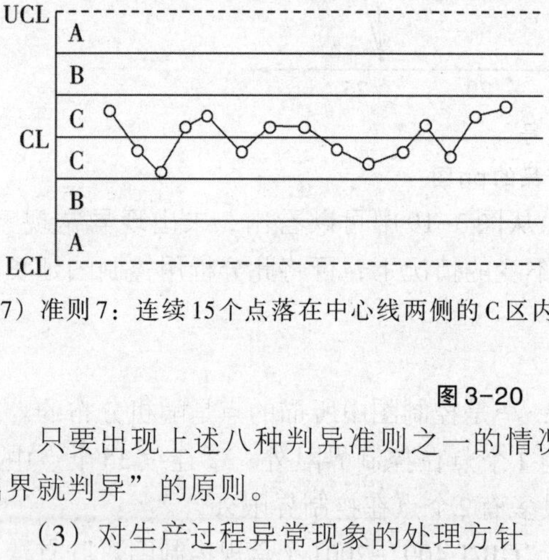

（7）准则7：连续15个点落在中心线两侧的C区内

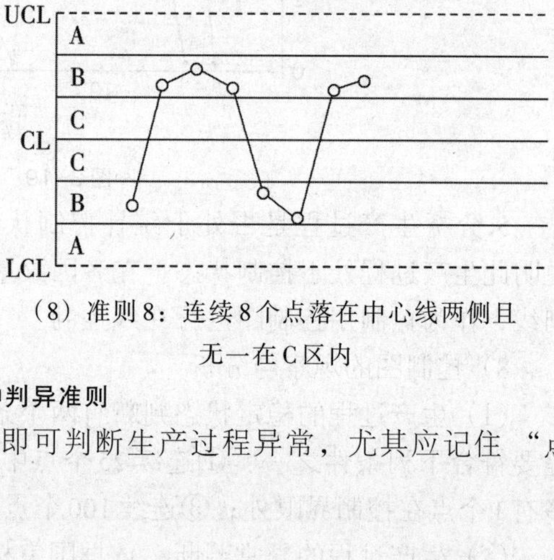

（8）准则8：连续8个点落在中心线两侧且无一在C区内

图3-20　八种判异准则

只要出现上述八种判异准则之一的情况，即可判断生产过程异常，尤其应记住“点出界就判异”的原则。

（3）对生产过程异常现象的处理方针

对生产过程中的异常现象，应执行“查明原因，采取措施，加以消除，不再出现，纳入标准”的方针。

3.2.7　散布图

1）散布图的概念

散布图是研究成对出现的两组相关数据之间相关关系的简单图示技术，如（X，Y），每对为一个点子。在散布图中，成对的数据形成点子云，研究点子云的分布状态便可推断成对数据之间的相关程度。图3-21显示出了六种常见的点子云状态。在散布图中，当X值增加，Y值也增加时，我们就说X和Y是正相关；当X值增加，Y值却减少时，我们就说X和Y之间是负相关。

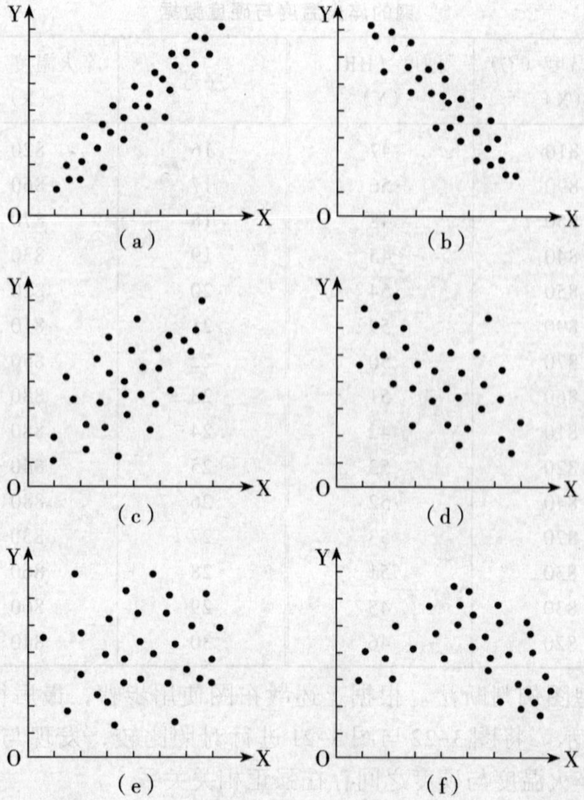

(a) 强正相关；(b) 强负相关；(c) 弱正相关；(d) 弱负相关；
(e) 不相关；(f) 非直线相关

图3-21　典型的点子云形状图

散布图可以用来发现、显示和确认两组相关数据之间的相关程度，并确定其预期关系，常在质量改进活动中得到应用。

2）应用散布图的步骤

应用散布图的步骤如下：

(1) 收集成对数据（X，Y）。从将要对它们的关系进行研究的相关数据中，收集成对数据（X，Y），不得少于30对。

(2) 标明X轴和Y轴。

(3) 分别找出X和Y的最大值和最小值，并用这两个值标定横轴X和纵轴Y，两个轴的长度应大致相等。

(4) 描点。当两组数据值相等，即数据点重合时，可围绕数据点画同心圆表示。

(5) 判断。分析研究画出来的点子云的分布状况，确定相关关系的类型。

3）散布图的相关性判断

散布图中数据点的相关性分析判断方法有对照典型图例判断法、象限判断法、相关系数判断法等。

下面以同一实例对这三种方法作简略介绍。

【例3-6】某厂测得钢的淬火温度与硬度之间的成对数据见表3-15。现用散布图对这30对相关数据的相关程度进行分析研究。

表3-15　　钢的淬火温度与硬度数据

序号	淬火温度（℃）（X）	硬度（HRC）（Y）	序号	淬火温度（℃）（X）	硬度（HRC）（Y）
1	810	47	16	820	48
2	890	56	17	860	55
3	850	48	18	870	55
4	840	45	19	830	49
5	850	54	20	820	44
6	890	59	21	810	44
7	870	50	22	850	53
8	860	51	23	880	54
9	810	42	24	880	57
10	820	53	25	840	50
11	840	52	26	880	54
12	870	53	27	830	46
13	830	51	28	860	52
14	830	45	29	860	50
15	820	46	30	840	49

解：1.对照典型图例判断法。根据上述散布图使用步骤，最后得到这30对数据的散布图，如图3-22所示。将图3-22与图3-21进行对照比较，发现与图3-21中的（a）接近，于是判断钢的淬火温度与硬度之间存在强正相关关系。

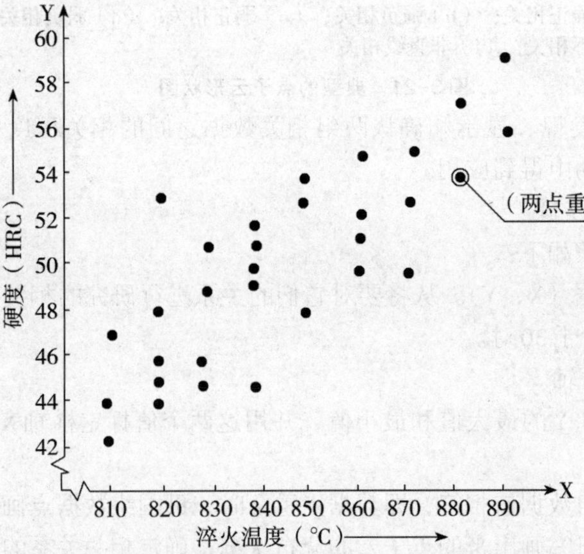

图3-22　钢的淬火温度与硬度的散布图

2.象限判断法。象限判断法，又称中值判断法、符号检定判断法。其步骤如下：

①在散布图上画一条与Y轴平行的中值线f，使f线的左、右两边的点子数大致相等，如图3-23所示。

②在散布图上画一条与X轴平行的中值线g，使g线的上、下两边的点子数大致相等，如图3-23所示。

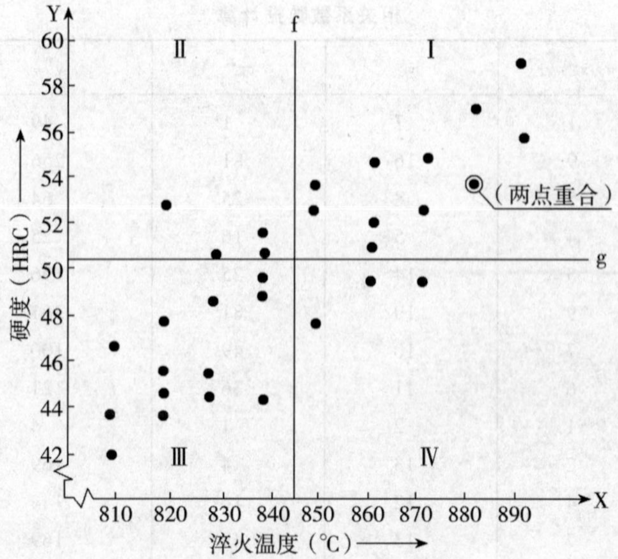

图3-23　象限判断法散布图

③f、g两条线把散布图分成四个象限区域Ⅰ、Ⅱ、Ⅲ、Ⅳ，分别统计落入各象限区域内的点子数（线上的点子可略去不计）。

$n_{Ⅰ}=12$，$n_{Ⅱ}=4$，$n_{Ⅲ}=13$，$n_{Ⅳ}=3$

④分别计算对角象限区内的点子数。

$n_{Ⅰ}+n_{Ⅲ}=25$

$n_{Ⅱ}+n_{Ⅳ}=7$

⑤判断规则。

若 $n_{Ⅰ}+n_{Ⅲ}>n_{Ⅱ}+n_{Ⅳ}$，则为正相关；

若 $n_{Ⅰ}+n_{Ⅲ}<n_{Ⅱ}+n_{Ⅳ}$，则为负相关。

本例中，$n_{Ⅰ}+n_{Ⅲ}=25>n_{Ⅱ}+n_{Ⅳ}=7$，所以钢的淬火温度与硬度存在正相关关系。

3.相关系数判断法。前面两种判断法较简便、直观，但显得粗糙，是简易近似判断法。现在介绍的相关系数判断法较精确，但必须进行大量的计算。现将此法的应用步骤介绍如下：

①计算 x^2、y^2、xy（计算值见表3-16）。

②计算 $\sum x$、$\sum y$、$\sum xy$、$\sum x^2$、$\sum y^2$（计算值见表3-16）。

③计算 L_{xx}、L_{yy}、L_{xy}。

$$L_{xx}=\sum x^2-\frac{\sum x^2}{n}=839-\frac{141^2}{30}=176.3$$

$$L_{yy}=\sum y^2-\frac{\sum y^2}{n}=3\,778-\frac{312^2}{30}=533.2$$

$$L_{xy}=\sum xy-\frac{\sum x\sum y}{n}=1\,716-\frac{141\times312}{30}=249.6$$

④计算相关系数r。

$$r=\frac{L_{xy}}{\sqrt{L_{xx}L_{yy}}}$$

表 3-16　　**相关系数数据计算**

序号	x	y	x^2	y^2	xy
1	1	7	1	49	7
2	9	16	81	256	144
3	5	8	25	64	40
4	4	5	16	25	20
5	5	14	25	196	70
6	9	19	81	361	171
7	7	10	49	100	70
8	6	11	36	121	66
9	1	2	1	4	2
10	2	13	4	169	26
11	4	12	16	144	48
12	7	13	49	169	91
13	3	11	9	121	33
14	3	5	9	25	15
15	2	6	4	36	12
16	2	8	4	64	16
17	6	15	36	225	90
18	7	15	49	225	105
19	3	9	9	81	27
20	2	4	4	16	8
21	1	4	1	16	4
22	5	13	25	169	65
23	8	14	64	196	112
24	8	17	64	289	136
25	4	10	16	100	10
26	8	14	64	196	112
27	3	6	9	36	18
28	6	12	36	144	72
29	6	10	36	100	60
30	4	9	16	81	36
$\sum$	141	312	839	3 778	1 716

注：为了计算方便，表 3-16 中的 x 和 y 值分别是表 3-15 中 X 和 Y 值的简化值：x =（X−800）÷10；y =（Y−40）×1。

经计算：

$$r = \frac{249.6}{\sqrt{176.3 \times 533.2}} = 0.814$$

⑤查出临界相关系数 r_α。

r_α 可根据 n−2 和显著性水平 α（α 为信度，1−α 为置信度。如无特殊要求，α 一般取

0.05）从表3-17中得到。本例中，n−2=30−2=28。α取0.05（也可取0.01），于是查表3-17得 $r_{\alpha}=r_{0.05}=0.361$。

表3-17　　　　　　　　　　　　相关系数检验表

n−2 \ α	0.05	0.01	n−2 \ α	0.05	0.01
1	0.997	1.000	21	0.413	0.526
2	0.950	0.990	22	0.404	0.515
3	0.878	0.959	23	0.396	0.505
4	0.811	0.917	24	0.388	0.496
5	0.754	0.874	25	0.381	0.487
6	0.707	0.834	26	0.374	0.478
7	0.666	0.798	27	0.367	0.470
8	0.632	0.765	28	0.361	0.463
9	0.602	0.735	29	0.355	0.456
10	0.576	0.708	30	0.349	0.449
11	0.553	0.684	35	0.325	0.418
12	0.532	0.661	40	0.304	0.393
13	0.514	0.641	45	0.288	0.372
14	0.497	0.623	50	0.273	0.354
15	0.482	0.606	60	0.250	0.325
16	0.468	0.590	70	0.232	0.302
17	0.456	0.575	80	0.217	0.283
18	0.444	0.561	90	0.205	0.267
19	0.433	0.549	100	0.195	0.254
20	0.423	0.537	200	0.138	0.181

⑥判断。

判断规则如下：

若 $|r|\geq r_{\alpha}$，则X与Y相关；

若 $|r|<r_{\alpha}$，则X与Y不相关。

本例中，$|r|=0.814>r_{\alpha}$，所以钢的淬火温度（X）与硬度（Y）是强正相关关系。可见，用以上三种判断方法对同一实例进行分析判断的结论是一致的。

3.3　几种简易图分析方法

3.3.1　系统图（树图）

1）系统图的概念

系统图，又称树图，是表示某个质量问题与其组成要素之间的关系，从而明确问题的重点，寻求达到目的所应采取的最适当的手段和措施的一种树枝状图。树图可以系统地把某个质量问题分解成许多组成要素，以显示出问题与要素、要素与要素之间的逻辑关系和顺序关系。

比如，可以把头脑风暴法产生的意见和观点，按其内在的联系整理成树图，以便更清晰地显示出诸多要素之间、要素同主题之间的逻辑关系、顺序关系或因果关系。树图常用于单目标的展开。一般均自上而下（或自左而右）展开作图（如图3-24、图3-25所示）。

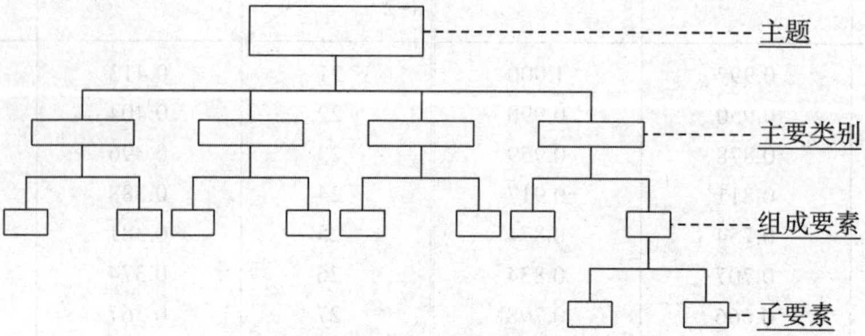

图3-24 宝塔型树图

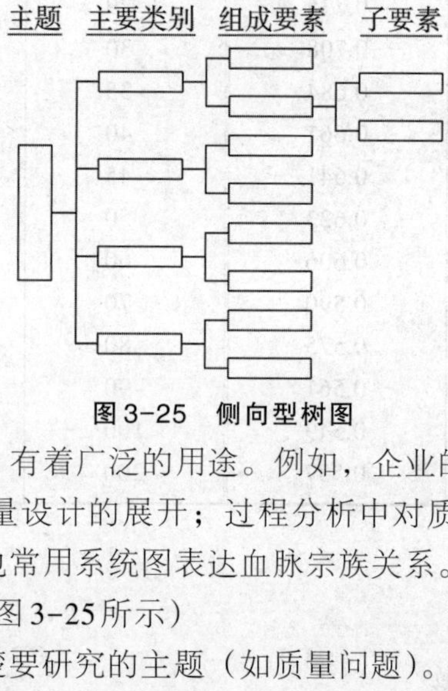

图3-25 侧向型树图

树图在质量管理活动中，有着广泛的用途。例如，企业的方针、目标、实施项目的展开；在新产品开发中进行质量设计的展开；过程分析中对质量特性进行主导因素的展开等。在我国民间的族谱中，也常用系统图表达血脉宗族关系。

2）应用树图的步骤（如图3-25所示）

（1）简明扼要地讲述清楚要研究的主题（如质量问题）。

（2）确定该主题的主要类别，即主要的层次。这时可以利用亲和图中的主卡片，也可以利用头脑风暴法确定主要层次。

（3）构造树图。把主题放在左框内，把主要类别放在右边的方框内。

（4）针对这个主要类别确定其组成要素和子要素。

（5）把针对每个主要类别的组成要素及其子要素放在主要类别右边相应的方框内。

（6）评审画出的树图，确保无论在顺序上或逻辑上都没有差错。

3）画树图时应注意的事项

（1）用于因果分析的树图一般是单目标的，即一个质量问题用一张树图。

（2）树图中的主要类别一般可以不先从5M1E出发，而是根据具体的质量问题或逻辑关系去选取。

【例3-7】试为某厂绘制聚氯乙烯塑料试片麻坑厚度超差龟裂的因果分析树图。

解：图3-26中“试片麻坑厚度超差龟裂”是树图中的“主题”；“人员”、“设备”、

“工艺”、“原料”和“环境”是树图中的“主要类别”；“操作不熟练”“执行工艺不严”……“卫生条件差”是树图中的“组成要素”；“没定机、定人”“新调入人员经验少”……“工作台不清洁”是树图中的“子要素”。

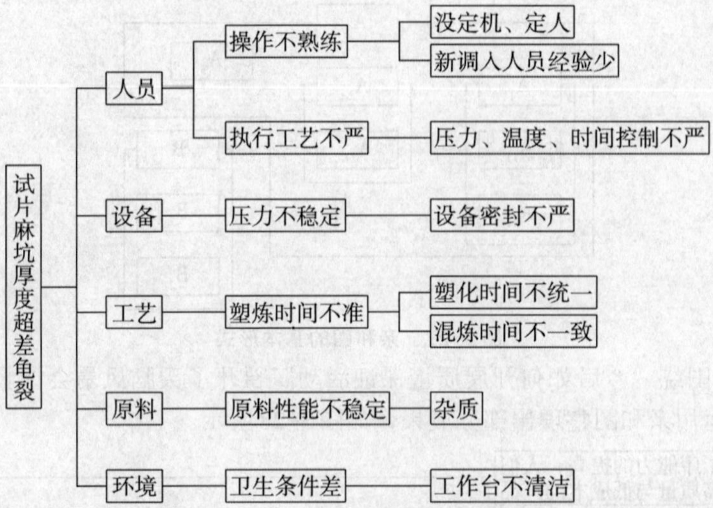

图3-26 某厂塑料试片麻坑厚度超差龟裂的因果分析树图

3.3.2 亲和图

1）亲和图的概念

亲和图，又称A型图解、近似图解，是KJ法的一种类型。它是把收集到的大量有关某一特定主题的意见、观点、想法和问题，按它们之间相互亲（接）近程度、关系加以归类、汇总的一种图示技术。

2）亲和图的用途

亲和图是对通过头脑风暴法产生的大量想法进行分类的一种工具，常用于归纳、整理由头脑风暴法所产生的各种意见、观点和想法等语言资料。

3）亲和图的使用方法和步骤

（1）阐述问题。小组成员最多不应超过10人，小组的组织者应用通俗的语言（非专业术语）讲解清楚将要讨论研究的质量问题。将问题清晰地写在黑板或活动挂图上，保证每个人都能清楚地看到。

（2）制作语言资料卡片。训练辅导员应保证每个人都可随意表达自己的观点（一般使用4~7个词来具体、清楚地表达，其中至少要使用一个名词和一个动词），然后将所提出的想法制作成语言资料卡片。尽量做到每张卡片只记录一条意见、一个观点和一种想法。

（3）汇总和整理卡片。当所有观点都记录到黑板上后（或将卡片贴到黑板上后），根据特定的主题将所记录的内容分组归类，但对记录内容暂不进行讨论或评论。将记录内容根据假定的相互联系进行分类，最多不超过10种类别。如果记录内容有归类错误的情况，将其移至适当的位置。

（4）为每一类别的记录内容选定标题。找出或另写出一张能代表该类别内容的主卡片，把主卡片放在最上面。

（5）按类（组）将卡片中的信息加以登记、汇总，画出亲和图。图3-27为亲和图的基本形式。

（6）写出书面报告。根据绘制的亲和图，写出分析报告，指明结论。

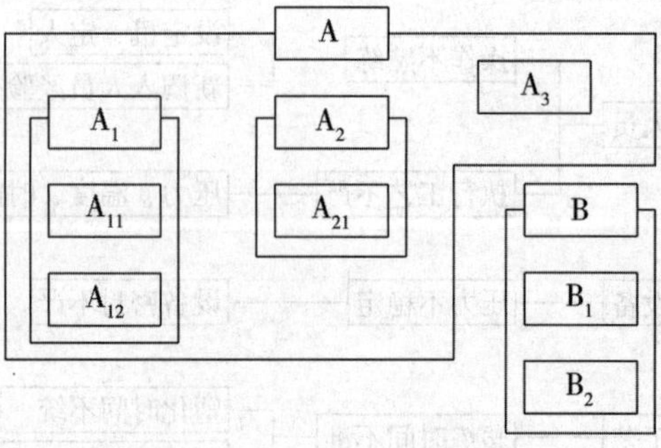

图3-27　亲和图的基本形式

某QC小组围绕“今后如何开展质量保证活动”召开了头脑风暴会议。最后，根据收集到的意见，运用亲和图整理出部分成果，如图3-28所示。

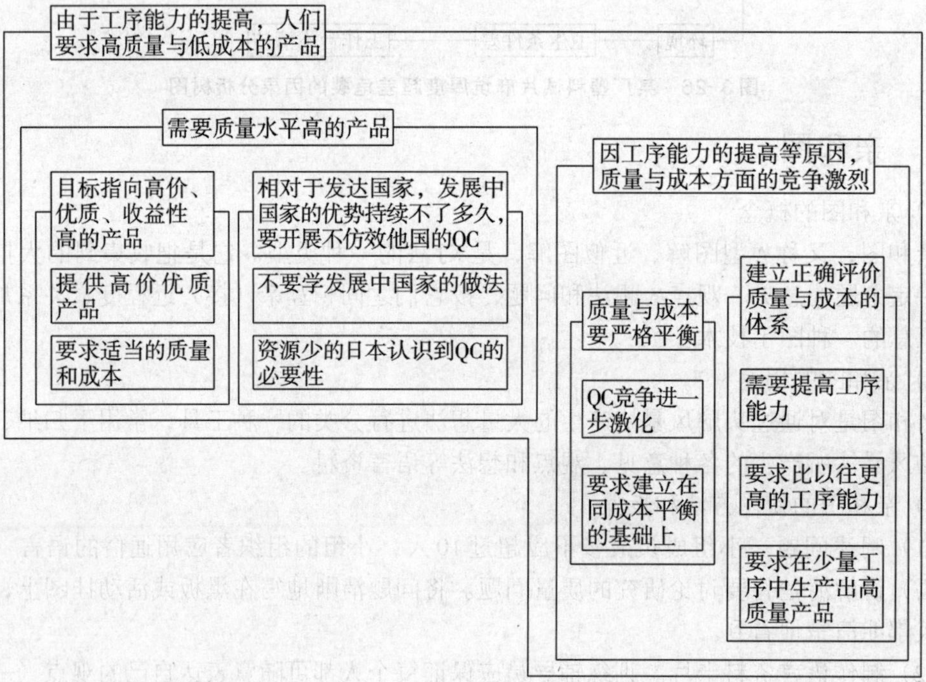

图3-28　“今后如何开展质量保证活动”的部分成果

3.3.3　常用的几种简易图

1）流程图

（1）流程图的概念。流程图就是将一个过程（如工艺过程、检验过程、质量改进过程等）的步骤用图的形式表示出来的一种图式技术。流程图可以用来描述现有的过程，也可用来设计一个全新的过程。流程图在QC小组活动和质量改进活动中都有广泛的用途。

流程图由一系列容易识别的标志构成，一般使用的标志如图3-29所示。

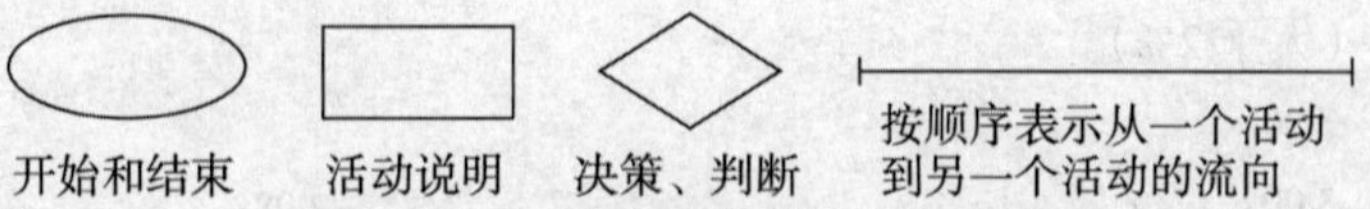

图3-29　流程图中一般使用的标志

（2）流程图的应用程序（见表3-18）。

表3-18　流程图的应用程序

描述现有的过程	设计一个新过程
识别过程的开始和结束	识别过程的开始和结束
观察从开始到结束的整个过程	让此过程中要使用的步骤形象化
规定该过程的步骤	确定该过程的步骤
画出该过程的一张流程图	画出表示该过程的流程图草图
与该过程所涉及的有关人员共同评审流程图	与该过程将要涉及的有关人员一起评审流程图草图
根据评审结果改进流程图草图	根据评审结果改进流程图草图

【例3-8】试绘制复印文件的流程图。

解：复印文件的流程图，如图3-30所示。

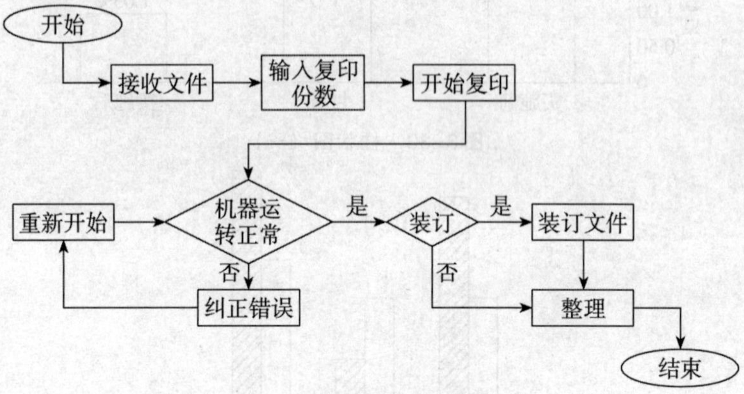

图3-30　复印文件的流程图

2）折线图

折线图，又称波动图、推移图，常用来表示质量特性数据随着时间推移而波动的状况。例如，某公司销售额在1年内各个月的变化情况的折线图，如图3-31所示。

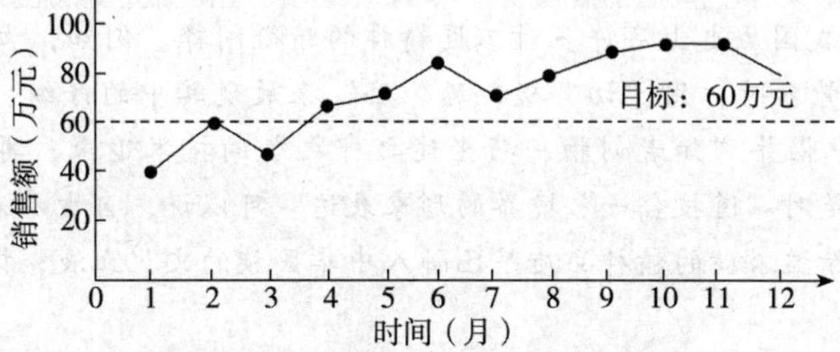

图3-31　1—12月某公司销售额折线图

又如，某产品返修率折线图，如图3-32所示。从图3-32中可以看出，1—10月平均返修率为2.52%（大于2%）。

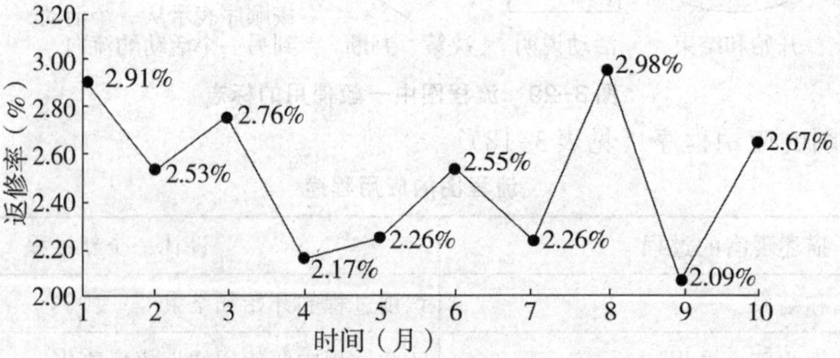

图3-32　1—10月某产品返修率折线图

3）柱状图

柱状图是用长方形的高低来表示数据大小，并对数据进行比较分析的一种图式技术，如图3-33、图3-34所示。

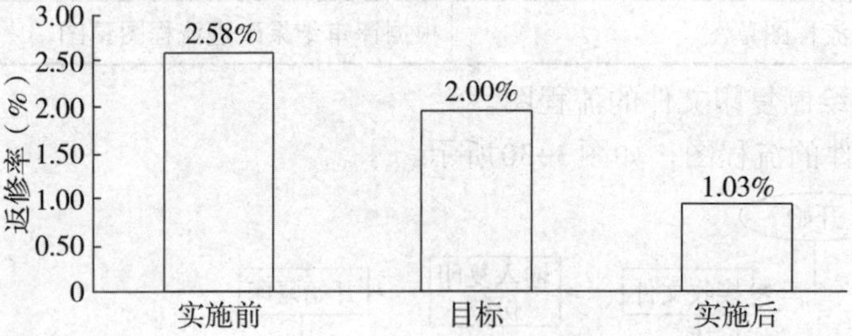

图3-33　柱状图（一）

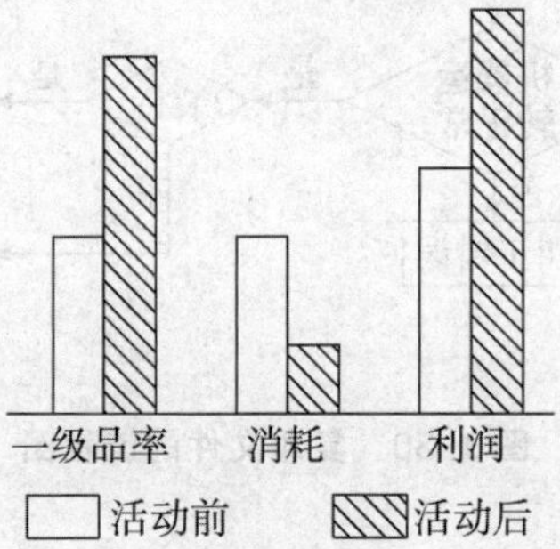

图3-34　柱状图（二）

思政专栏

古为今鉴，我国历史上有许多对工匠精神的精微阐释。例如，古代描述工匠在制作玉器、象牙、骨器时，用“切、磋、琢、磨”来展现其中的仔细、认真与执着；又如，《考工记》中倡导“知者创物，巧者述之守之”的技术追求；再如，耳熟能详的“庖丁解牛”，就是对“道技合一”境界的形象表达。可以说，自古以来，中国并不缺少匠人匠心。这种精益求精的精神品质早已融入中华民族的文化血液，根植于我们的民族文化传统。

工匠精神贵在传承，要想真正落地生根，需要全社会形成共识，共同塑造尊技重道的文化氛围。近年来，随着一批“大国工匠”走向“前台”，越来越受到人们的关注，工匠精神不仅有了具象的模范代表，而且有了可学可敬的典范。既是受“大国工匠”的带动，又是得益于社会的广泛认同，人们对匠人愈加尊重、对工匠精神愈发推崇，良好的社会文化氛围正在形成。更为重要的是，近年来，“劳动最光荣、劳动最崇高、劳动最伟大、劳动最美丽”的观念日益深入人心，“幸福都是奋斗出来的”理念更加巩固，让劳动者更有尊严，培养工匠精神的土壤也更为肥沃。

资料来源 彭新武.“制造强国”呼唤工匠精神［N］. 人民日报，2020-12-01.

点评：没有强大的制造业，就没有国家和民族的强盛，打造具有国际竞争力的制造业，是我国提升综合国力、保障国家安全、建设世界强国的必由之路。中国实现从“制造大国”向“制造强国”、从“中国制造”向“中国创造”的转变，一个重要方面是把更多的创新、资金转向实体经济，走出一条更多依靠人力资本集约投入、科技创新拉动的发展路子；同时，要努力培养一支宏大的高素质劳动者大军，涵养劳模精神、劳动精神、工匠精神。

［知识掌握］

一、单项选择题

1.数据中的最大值与最小值之差被称为（　　）。

A.误差　　B.偏差

C.极差　　D.粗差

2.一组检测数据为：3.2，3.5，3.1，3.4，3.7，3.0，它们的中位值、极差和平均值分别是（　　）。

A.3.2，0.7，3.3　　B.3.1，0.7，3.4

C.3.2，0.5，3.3　　D.以上都不是

3.在利用样本数据绘制$\overline{X}$-R图时，经计算得到$\overline{\overline{X}}$=65.5，$\overline{R}$=2.0，已知系数A_2=0.577，D_4=2.115，D_3为负值。请问$\overline{X}$-R图的中心线和上、下控制界限分别为（　　）。

A.UCL=66.077
CL=65.5
LCL=0

B.UCL=69.73
CL=65.5
LCL=61.27

C.UCL=66.654
CL=65.5
LCL=64.346

D.UCL=4.230
CL=64.346
LCL=0

4.在控制图中，UCL和LCL之间间隔为（　　）倍标准差。

A.3　　B.6

C.1　　D.1.5

5.控制机加工产品长度的控制图是（　　）。

A.计点值控制图　　B.计件值控制图

C.计量值控制图　　D.计数值控制图

6.研究成对出现的两组相关数据之间关系的简单示图的是（　　）。

A.树图　　B.散布图

C.控制图　　D.直方图

二、多项选择题

1.下列各项中，属于计量值控制图的有（　　）。

A.$\overline{X}$-R图　　B.pn图

C.$\overline{X}$-S图　　D.X-R_s图

2.下列各项中，属于计数值控制图的有（　　）。

A.不合格品率控制图　　B.单位缺陷数控制图

C.单值-移动极差控制图　　D.缺陷数控制图

3.排列图中寻找主要因素的方法是ABC分类法，其ABC所占百分比范围分别为（　　）。

A.0～70%　　B.0～80%

C.80%～90%　　D.90%～100%

4.因果图又称（　　）。

A.石川图　　B.目标手段图

C.鱼刺图　　D.特性分析图

5.直方图中常见的异常形态有（　　）。

A.双峰型　　B.孤岛型

C.平顶型　　D.锯齿型

三、计算题

1.某厂加工螺栓，其外径尺寸要求8±0.5mm，现从生产的一批产品中抽出100个样品，经过测量，其尺寸见表3-19，试画出直方图。（提示：为计算方便，建议取组数k=10）

表3-19　　**螺栓样品尺寸表**　　单位：mm

7.77	8.27	7.93	7.08	8.03	8.12	8.18	8.10	7.95	7.95
8.01	8.04	7.88	7.92	8.15	7.95	7.94	8.07	8.00	7.75
7.71	7.75	7.96	8.19	7.70	7.86	7.84	8.08	8.24	7.61
8.19	8.11	7.74	7.96	8.17	8.13	7.80	7.90	7.93	7.78
8.42	8.13	7.71	7.96	7.78	7.80	8.14	7.56	8.17	7.97
7.92	7.92	7.75	8.05	7.94	8.13	7.80	7.90	7.93	7.78
7.87	7.63	7.80	7.92	8.32	7.86	7.84	8.08	8.24	7.97
7.89	8.91	8.00	7.91	8.08	7.95	7.94	8.07	8.00	7.85
7.96	8.05	8.25	7.89	7.83	8.12	8.18	8.10	7.95	7.95
7.95	7.94	8.07	8.02	7.75	8.03	7.89	7.97	8.05	8.45

2.某卷烟厂质量管理人员张三对2019年1—3月卷烟外观质量进行检查，并记录、收集了这3个月卷烟的外观质量不合格情况，见表3-20。

表3-20　　卷烟的外观质量不合格情况

序号	项目	不合格品数（频数/个）	累计不合格品数（累计频数/个）	累计频率（%）
1	空松	458		
2	贴口	297		
3	切口	80		
4	表面	55		
5	短烟	35		
6	过紧	28		
7	其他	37		
	合计			

（1）试计算有关数据填入表3-20的空白处。

（2）通过表3-20中的数据制作排列图。

（3）从所做的排列图中，指出“关键的少数”（主要）问题是哪一项或哪几项？

3.对于样本容量为6、组数为20的数据，得到$\bar{\bar{X}}$=16.28，$\bar{R}$=3.48，求$\bar{X}$-R图中$\bar{X}$图的UCL、CL、LCL和R图的UCL、CL、LCL。

第4章 常用质量风险评估与预防控制、改进工具

［学习目标］

（1）掌握潜在失效模式及后果分析（FMEA）。

（2）了解产品质量先期策划与控制计划（APQP）、QC工程图和8D报告的运用等技术。

引例

扁鹊论医

魏文王问名医扁鹊："你们家兄弟三人都精于医术，到底哪一位医术最好呢？"扁鹊说："长兄最好，中兄次之，我最差。"魏文王吃惊地问："你的名气最大，为何长兄医术最高呢？"

扁鹊惭愧地说：我扁鹊治病，是治病于病情严重之时。一般人都看到我在经脉上穿针管来放血、在皮肤上敷药等大手术，以为我的医术高明，所以我的名气响遍全国。我的中兄治病，是治病于病情初起之时。一般人以为他只能治轻微的小病，所以他的名气只及于本乡里。而我的长兄治病，是治病于病情发作之前，即"治未病"。由于一般人不知道他事先能铲除病因，因此觉得他水平一般，但在医学行家看来他水平最高。

资料来源　佚名．八个小故事，讲透了质量管理［EB/OL］．［2016-04-23］．http://www.360doc.com/content/16/0423/15/30350201_553126301.shtml.

4.1 潜在的失效模式及后果分析

潜在的失效模式及后果分析（Failure Mode and Effects Analysis，FMEA）的前身为失效模式、后果及危险程度分析（Failure Modes，Effects and Criticality Analysis，FMECA）。FMECA的内容包括两个部分：失效模式及后果分析和危险程度分析。它是在1950年由格鲁曼飞机制造公司提出的，用于飞机主控系统的失效分析。1985年，国际电工委员会（International Electrotechnical Commission，IEC）出版的FMECA国际标准是参考MIL-STD-1629 FMECA修改而成的。

FMEA的应用发展十分迅速。20世纪50年代初，美国第一次将FMEA用于一种战斗机操作系统的设计分析，到了20世纪60年代中期，FMEA正式用于航天工业（阿波罗计划）。1976年，美国国防部颁布了FMEA的军用标准，但仅限于设计方面。20世纪70年代末，FMEA开始进入汽车工业和医疗设备工业。20世纪80年代初，FMEA进入微电子工业。20世纪80年代中期，汽车工业开始应用FMEA确认其制造过程。到了1988年，

美国联邦航空局发布咨询通报要求所有航空系统的设计及分析都必须使用FMEA。1991年，ISO 9000推荐使用FMEA，以提高产品和过程的设计质量。1994年，FMEA又成为QS 9000的认证要求。目前，FMEA已在工程实践中形成了一套科学的完整的分析方法。

4.1.1 FMEA的概念

FMEA的内容包括以下两个部分。

（1）潜在失效模式（Failure Mode）：可以发生，但不一定非得发生的失效模式，这是工程技术人员在设计、制造和装配过程中认识到或感觉到的可能存在的隐患。

（2）后果分析（Effect Analysis）：分析一种失效模式的发生会给顾客带来的危害性有多大。在FMEA中危害性包含三层意思，并都设法定量化。这三层意思分别是：一种失效模式所产生后果的严重度（Severity）；一种失效模式的起因发生的频度（Frequency of Occurrence）；一种失效模式的起因不可探测的程度（Likelihood of Detection）。

FMEA是一种可靠性设计的重要方法，是一种分析问题的工具。它实际上是FMA（故障模式分析）和FEA（故障影响分析）的组合，它对各种可能的风险进行评价、分析，以便在现有技术的基础上消除这些风险或将这些风险减小到可接受的水平。因此，它是一个"事前的行为"，而不是"事后的行为"。

4.1.2 FMEA的分类

由于产品故障可能与设计、制造过程、使用、承包商或供应商及其服务有关，因此FMEA可细分为设计FMEA、过程FMEA、使用FMEA和服务FMEA四类。其中，设计FMEA和过程FMEA最为常用。

（1）设计FMEA（D-FMEA）。关注由设计失误引起的产品潜在失效模式，是由负责设计的工程师采用的一种分析技术，用以最大限度地保证各种潜在失效模式及其起因或机理已得到充分的考虑。

设计FMEA应在一个设计概念形成之时或之前开始，在产品开发的各阶段遇到设计有变化或得到其他信息时应及时不断地修改，并在图样加工完成之前结束。其评价与分析的对象是最终的产品及每个与之相关的系统、子系统和零部件。需要注意的是，设计FMEA在体现设计意图的同时，还应保证制造或装配能够实现设计意图。因此，虽然设计FMEA不是靠过程控制来克服设计中的缺陷，但它可以考虑到制造或装配过程中技术或客观的限制，从而为过程控制提供良好的基础。

（2）过程FMEA（P-FMEA）。关注在制造或装配过程中因失误引起的产品失效模式，是由制造主管工程师或小组采用的分析技术，用以在最大范围内，保证充分地考虑并指明失效模式及其相关的后果、起因或机理，以最严密的形式总结工艺过程设计的设计思想。

过程FMEA应在生产工装准备之前、在过程可行性分析阶段或之前开始，而且要考虑从单个零件到总成的所有制造过程。其评价与分析的对象是所有新的部件或过程、更改过的部件或过程，以及应用或环境有变化的原有部件或过程。需要注意的是，过程FMEA不是靠改变产品设计来克服过程缺陷，而是通过考虑与计划的装配过程有关的产品设计特性参数，来最大限度地保证产品满足用户的要求和期望。

虽然D-FMEA和P-FMEA所分析的对象和内容不同，但在表达形式（格式）上基本相同。

4.1.3 FMEA的作用

（1）改进所评估产品的质量、可靠性及安全性。

（2）缩短产品开发周期及降低其成本。

（3）确定降低风险的措施。

（4）辅助开发设计验证计划。

（5）帮助工程师确定改进的优先顺序。

（6）提高客户或消费者满意度。

（7）减少后续更改的风险。

欧美地区的企业常常将FMEA用于产品质量的先期策划活动过程中，其结果作为质量控制计划的输入（也是制作QC工程图的输入，见本章第4节）。

4.1.4 实施FMEA的目的

实施FMEA的目的：

（1）发现、评价产品设计或制造过程中潜在的失效及其结果。

（2）确定与产品有关的诸过程潜在失效及其结果。

（3）确定失效对顾客的影响。

（4）确定在设计、制造或安装过程中潜在失效的起因，找出失效条件的过程控制变量。

（5）降低缺陷的严重性。

（6）提高对缺陷的发现概率。

4.1.5 实施FMEA的步骤

实施FMEA是一组系列化的活动，其过程包括：找出产品或过程中潜在的故障模式；根据相应的评价体系对找出的潜在故障模式进行风险量化评估；列出故障起因或机理，寻找预防或改进措施。总结为以下三点：排列故障；评定故障；采取措施。

具体的工作步骤：

（1）确定被分析的缺陷名称。根据零件的工艺特性，对特定工序列出每一个可能发生的潜在失效模式。确定这些缺陷时，应查看、参考一下同类产品的FMEA表格，可考虑生产加工过程中或用户使用过程中经常出现的质量问题，或考虑产品使用一段时间后出现的问题。

（2）确定潜在失效后果——失效对顾客的影响。失效后果的含义包括失败、失效、故障、事故、中断、损坏、折断、衰退、缺少、不足等。

（3）确定严重度（S）。严重度是指潜在失效模式对顾客的影响后果的严重程度的评价指标，是相应于失效模式所引起的最严重效应的评分，仅用于失效后果，对每个FMEA是相对的分数。其评价准则一般分为1～10级，见表4-1。

表4-1 **严重度（S）的评价准则**

失效后果	评定准则	严重度（S）
无警告的严重危害	这是一种非常严重的失效模式，是在没有任何失效预兆的情况下，影响了产品使用安全或违反了有关法律法规	10
有警告的严重危害	这是一种非常严重的失效模式，是在具有失效预兆的前提下所发生的，并影响了产品使用安全或违反了有关法律法规	9
很高	产品（或系统）不能运行，丧失基本功能，顾客很不满意	8
高	产品（或系统）能运行，但性能下降，顾客不满意	7
中等	产品（或系统）能运行，但部分部件不能工作，顾客感觉不方便	6
低	产品（或系统）能运行，但部分部件性能下降，顾客感觉有些不方便	5
很低	配件、外观或杂声等项目不符合要求，大多数顾客发现其缺陷	4
轻微	配件、外观或杂声等项目不符合要求，有一半顾客发现其缺陷	3
很轻微	配件、外观或杂声等项目不符合要求，但很少有顾客发现其缺陷	2
无	无影响	1

（4）确定缺陷产生的原因（即潜在失效的起因或机理）。失效是怎么发生的，并依据可以纠正或控制的原则来描述。针对每一个潜在失效模式，在尽可能广的范围内，列出所有可以想到的失效起因或机理。尽可能简明扼要地完整地将失效起因或机理列出来，并采取适当的纠正措施。

（5）确定频度（O）。频度是指某一特定的失效起因或机理出现在设计寿命内的可能性，它着重于含义而不在数值。其评价准则见表4-2。

表4-2 **频度（O）的评价准则**

失效发生的可能性	可能发生的失效率	频度（O）
很高：发生失效几乎无法避免	≥1/2	10
	1/3	9
高：反复发生失效	1/8	8
	1/20	7
中等：偶尔发生失效	1/80	6
	1/400	5
	1/2 000	4
低：相对很少发生失效	1/15 000	3
	1/150 000	2
极低：几乎不太可能发生失效	≤1/1 500 000	1

（6）（不可或不易）探测度（D）。（不可或不易）探测度是指某一特点的失效起因或机理不可探测的程度。其评价准则见表4-3。

表4-3 （不可或不易）探测度（D）的评价准则

探测性	利用现行过程控制方法找出存在缺陷的可能性	（不可或不易）探测度（D）
几乎不可能	没有已知的控制方法能找出失效模式	10
很微小	现行控制方法找出失效模式的可能性很微小	9
微小	现行控制方法找出失效模式的可能性微小	8
很小	现行控制方法找出失效模式的可能性很小	7
小	现行控制方法找出失效模式的可能性小	6
中等	现行控制方法找出失效模式的可能性中等	5
中上	现行控制方法找出失效模式的可能性中等偏上	4
高	现行控制方法找出失效模式的可能性高	3
很高	现行控制方法找出失效模式的可能性很高	2
几乎肯定	现行工艺控制方法几乎肯定能找出失效模式； 已知相似工艺的可靠的探测控制方法	1

（7）计算风险顺序数（RPN），寻找改进措施。风险顺序数，又称风险优先数，是严重度（S）、频度（O）、（不可或不易）探测度（D）的乘积，其公式为：

$$RPN=S\times O\times D$$

RPN最坏的情况是1 000，最好的情况是1。一般认为，当RPN＞100时，应采取改进措施；当S≥6，100＞RPN＞60时，必须采取改进措施。

（8）制定建议措施。制定建议措施前，若失效的根本原因不详，则应通过试验设计等手段来确定根本原因。

RPN是对过程中那些担心的事项进行排序。得知RPN值后，首先应对排在最前面的事和最关键的失效模式提出预防和纠正措施，以降低失效风险。RPN值高的失效模式，意味着风险极大，专家及工程师必须对这些失效模式引起足够的重视，采取预防和纠正措施，努力降低RPN值。

在实践中，当严重度为9或10时，不管风险顺序数是多少，都必须采取预防和纠正措施。如果所有已识别的失效后果均会导致用户受到伤害，那么必须考虑使用预防或纠正措施来消除、减轻或控制失效原因。

因此，工程人员在采取预防或纠正措施时，应首先针对高严重度、高风险顺序数的项目。

一般来讲，用提高测控能力来降低RPN值是不经济的，且效果较差，而用增加质量检查次数来降低RPN值也不是积极的纠正措施，我们应采取永久性的纠正措施。因此，在有些场合要改变设计，甚至改变现行控制系统的设计，重点应放在降低失效模式发生的频度上，而不是努力地探测它们。

对于纠正措施和预防措施的进展情况要及时跟踪并验证其有效性。验证的方法：新一轮的风险评估——重新评定失效模式的严重度（S）、频度（O）和（不可或不易）探测度（D），重新计算风险顺序数（RPN），对比前后的严重度（S）与风险顺序数（RPN），如果二者均下降，则说明采取的措施有效，否则说明采取的措施无效。

纠正措施与预防措施往往不可能一次成功，需要经过不断改进和不断验证，只有当严重度（S）和风险顺序数（RPN）均大幅度下降，达到满意程度时，FMEA活动才能结束。

为了规范FMEA活动，应使用失效模式及后果分析表，见表4-4。

表4-4 失效模式及后果分析表

过程功能	潜在失效模式	潜在失效后果	严重度(S)	潜在失效起因	频度(O)	现行过程控制方法	(不可或不易)探测度(D)	风险顺序数(RPN)	建议的纠正措施	责任部门及责任人	完成日期	严重度(S)	频度(O)	(不可或不易)探测度(D)	风险顺序数(RPN)

【例4-1】某焊接工艺的FMEA分析，见表4-5。

表4-5 某焊接工艺的FMEA分析

序号	过程功能	潜在失效模式	潜在失效后果	严重度(S)	潜在失效起因或机理	频度(O)	现行过程控制	(不可或不易)探测度(D)	风险顺序数(RPN)
1	将拖架A和遮盖物安装到A点	部分没有拟合	延误过程	2	新购的部件尺寸将不符合规格	3	接收时要检验	6	36
2		部分安装不正确	最后装配宽度或长度超规格	8	操作错误	5	100%测量 100%检查	4	160
3	开始发动机器	机器不转动	延误过程	2	能源与传感器断开	2	1/monthPM	7	28
4	夹紧A	没有夹紧	延误过程	2	空气压缩能力低	2	1/monthPM	7	28
5			延误过程	2	部分安装不当	2	传感器问题	2	8
6	焊接A	没有焊接	延误过程	2	没有足够电压供给	1	稳压器， 100%检验	2	4
7		焊接小或弱	遮盖物不能支撑	10	焊接方案调节不当	5	100%检验	4	200
8	放松A	机构没有放松	延误过程	2	空气压缩能力降低	2	1/monthPM	7	28
9	移动和搬运部件	部件跌落或毁坏	最后安装不合格	8	操作错误	2	100%测量 100%检验	4	64

从表4-5中可以看出，RPN值最大的是“焊接小或弱”的潜在失效模式，其次是“部分安装不正确”的潜在失效模式，应对二者采取改进措施。另外，“部件跌落或毁坏”的RPN值不大，但其严重度比较高，也应采取改进措施。

*4.2　产品质量先期策划和控制计划（APQP）

4.2.1　产品质量先期策划和控制计划概述

1）产品质量策划和控制计划

产品质量策划和控制计划（Advanced Product Quality Planning，APQP）是美国三大汽车企业（克莱斯勒、福特和通用）为支持某一顾客满意产品或服务的开发而联合制定的工具手册，是构成ISO/TS 16949标准的五大核心工具（APQP、FMEA、SPC、PPAP、MSA）之一。简言之，它是ISO 9001标准中“产品实现”之前的产品质量策划的一种模式。希望通过使用该模式达到以下预期的效益：减少顾客和组织产品质量策划的复杂性；便于组织向供方传达产品质量策划要求。

APQP是一种结构化的模式或方法，用来定义、制定和规定为提供满足顾客需要和期望的产品或服务的目标、任务、步骤、计划，并确保达到预期要求的活动。APQP特别适用于硬件产品制造企业的产品质量策划和控制。

APQP是在新产品投入之前进行的质量策划，通过策划，制定具体的要求和掌握必要的信息，了解资源，确保新产品的设计质量和制造质量。其目标是促进与所涉及的每一个人的联系，以确保所要求的步骤按时完成。有效的产品质量策划依赖于企业高层管理者对努力达到使顾客满意这一宗旨的承诺。

APQP具有以下益处：引导资源，使顾客满意；促进所需更改的早期识别；避免晚期更改；以最低的成本及时提供优质产品。

APQP的进行时机：新产品开发时和产品（或过程）更改时。

2）APQP的基本工作

（1）成立职能小组。成立横向职能小组（跨部门项目小组）是APQP的第一步，并应确定小组职责，适当时职能小组可包括技术、制造、供应、质量、销售、现场服务、供方和顾客的代表。

（2）确定工作范围。在产品项目的最初阶段，对产品质量策划小组的组长而言，重要的是识别顾客的需要、期望和要求。组长必须召开会议，确定包括但不限于以下内容：每一小组成员及其角色和职责；顾客（内部和外部）的要求；理解顾客的期望；对所提出来的设计和性能要求及制造过程评定其可行性；确定成本、进度和必须考虑的限制条件；确定所需的来自顾客的帮助；确定文件化过程或方法。

（3）保持小组间的联系。产品质量策划小组应建立顾客与供方小组的联系渠道，包括与其他小组举行定期会议。小组与小组间的联系程度取决于需要解决的问题数量。

（4）培训。产品质量策划的成功依赖于有效的培训计划，它传授所有满足顾客需要和期望的要求及开发技能。

（5）保证顾客和供方的参与。主要顾客可与组织共同进行质量策划，但组织有义务建立横向职能小组来管理产品质量策划过程。组织应同样要求其供方也如此做。

（6）开展同步工程。同步工程是横向职能小组为共同目的而进行努力的过程，它将替代逐级转换的工程技术实施过程的各个阶段，其目的是保证可制造性/装配性，并缩短开发周期，降低开发成本，尽早促进优质产品的引入。

（7）制订控制计划。控制计划是控制零件和过程系统的书面描述，是产品质量策划的输出。单独的控制计划包括三个独立阶段：

①样件控制阶段：在样件制造过程中，对尺寸测量、材料和性能试验的描述。如果顾客要求，组织则应有样件控制计划。

②试生产控制阶段：在样件制造后、全面生产前，对尺寸测量、材料和性能试验的描述。试生产被定义为在产品实现过程中样件制造后可能要求的一个生产阶段。

③生产控制阶段：在批量生产中，对产品/过程特性、过程控制、试验和测量系统形成文件描述。

（8）解决问题。在策划过程中，小组将遇到一些产品设计或加工过程的问题，这些问题可用规定职责和时间进度的矩阵表表示，并形成文件。建议使用多方论证（组织为完成一项任务或活动而进行商议，试图把所有与过程决策相关的知识和技能集中考虑的活动）的方法解决。

（9）制订产品质量的进度计划。产品质量策划小组在完成组织活动后的第一项工作是制订进度计划。在选择进度要素时，应考虑产品的类型、复杂性和顾客的期望。一个良好的进度图应列出任务、起止时间、责任部门/人员、关键点和其他事项。

（10）制订与进度图有关的计划。任何项目的成功都有赖于以及时和物有所值的方式满足顾客的需要和期望。产品质量策划过程是采取防错措施，不断降低产品风险的过程。产品质量策划小组应在设计产品质量策划进度图（如图4-1所示）时尽其全力预防缺陷，应依靠产品设计和制造技术同步进行的工程来推进产品质量策划。产品质量策划小组应做好修改产品质量计划的准备，以满足顾客的期望，并且有责任确保其进度符合或提前于顾客的进度计划。

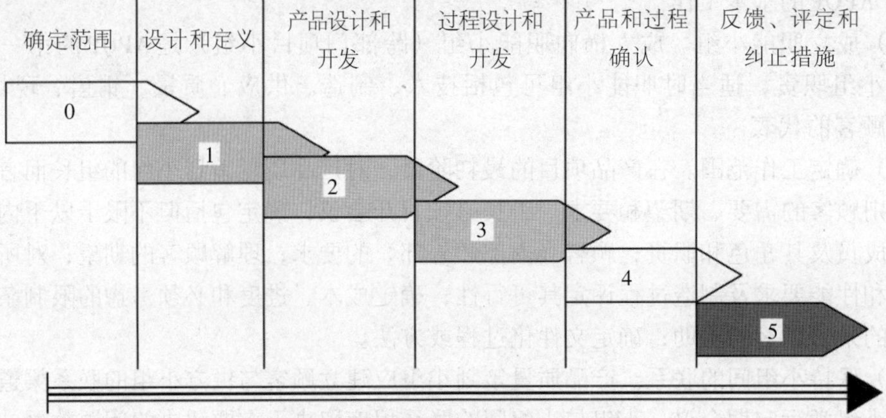

图4-1 产品质量策划进度图

3）APQP过程的职责划分

APQP责任矩阵，见表4-6。

表4-6　**APQP责任矩阵**

作业内容	设计责任组织（部门）	仅限制造组织（部门）	外包过程供方
计划和确定项目	※		
设计和开发产品	※		
设计和开发过程	※	※	※
确认产品和过程	※	※	※
反馈、评定和纠正措施	※	※	※

注：※说明相关或表示具有关联性。

4.2.2　产品质量先期策划和控制计划的实施步骤

APQP的实施包括五个阶段：计划和确定项目；设计和开发产品；设计和开发过程；确认产品和过程；反馈、评定和纠正措施。其中，每一阶段均有输入和输出，而前一阶段的输出体现为后一阶段的输入。

1）计划和确定项目

该阶段的工作目标：

（1）确定顾客的需要和期望，以计划和规定质量项目。

（2）确保对顾客的需要和期望明确了解。

策划小组可以从计划和确定项目的输入与输出（见表4-7）来了解顾客的需要和期望，进而明确产品开发的范围和具体计划。

表4-7　**计划和确定项目的输入与输出**

输入	输出（策划小组）
◇顾客的呼声：市场调查；保修记录和质量信息；小组经验	◇设计目标
◇业务计划/营销战略	◇可靠性和质量目标
◇产品/过程基准数据	◇初始材料清单
◇产品/过程设想	◇初始过程流程图
◇产品可靠性研究	◇产品/过程特殊特性的初始清单
◇顾客输入	◇产品保证计划
	◇管理者支持

2）设计和开发产品

该阶段的工作目标：

（1）确定计划过程中设计特征与特性在形成最终形式时的要素。

（2）涵盖从样品制作到验证产品/服务满足顾客要求的所有环节。

（3）使可行的设计满足产能、交期和工程要求，并兼顾质量、可靠性、投资成本、单件成本和进度等目标。

设计和开发产品的输入与输出，见表4-8（表4-7的输出是表4-8的输入，下同）。

表4-8 **设计和开发产品的输入与输出**

输入	输出（设计责任部门）	输出（策划小组）
◇设计目标 ◇可靠性和质量目标 ◇初始材料清单 ◇初始过程流程图 ◇产品/过程特殊特性的初始清单 ◇产品保证计划 ◇管理者支持	◇设计失效模式及后果分析（设计FMEA） ◇可制造性和装配设计 ◇设计验证 ◇设计评审 ◇制订样件控制计划 ◇工程图样（包括数据） ◇工程规范 ◇材料规范 ◇图样和规范更改	◇新设备、工装和设施要求 ◇产品和过程特殊特性 ◇量具/试验设备要求 ◇小组可行性承诺 ◇管理者支持

3）设计和开发过程

该阶段的工作目标：

（1）开发有效的生产制造系统。

（2）保证满足顾客的需要和期望。

设计和开发过程的输入与输出，见表4-9。

表4-9 **设计和开发过程的输入与输出**

输入（设计责任部门）	输入（策划小组）	输出
◇设计失效模式及后果分析（设计FMEA） ◇可制造性和装配设计 ◇设计验证 ◇设计评审 ◇制订样件控制计划 ◇工程图样（包括数据） ◇工程规范 ◇材料规范 ◇图样和规范更改	◇新设备、工装和设施要求 ◇产品和过程特殊特性 ◇量具/试验设备要求 ◇小组可行性承诺 ◇管理者支持	◇包装标准 ◇产品/过程质量体系评审 ◇过程流程图 ◇车间平面布置图 ◇特性矩阵图 ◇过程失效模式及后果分析（过程FMEA） ◇试生产控制计划 ◇过程指导书 ◇测量系统分析计划 ◇初始过程能力研究计划 ◇包装规范 ◇管理者支持

4）确认产品和过程

该阶段的工作目标：

（1）通过试生产来验证制造过程的主要特点和符合性。

（2）批量生产前调查和解决所有关注的问题。

确认产品和过程的输入与输出，见表4-10。

表4-10　确认产品和过程的输入与输出

输入	输出
◇包装标准 ◇产品/过程质量体系评审 ◇过程流程图 ◇车间平面布置图 ◇特性矩阵图 ◇过程失效模式及后果分析（过程FMEA） ◇试生产控制计划 ◇过程指导书 ◇测量系统分析计划 ◇初始过程能力研究计划 ◇包装规范 ◇管理者支持	◇试生产 ◇测量系统评价 ◇初始过程能力研究 ◇生产件批准（PPAP） ◇生产确认试验 ◇包装评价 ◇生产控制计划 ◇产品质量策划总结与认定 ◇管理者支持

5）反馈、评定和纠正措施

该阶段的工作目标：

（1）当零部件在制造过程中其质量特性存在变异因素时，评估质量策划的有效性。

（2）对计量和计数数据进行评估。

（3）满足顾客所有要求。

（4）特殊特性符合顾客规定的指标。

反馈、评定和纠正措施的输入与输出，见表4-11。

表4-11　反馈、评定和纠正措施的输入与输出

输入	输出
◇试生产 ◇测量系统评价 ◇初始过程能力研究 ◇生产件批准（PPAP） ◇生产确认试验 ◇包装评价 ◇生产控制计划 ◇产品质量策划总结与认定 ◇管理者支持	◇减少变差 ◇顾客满意 ◇交付和服务

4.2.3　产品质量先期策划和控制计划的主要工作内容

APQP的实施同样从策划开始，根据APQP五个阶段的要求，考虑到实际的应用，在此分阶段按基本顺序给出了工作内容和相关支持资料清单，以及必要的资料范例，供读者在策划应用该工具时参考。

1）计划和确定项目

（1）准备阶段。

表4-12为准备阶段的主要工作内容。

表4-12　**准备阶段的主要工作内容**

工作内容	相关资料	备注
接受顾客询价	顾客要求图样	需求
报价	产品报价单（见表4-13）	
被批准		
立项及其他前期准备	项目建议书	市场调研报告

通常新产品的开发需求由顾客提出，有时顾客会提出完整的产品要求（如提供图样），有时会提出部分要求或需求（不明确的要求，如只提出某些功能要求），此时按上述步骤开展工作。若组织依据市场自主开发新产品，则在立项前无顾客部分输入，但需要进行充分的市场调研及论证。

表4-13　**产品报价单**

顾客	××公司		供货单位	××机械有限公司		
品号规格	衬套转向节（GSL-2）			型号规程		
项目	细目	计量单位	数量	单价/元	金额	备注
材料	钢板	kg	0.1112	5.13	0.57	
	铜粉	kg	0.0356	38.80	1.38	
	聚甲醛	kg	0.0319	27.50	0.88	
	辅助材料				1.22	
	废品损失				0.71	
	小计				4.76	
生产工资					0.67	
制造费用					0.75	
动力费					0.48	
管理费用					1.69	
销售费用					0.60	
财务费用					1.58	
工装费用					0.86	
销售利润					0.45	
税金					0.16	
销售价格					12.00	
供货单位（盖章）负责人：刘××			制表员：孙××	日期：20××年10月10日		

（2）计划和确定项目阶段。

表4-14为计划和确定项目阶段的主要工作内容。

表4-14　　计划和确定项目阶段的主要工作内容

工作内容	相关资料	备注
成立项目小组	项目小组名单	
制订APQP计划	APQP项目进度计划	
策划小组会议（输入）	会议记录	小组经验、市场和顾客反馈、产品/过程设想、质量经营战略等
外来资料收集	外来资料清单	
初始设计	产品和过程设计目标、可靠性、质量目标、初始材料清单、初始过程流程图、初始特殊特性清单、初始量具/工装与设备清单	
产品质量保证	产品保证计划	
项目阶段会议	会议记录	

外来资料是指顾客提供的图样及相关的标准、法规、参考文献等。

可靠性是指产品在规定条件下和规定时间内，完成规定功能的能力，是产品投入使用时无故障工作能力的量度，可用作业次数、平均无故障时间、平均寿命和失效率表示。

产品和过程设计目标包括两个部分：产品设计目标一般有材料、产品特性、功能、配方、制料成本等；过程设计目标一般有工序、工艺、班产量、过程能力、生产成本等。

项目小组成员应由相关部门和区域人员构成，必要时包括供方和顾客代表。小组应有一名负责人或组长，应确定各成员的职责和权限。

APQP项目进度计划可采用甘特图（如图4-1所示）。

产品保证计划将设计目标转化为设计要求（初始产品要求），是产品质量计划的重要组成部分。表4-15为产品保证计划的参考格式，它可包括但不限于以下内容：概述项目要求；确定可靠性、耐久性和分配目标或要求；评定新技术、复杂性、材料、应用、环境、包装、服务和制造的要求或其他任何会给项目带来风险的因素；制定初始工程标准要求等。

2）设计和开发产品

表4-16为设计和开发产品阶段的主要工作内容。

表4-15　　**产品保证计划**

品名规格		项目负责人	
开发周期		目标成本	
遵循的标准、法律法规及技术协议：			
产品功能描述：			
技术参数及性能：			
产品可靠性目标：			
产品结构要求：			
其他（风险评估等）：			
会签评审			
评审人	部门	职位	日期
备注：			
编制员：	审批人：		日期：

表4-16　　**设计和开发产品阶段的主要工作内容**

工作内容	相关资料	备注
产品设计输入及评审	设计和开发（输入）评审报告	产品设计和开发输入清单
开发设计FMEA	设计矩阵表、设计FMEA、设计FMEA检查表	
试验设计验证计划	试验设计验证计划	
开发样件控制计划	样件控制计划、样件控制计划检查表	
开发产品要求	初始的材料规范、产品规范	
开发设备/工装/量具	初始的设备/工装/量具要求	制作
产品设计输出及评审	设计和开发（输出）评审报告	产品设计和开发输出清单
样件制作	样件制作计划（见表4-17）	
样件验证和确认	样件设计验证和确认报告（见表4-18）	
确定设备/工装/量具	设备/工装/量具清单、设备/工装/量具检查表	
确定特殊特性	特殊特性清单	
确定产品要求	材料规范、产品规范	
设计信息检查	设计信息检查表	
小组可行性承诺	小组可行性承诺记录	
项目阶段会议	会议记录	

表4-17　**样件制作计划**

产品名称	车体型材	产品编号	BZ200709008
生产数量	15	完成日期	20××年8月16日
生产形态	□样件制造　□试生产　□其他		
作业标准	□图纸　□样件-CP　□工艺草案　□产品标准　□其他		
作业准备验证	□技术文件齐全　□生产设备完好　□工装模具完好 □生产材料合格　□质量要求明确		
挤压车间确认：□可以生产　□无法生产　负责人签字：孙×× 工艺技术确认：□可以生产　□无法生产　负责人签字：李×× 品管部门确认：□可以生产　□无法生产　负责人签字：张×× 维修车间确认：□可以生产　□无法生产　负责人签字：王××			
说明：本次生产系生产样品15件，20××年8月10日开始进行投产，要求各部门务必严格按照工艺要求进行生产和检验，20××年8月16日完成生产			
备注：			
编制员：刘××　审批人：陈××　日期：20××年8月7日			

表4-18　**样件设计验证和确认报告（DVP和R）**

总成：22.5×8.25车轮		图号：LT235G		车型：NJY022拖车		顾客：××有限公司			
测试计划								报告	
项目	程序或标准	实验描述	接受标准	目标要求	实验负责人	实验时间	样本	实验结果	备注
车轮弯曲疲劳试验	SAE J267	载荷7 400LBS，弯矩18 516Nm，系数1.1	最低循环6万转	最低循环6万转	王××	8/24～8/27	1	循环6万转未裂纹及失效	
车轮径向疲劳试验	SAE J267	载荷11 840LBS，强化系数1.6	最低循环6万转	最低循环100万转	王××	8/24～8/27	1	循环100万转未裂纹及失效	
轮辋与轮辐焊接强度	QC/T259—1998	采用200T油压机、工装对产品进行压分，按标准判断	试验载荷不低于294 000N	试验载荷不低于294 000N	王××	8/24～8/27	1	试验载荷294 000N	
车轮气密性实验	QC/T241—1997	采用气密性试验机气压增加到500kPa，观察效果	至少30s内无气泡逸出	至少30s内无气泡逸出	李××	8/24～8/25	1	至少30s内无气泡逸出	
耐盐雾实验	TQ4 QC/T474—1999	将产品放入盐雾实验机，调整参数进行实验	≥720h	≥720h	李××	8/24～9/29	1	720h未失效	
车轮涂装要求	TQ4 QC/T474—1999	化工员使用工具按《化验室操作规程》对规定产品进行检验	漆膜总厚度50~89mm； 硬度≥HB； 附着力0级； 抗冲击性50kg·cm； 柔韧性≤2mm	漆膜总厚度50~89mm； 硬度≥HB； 附着力0级； 抗冲击性50kg·cm； 柔韧性≤2mm	李××	8/24～8/26	1	全部合格	
编制员：栾××			审批人：胡××			日期：20××年6月8日			

设计评审应按策划的阶段进行，是对设计和开发的阶段性（或局部）成果进行的评估，以便评价距离最终目标正确轨道的接近程度，并对识别出偏离目标的方面采取措施，以保证设计目标能够达到。设计评审通常采用会议讨论的形式进行。

因过程均包括输入和输出，所以评审一般包括输入评审和输出评审。输入评审的目的一般是评价适宜性、充分性、完整性、有无遗漏等；输出评审的目的一般是评价充分性、有效性、与输出的一致性、有无矛盾等。表4-19为设计和开发评审报告的参考格式。

设计验证是在所有的设计输出完成后，对完成的成果进行的验证，其评价设计和开发输出是否满足输入的要求，以及距离设计的最终目标的接近程度。验证的方式通常包括检验、试验、变换方法计算、对比或比较、演示等，验证应有相应的资料支持。表4-20为设计和开发验证报告的参考格式。

表4-19 **设计和开发评审报告**

<table>
<tr><td colspan="2">品名规格</td><td colspan="2"></td><td colspan="2">顾客</td><td></td></tr>
<tr><td colspan="2">产品代号</td><td colspan="2"></td><td colspan="2">评审阶段</td><td></td></tr>
<tr><td colspan="2">评审性质</td><td colspan="2">□输入 □输出</td><td colspan="2">负责人</td><td></td></tr>
<tr><td colspan="3">评审人</td><td colspan="2">部门</td><td colspan="2">职务或岗位</td></tr>
<tr><td colspan="3"></td><td colspan="2"></td><td colspan="2"></td></tr>
<tr><td colspan="3"></td><td colspan="2"></td><td colspan="2"></td></tr>
<tr><td colspan="3"></td><td colspan="2"></td><td colspan="2"></td></tr>
<tr><td colspan="7">评审内容：</td></tr>
<tr><td colspan="7">评审情况、结论：</td></tr>
<tr><td colspan="7">存在问题及改进建议、措施：</td></tr>
<tr><td colspan="7">附件（资料）：</td></tr>
<tr><td colspan="7">备注：</td></tr>
<tr><td colspan="7">制表员： 审核人： 日期：</td></tr>
</table>

表4-20 **设计和开发验证报告**

<table>
<tr><td>品名规格</td><td></td><td>顾客</td><td></td></tr>
<tr><td>产品代号</td><td></td><td>验证阶段</td><td></td></tr>
<tr><td>验证数据</td><td></td><td>负责人</td><td></td></tr>
<tr><td>样品编号</td><td></td><td>起止时间</td><td></td></tr>
<tr><td colspan="4">验证部门及参加人员：</td></tr>
<tr><td colspan="4">验证依据和要求：</td></tr>
<tr><td colspan="4">主要实验仪器和设备：</td></tr>
<tr><td colspan="4">试验（验证）报告内容及结论：</td></tr>
<tr><td colspan="4">对验证结论的跟踪结果：</td></tr>
<tr><td colspan="4">附件（如检验、试验、比较、测算结果等）：</td></tr>
<tr><td colspan="4">备注：</td></tr>
<tr><td colspan="4">制表员： 审核人： 日期：</td></tr>
</table>

设计确认是指评价产品是否能够满足规定的使用要求，而使用要求往往是由顾客确定的，是由组织站在顾客角度去识别出来的使用要求。确认的方式通常包括型式试验全项目检测、专家鉴定、试装/使用、模拟等，确认应由相应的资料支持。表4-21为设计和开发确认报告的参考格式。

表4-21　**设计和开发确认报告**

品名规格		顾客	
产品代号		负责人	
设计和开发输入输出情况（可附有关资料）：			
产品介绍（如主要功能、性能等）：			
设计和开发验证情况：			
设计和开发试制/试生产情况：			
设计和开发确认方式及确认人：			
设计确认结果及结论：			
确认跟踪情况：			
附件（如全项目检验试验、试装/使用结果等）：			
备注：			
制表员：	审核人：	日期：	

设计评审、设计验证和设计确认的比较，见表4-22。

表4-22　**设计评审、设计验证和设计确认的比较**

项目	设计评审	设计验证	设计确认
目的	评价设计结果满足的能力，识别问题	证实设计输出满足设计输入的要求	证实产品满足特定的预期用途或应用要求已得到满足
对象	设计和开发阶段的结果	设计和开发的输出，如图样、规范等文件	最终产品（即向顾客提供的产品或样品）
时机	在设计和开发的适当阶段进行	在完成设计和开发输出时进行	只要可行，应在产品交付或生产和服务实施前进行
方式	各职能代表的会议或传阅签署意见	交换方法计算、对比、试验、文件发布前评审	在使用条件下适用或模拟试验（仿真）等
记录	评审结果及任何必要措施的记录应予保持	验证结果及任何必要措施的记录应予保持	确认结果及任何必要措施的记录应予保持

3）设计和开发过程

表4-23为设计和开发过程阶段的主要工作内容。

表4-23 设计和开发过程阶段的主要工作内容

工作内容	相关资料	备注
过程设计输入评审	设计和开发（输入）评审报告	过程设计和开发输入清单
开发过程流程图	过程流程图、过程流程图检查表	
开发项目布置图	项目布置图、项目布置图检查表	
开发过程FMEA	特性矩阵表、过程FMEA、过程FMEA检查表	
开发试生产控制计划	试生产控制计划、试生产控制计划检查表	
开发过程指导书（初稿）	过程指导书（初稿）	
制定产品包装规范	产品包装规范	
制订测量系统分析计划	测量系统分析计划	
制订初始过程能力研究计划	初始过程能力研究计划	
过程设计输出评审	设计和开发（输出）评审报告	过程设计和开发输出清单
项目阶段会议	会议记录	

在过程设计和开发输入、输出清单中，应包括生产成本、班产量、过程能力（性能）指数等方面的内容和目标。

项目布置图应有针对性，即针对新产品详细制定，其中应包括设施定位和物流等。

特性矩阵表是推荐用来显示过程参数和制造工位之间关系的分析技术，也可用来显示产品特性与过程特性的对应关系。

产品包装规范是过程设计输出的一个文件，是组织确定的包装要求，该规范应满足顾客包装标准的要求。包装规范内容一般包括包装材料、方式、数量、标识等。

过程设计阶段输出的过程指导，是一个用于试生产的指导书，包括作业、检验、返工指导书，待产品和过程确认后，应由技术部门工艺员编制正式的过程指导书。

策划小组应保证制订一个过程设计开发所需的测量系统分析的计划。这个计划至少应包括保证量具的重复性、再现性、线性、偏倚、稳定性，或与备用量具的相关性。表4-24为测量系统分析计划的参考格式。

表4-24 测量系统分析计划

名称/编号	量程/精度	零件名称/编号	分析特性	分析方法/人	完成日期
卡尺/K-11	0～150mm，0.02mm	增压器进油管 / 4D42ZL-1	外径 ϕ38±0.15mm	重复性和再现性 刘××	20××年6月11日
卡尺/K-08	0～150mm，0.02mm	增压器进油管 / 4D42ZL-1	内径 ϕ26±0.08mm	重复性和再现性 刘××	20××年6月11日
制表员：赵××		审批人：孙××		日期：20××年6月4日	

策划小组应保证制订一个初始过程能力研究计划。控制计划中被标识的特征将作为初始过程能力研究计划的基础。表4-25为初始过程能力研究计划的参考格式。

表4-25　　初始过程能力研究计划

类别	初始过程/生产过程		产品名称/型号		增压器进油管/4D42ZL-1		
序号	特殊特性	规范公差	工序	检查员	量具	控制图	完成日期
1.	内径	ϕ26±0.08mm	车内孔	赵××	卡尺/K-08	$X\text{-}\bar{R}$	20××年6月13日
编制员：王××		审批人：张××			日期：20××年6月4日		

4）确认产品和过程

表4-26为确认产品和过程阶段的主要工作内容。

表4-26　　确认产品和过程阶段的主要工作内容

工作内容	相关资料	备注
试生产准备	试生产计划	布置生产线、员工培训、供方生产件批准、材料采购准备等
试生产	试生产记录（资料）	试生产记录清单
测量系统分析	测量系统分析报告	
初始过程能力研究	控制图、初始过程能力研究报告	
产品和过程设计验证	时间开发试验报告	
生产确认验证	全项目检测报告	包括材料和产品性能试验
开发生产控制计划	生产控制报告	
包装评价	包装评价报告	
提交PPAP	PPAP资料和PPAP批准书	PPAP样件提交
产品和过程设计确认	设计和开发确认报告	
设计过程指导书	过程指导书（正稿）	
产品质量策划总结与认定	产品质量策划总结与认定报告	
项目阶段会议	会议记录	

设计开发验证的对象不仅包括生产产品，还包括过程参数和设计目标。

控制图和过程能力分析、测量系统分析的知识分别参考有关资料。

生产件批准（Production Part Approval Process，PPAP）的目的是确认由正式生产工装和过程制造出来的产品是否满足工程要求。由顾客对生产过程的结果进行确认，包括资料和样品。

生产确认试验，即全项目检测，是指确认由正式生产工装和过程制造出来的产品是否满足工程标准的过程试验。也就是说，对产品设计规范中标注放入产品的所有特征和要求实施检测，确认是否满足设计要求。

全项目检测报告、产品质量策划总结与认定报告的格式可参见IATF 16949质量管理体系标准所附的APQP手册 。

所有的试装（可行的情况下）和试验方法都应评价产品免受在正常运输中损伤和在不利环境下受保护的情况，顾客规定的包装不排除项目策划小组对包装方法的评价。表4-27为包装评价报告的参考格式。

表4-27 **包装评价报告**

项目名称	上侧盖板加强板		
产品名称	上侧盖板加强板	产品代号	20070103
试验：将箱从一侧掀起倾斜，又用叉车从一侧猛然移动，模拟运输试验，产品未发现磕碰、划伤现象			
评价内容： (1) 所用箱型大小适中，利于搬运，并能保证零件在搬运过程中避免磕碰、划伤 (2) 装箱数量36只，满足顾客要求，有利于清点数量，便于过程控制，可追溯性管理 (3) 所有产品重量、数量和体积的确定富于人性化，便于搬运，并且有利于现场使用 (4) 对产品具有保护作用，能有效避免在运输过程中的磕碰、划伤			
试验结果：新包装综合考虑了各方因素，整体效果良好，为今后其他包装的设计提供了经验			
备注：			
制表员：刘×× 审核人：赵×× 日期：20××年6月17日			

向顾客提交PPAP是外部确认的一种方式，但不是唯一的方式，除非顾客有特殊要求，否则只适用贯标ISO/TS 16949的组织（制定的PPAP在TS 16949标准中有严格的标准格式，不能更改。非贯标组织可用该格式，也可用其他格式）。其他组织外部确认可通过顾客反馈使用信息、订单要求等方式获得证据。

5）反馈、评定和纠正措施

表4-28为反馈、评定和纠正措施阶段的主要工作内容。

表4-28 **反馈、评定和纠正措施阶段的主要工作内容**

工作内容	相关资料	备注
按订单进行量产，品审核、过程审核	生产计划、生产记录资料、审核计划、记录、报告等	
项目改进、风险顺序数降低	改进措施计划、更新的FMEA/控制计划/指导书	
顾客满意度调查	顾客满意度调查表、分析表	
项目阶段会议	会议记录	

产品审核、过程审核的知识可参考有关资料。

该阶段的目的永远是持续改进，不断提高质量水平，增强满足顾客要求能力。

质量改进应该满足PDCA的过程控制要求。

4.2.4 APQP应用注意事项

综上所述，在策划和实施APQP时，应注意以下方面：

(1) 许多活动应由策划小组采用多方论证方法完成，包括但不限于开发特殊特性、FMEA、控制计划等。

(2) 整个活动始终应得到管理者的支持，并与管理者保持有效的沟通。

(3) 整个APQP过程可以说就是一个不断设计、评审、验证、确认的过程，所以应重视并做好各阶段的评审、验证、确认工作。

(4) 评审是对设计而言的，设计包括输入和输出，应以负责、严谨的态度和工作确保其充分、有效。

(5) 一定要将顾客的需要和期望作为设计输入，设计输出及策划结果应满足顾客的要求，包括产品性能、功能、提交样品数量、时间、资料等。

（6）应明确缺陷（未满足与预期用途有关的要求）是设计出来的（而不合格是制造出来的），其往往与顾客投诉或抱怨有关，一旦出现问题，后果较为严重，会给组织带来效益和信誉方面的损失。

（7）产品实现的质量策划需要采用适宜的方法和技术，应根据实际情况采取有效的设计手段。

（8）试生产过程与生产相似。不能将样件交由顾客确认，以作为接受订单的条件。交由顾客确认以证明已准备好量产的样件应来源于试产而不是少量的试制。

（9）设计责任的组织定义：有权建立新的产品规范，或对现在的产品规范进行更改的组织。所以，在实施产品质量策划时，应首先明确组织是否有设计职责，即是否可自行（包括有能力）设计开发产品，或有权利对现有产品进行更改。设计外包的责任在组织，除非与顾客有其他约定。

4.3　QC工程图

QC工程图是日式质量管理中的一种重要的管理工具，类似于欧美企业习惯使用的“控制计划”。由于美国质量管理界，尤其是汽车产业仿效日式质量管理而采用QC工程图，其反映的生产过程控制信息明朗、一目了然，逐渐被各产业接受，成为质量管理活动中的一种常用工具。目前，我国许多企业也开始广泛采用QC工程图。

4.3.1　QC工程图的概念

目前，学术界对QC工程图没有一个统一的定义。QC工程图，也称QC工程表，即质量控制工程图，是根据顾客的各种需求，生产满足其需求产品的一种辅助工具。它之所以能达成这个目的，是因为它对设计与筛选提供了一种结构性的方法，即关于整个生产系统如何减少生产过程与产品质量波动的书面化说明。

QC工程图是将整个生产过程，包括进料、生产、出货及定期检验的各个阶段所需采取的措施加以详细说明，以确保生产过程所有阶段的产出均在控制之中。在正式批量生产的过程中，QC工程图为需要在生产过程中控制的特性值提供了各种监控及管理的方法说明。实际上QC工程图是一种图表式的质量控制计划，反映了检验流程图的特点，包括检验站的设置、检验方案、检测手段、实施单位、记录要求、处理方法等内容，因此可以把它看成是一个质量检验计划。

4.3.2　QC工程图的构成与制作

QC工程图由品名、规格型号、文件编号、版号、更改记录（供填写的空白栏）、编制、审核、批准等项目构成。

表4-29为某磁铁公司的QC工程图示例（限于篇幅，选自前半部分）。为了使用方便，还可以将QC工程图制作得更加详细些。表4-30为某橡胶制品企业的一份简单但比较完整的QC工程图。

表4-29　　某磁铁公司的QC工程图（部分）

QC工程图	品名	规格型号	文件编号	版号	编制	审核	批准
	X磁铁	CWF	WOC	1	张三031201	李四031202	林五031203

履历更改	版号	日期	更改记录	编制	审核	批准

序号	流程图	工序/检验	设备名称	特性					样本		记录图表	异常处理方法	责任者
				产品	过程	产品/过程	实施部门	评价/测量技术	容量	频率			
1	△	原料购入		材料名称/数量			采购部	目测	10袋	1次/批	原料进仓记录表	与供应商联系	材料主管
2	◇	入厂检验		磁性能*	小样试验	主要外购器材检验规程、小样试验规格	技术部、检测室	NIM-2000F磁性能测试仪	2~4个材料点	每一批次	试验报告、外购器材品质检验报告	按不合格品控制程序执行	经理
3	○	擂蒙	鄂式破碎机、摆式磨粉机		设备点检		擂蒙车间	分析机设定		1次/2小时	转速记录	调整、再检查	设备工
4	◇	工序检验		粒度		擂蒙工艺卡片	检测室	平均粒度测试仪	1个	1次/批	生产原始记录	调整、再检查	工序主管

表4-30　　**某橡胶制品企业的QC工程图**

<table>
<tr><td colspan="2">文件类别</td><td colspan="3" rowspan="2">QC工程图</td><td>文件编号</td><td colspan="3">版本版次</td><td>日期</td></tr>
<tr><td colspan="2">支持文件</td><td>JD3QA-003</td><td colspan="3">A：O</td><td>20××年1月2日</td></tr>
<tr><td rowspan="2">过程（工序）</td><td rowspan="2">工程名称</td><td rowspan="2">控制项目</td><td rowspan="2">检验标准</td><td rowspan="2">检验频率</td><td rowspan="2">检验方式及工具</td><td colspan="3">责任者</td><td rowspan="2">使用表单</td></tr>
<tr><td>首件</td><td>自检或专检</td><td>巡检</td></tr>
<tr><td>1</td><td>进料检验</td><td>材质、背胶、尺寸、颜色、硬度、比重、外观、物性、操作性</td><td>进料检验规范</td><td>每一批次按AQC抽验</td><td>硬度计、目视、卡尺、投影仪、电源试验</td><td>IQC</td><td></td><td>-</td><td>进料检验报告
进料检验记录表</td></tr>
<tr><td>2</td><td>制料</td><td>材质、比重、硬度、单位、重量、尺寸、颜色、操作性、混炼程度、时间</td><td>标准作业单</td><td>首件1次/手，巡检1次/H，自主检查100%</td><td>目视、电子秤、钢尺、硬度计</td><td>IPQC和部门组长</td><td>作业员</td><td>IPQC</td><td>首件检验报告</td></tr>
<tr><td>3</td><td>成型</td><td>尺寸、外观、材质、颜色、交联程度、毛边可处理程度</td><td>产品卡、样品、半成品检验规范</td><td>首件1次/手，检验1次/手、巡检1次/H，自主检查100%</td><td>卡尺、目视、投影仪、厚度计</td><td>IPQC和部门组长</td><td>作业员</td><td>IPQC</td><td>首件检验报告
巡回检验报告
功能检验报告</td></tr>
<tr><td>4</td><td>加工</td><td>尺寸、外观、背胶、颜色</td><td>产品卡、样品、半成品检验规范</td><td>巡检1次/H，自主检查100%</td><td>卡尺、目视、厚度计</td><td></td><td>作业员</td><td>IPQC</td><td>巡回检验报告
终检检验报告</td></tr>
<tr><td>5</td><td>包装</td><td>包装材料、包装数量、内外标识</td><td>SOP</td><td>自主检查100%</td><td>目视、电子秤</td><td></td><td>作业员</td><td>FQA</td><td>终检检验报告</td></tr>
<tr><td>6</td><td>出货检验</td><td>尺寸、外观、包装数量、标签、硬度、颜色</td><td>成品检验规范、外观检验规范</td><td>每一批次按AQL=2.5抽检</td><td>目视、卡尺、厚度计、硬度计</td><td></td><td>专检员</td><td></td><td>出货检验报告</td></tr>
</table>

QC工程图主体部分从原材料入厂到产品包装入库，将生产、工艺流程和检验流程合二为一。按照这种流程的逻辑次序和产品、生产过程的质量特性，按照“5W1H”的原则，将各检验站对产品质量的检验要求和各生产工序中对监视和测量装置的控制要求等分别加以规定，即对产品质量特性，通过检验加以控制；而对于生产过程的质量特性，则通过工艺要求（参数）、设备要求、人员要求、环境要求等进行控制，使整个生产过程所采用的质量控制手段一目了然。

要制作QC工程图，应该组成一支具备不同专业和技能人员的小组，充分收集所能取得的信息、资料，一般还要进行FMEA，并运用这些信息、资料及其分析结果作为设计输入来制作QC工程图。这些信息、资料包括：

（1）生产、制造工艺流程图。

（2）设计或过程FMEA（设计或过程的潜在失效模式分析）和产品实现的质量策划（如通过APQP形式）。

（3）特定的质量特性值。

（4）可以借鉴的相同或类似零件或组件的过去的经验、教训。

（5）生产过程的知识。

（6）设计审查。

只有具备了上述几点，才能制作出一份比较完整的QC工程图。对于QC工程图的制作，目前没有统一的规定格式，不同企业制作的QC工程图可能有所不同。

4.4 8D报告

8D是8 Disciplines的简称，最早是福特公司使用的一种很经典的分析问题的方法。Disciplines可翻译成科目、学科、研究范围等。

在日常质量管理工作中，我们往往会碰到一个事发突然而不知所措的问题，如客户投诉、生产质量突然出现异常等。针对这样的问题，一些有经验的人研究出一套逻辑方法，把处理问题的过程归纳成八个步骤（即8D，一般以表格报告的形式表达，因此又称8D报告），使质量管理人员、工程人员能够清楚地知道一步步该做什么。经过这样的步骤，问题的处理及解决通常比较圆满，使用8D报告解决问题的工程人员也会渐渐感觉到工程能力在不断提升。因此，8D报告方法很快就在工业界中广泛流传，有些公司甚至将8D报告作为解决问题的标准程序。

4.4.1 8D报告适用的范围

8D报告适用于解决各类可能遇到的简单或复杂的问题。8D报告就是要建立一个系统，让一个团队共享信息，努力达成解决问题的目标。8D报告本身不提供成功解决问题的方法或途径，但它是解决问题的一种很有用的工具。

4.4.2 8D报告的作用

（1）提高解决问题的效率，积累解决问题的经验。

（2）提供找出现存的与质量相关问题的框架，杜绝或尽量减少重复问题的出现。

4.4.3　8D报告的主要内容

（1）8D报告包含八个解决问题的步骤，针对出现的问题，找出问题产生的根本原因，提出短期、中期和长期对策，并采取相应的行动措施。

（2）问题：

① 与正常状态相比，属于失常状态，在这种情况下，需要予以纠正，使其恢复初始正常状态；② 以提高质量为目的来改变目前的状况。

（3）纠正措施：（按ISO 8402标准定义）针对现存的不合格项或缺陷所产生的原因采取的纠正措施，并杜绝或尽量减少重复问题的出现。

（4）预防措施：（按ISO 8402标准定义）针对潜在的不合格项或缺陷所产生的原因采取的纠正措施，并杜绝或尽量减少重复问题的出现。

4.4.4　提交8D报告的情形

8D报告多为顾客向组织提出的要求。

须提交8D报告的情形如下：客户在现场的检查中发现严重不良、主要不良、重复发生的次要不良等不合格项或缺陷的；市场上发现有重复发生的产品缺陷的；在同一生产现场连续发现三个位置相同不良现象或三个原因相同不良现象的；那些需要长期采取纠正措施才可以解决的缺陷的；组织相关程序文件有明确规定的。

4.4.5　提交8D报告的时间

一般要求：

（1）在发现问题的24小时内，提交包含所采取的暂时措施描述的8D报告，即提交前3D的完成情况。

（2）在发现问题的72小时内，提交包含问题发生原因的初步分析的8D报告，并在14天内完成报告的所有内容。

4.4.6　8D报告的编写步骤

当问题发生时，先保持冷静，并且尽其所能紧急补救，使损失降到最低。例如，先将客户手中可能有问题的零件换回，以防止客户中断生产线，将事态扩大，同时把事件发生的经过细节尽可能收集齐全。下面对8D报告每个步骤加以说明：

（1）D1：成立解决问题的临时小组。

若问题无法独立解决，则应召集与问题密切相关的技术人员或管理人员、相关的质量工程师等成立问题解决小组。小组成员必须有执行能力，如懂得调整机器或懂得改变生产过程条件，或能指挥、调动人力和物力等。问题解决小组的组长最好由企业的相关领导亲自担任。质量部门负责召集和组织小组的活动。

（2）D2：描述问题。

通常情况下已由顾客填写好。

为了易于找到问题症结所在，防止问题再发生，应使用合理的思考及统计工具来详细地向团队说明何时、何地、发生了什么问题、严重程度和涉及的广度、目前状态、如何紧急处理及展示照片和收集到的物证。问题描述者就如同某案件的办案人员，将物证、细节描述得越清楚，团队解决问题的速度就越快。

（3）D3：执行暂时对策（即“纠正”，又称采取“围堵行动”）。

为使外部或内部的客户都不受到该问题的继续影响，在还未找到真正原因前，要制定并执行暂时对策，如全检、筛选、将自动改为手动、库存清查等。暂时对策制定后，应立刻交由团队成员执行，并要确保“围堵行动”可收到预期的效果。暂时对策的采取，应直到已采取了永久性的有效改进措施为止。

（4）D4：找出问题的根本原因。

寻找原因应通过头脑风暴法等形式，充分发挥临时小组成员的集体智慧。

就问题的描述和收集到的资料进行比较分析，最好不要盲目地动手改变目前的生产状态，要先动动脑，分析、比较有何差异和改变。例如，是否有些条件改变，或是最近有些什么异动；是否换了夹具、作业员、供应商、运输商，或修改电源供应器、流程，或比较良品与不良品的检查结果，看看哪个数据有很大的差异；是否有尺寸、重量、电压值、C_{pk}、耐电压等不良问题的发生。通过分析资料，我们常常可以看出蛛丝马迹。这样的分析可以帮助企业缩小范围，越来越接近问题核心。当分析完成后，识别可能的原因，从而找到问题真正的原因，测验、确认每一个原因。

（5）D5：选择永久对策（即针对上述原因采取的纠正措施）。

找到造成问题的主要原因后，应针对已确认的根本原因制定永久性的纠正措施，即开始拟定对策方法。对策方法也有多种，如修理或更新模具，试试可能的选择，列出其优缺点、费用、人力、持续时间等。对这些对策方法应作出最佳的选择，并且确认这样的方法不会产生其他副作用。

（6）D6：执行及验证永久对策（即措施）。

当永久对策准备妥当时，就可开始执行永久对策及停止暂时对策。对永久对策进行验证，并监视其长期效果。例如，观察不良率已由4 000 ppm①下降为300 ppm，C_{pk}由0.5升为1.8等，下道工序及客户已能完全接受，这时说明对策是有效的。

（7）D7：采取预防措施，防止类似问题发生。

对类似的其他生产，虽然尚未发生问题，但需要做举一反三的检查和改进，防止其再发生，即所说的“他石攻玉”，必要时要提出针对体系本身改善的建议。同时，这样的失效也应列入下一产品研发阶段的FMEA中，予以验证。

（8）D8：肯定贡献、激励团队。

对于努力解决问题的团队，应予以嘉勉（由最高领导者签署），肯定团队及个人的贡献，使其产生工作上的成就感，并愿意解决下次碰到的问题。

项目完毕，关注的问题被解决、确认、核实，须由权威人士审核签名认可，并将报告存档。

对于8D报告的运用，其思路仍然是PDCA模式，类似于质量管理体系审核中对审核发现的不符合项报告的纠正措施表，只是前者更完善。不仅可以在比较严重的质量问题上

---

① $1ppm=1\times10^{-6}$（即百万分之一）。

运用8D报告处理问题，还可以在工作、生活上碰到的很多问题上运用8D报告的逻辑来思考、解决问题。某公司8D报告实例，见表4-31。

表4-31 **某公司8D报告实例**

编号：ZG-3003-15	
顾客名称：×××	发货数量：1 800只
产品型号：C121	最大允许不合格品率：1%
发货日期：2017年4月3日	顾客投诉日期：2017年4月7日
D1：团队组成	日期：2017年4月8日
组长：×××，组员：（略） 注：实施者不列入	
D2：问题描述	日期：2017年4月8日
在型号为C121的连接器左耳上有一条裂缝（顾客发现的）	
D3：暂时（紧急）对策，即“纠正”	日期：2017年4月8日
1.从退货的产品中找出有缺陷的产品 2.委托代理商，到顾客组装线上找出有缺陷的产品 3.将代理商库存的所有产品返回本公司生产线，并100%检验，挑选出有缺陷的产品（将在4月9日完成以上对策） 注：从五个方面考虑采取纠正，即顾客的仓库和生产线、货运途中、供方的仓库和生产线	
D4：分析并确认主要的根本原因	日期：2017年4月8日
1.连接器耳角的裂缝系半自动组装机器的推动杆的顶部敲击所致 2.在组装生产过程中，推动杆的顶部会敲击下一个连接器耳角，这是因为推动杆的顶部宽度与型号C121连接器的高度一致（见附件1——照片） 3.没有对产品进行全面检验，导致一些有缺陷的产品流出	
D5：纠正措施	日期：2017年4月8日
1.将半自动组装机器的推动杆的顶部宽度减少2mm，以防止推动杆敲击下一个连接器（见附件2——改进后的照片） 2.要求检验人员严格按照SOP和SIP的规程进行操作，避免对有缺陷的产品作出错误的判断或遗漏检验（见附件3——表面检查标准） 3.为了更好地保证产品质量，在设计上把连接器耳体的厚度由0.6 mm增加到0.8 mm（见附件4——增加厚度后的设计图纸） 4.进行连接器耳体的破坏性试验。两耳体的破裂试验的施加力量要超过2kg（见附件5——破坏性试验规程） 5.在半自动组装机器的入口处安装一个传感器，以避免连接器太早进入机器，而被推动杆敲击（见附件6——新安装的传感器的照片） 注：主要从设备、工艺标准、隔离处置、产品设计等方面采取纠正措施	

续表

D6：纠正措施的效果验证		日期：2017年4月17日	
1.经过上述改进措施，从4月14日开始批量生产，在已生产的35只型号C121连接器上没有发现任何缺陷 2.通过热振动试验，发现改进后的产品比以前的产品强度更好（见附件7——热振动试验结果）			
D7：预防措施及有效纠正措施的标准化			日期：2017年4月17日
1.附件2：半自动组装机器得到改进 2.附件4：连接器耳体增加厚度已形成设计图纸 3.附件5：连接器耳体破坏性试验规程已成为正式作业文件 4.附件6：新安装的传感器			
D8：团队激励			日期：2017年4月18日
完成团队任务，衷心地肯定团队及个人的贡献，并致以祝贺、激励（由最高领导者签署）			
质量经理：赵××	品质保证主管：黄××	审核员：周××	编制员：黄××

注：表中所列附件均未录入。

思政专栏

为贯彻落实党中央、国务院决策部署，督促工业产品生产单位落实质量安全主体责任，国家市场监督管理总局于2023年4月发布《工业产品生产单位落实质量安全主体责任监督管理规定》（以下简称《规定》），进一步强化生产单位主要负责人质量安全责任，规范质量安全管理人员行为。

《规定》要求，工业产品生产单位要建立健全产品质量安全管理制度，落实产品质量安全责任制。在中华人民共和国境内，实施工业产品生产许可、强制性产品认证管理，以及涉及人身健康和生命财产安全并有强制性国家标准要求的产品生产单位在配备质量安全总监和质量安全员的同时，应当依法落实产品质量安全责任的行为及其监督管理。

《规定》要求，工业产品生产单位要建立主要负责人全面负责，质量安全总监、质量安全员分级负责的产品质量安全责任体系。建立基于工业产品质量安全风险防控的动态管理机制，制定工业产品质量安全风险管控清单，建立健全日管控、周排查、月调度工作制度。

资料来源　产品质量安全监督管理司.市场监管总局质量监督司相关负责人就《工业产品生产单位落实质量安全主体责任监督管理规定》答记者问［EB/OL］.［2024-02-15］. https://www.samr.gov.cn/zw/zfxxgk/fdzdgknr/xwxcs/art/2023/art_d67e23156bcd465abf5c8bc1bd19db21.html.

点评：《规定》的出台将推动工业产品生产单位进一步建立健全质量安全风险防控的动态管理机制，配齐配强质量安全管理人员；有利于把质量安全责任落实到人，确保一旦发生质量问题，能够找得到人、查得清事、落得了责；有利于提升生产单位质量安全管控能力，防范质量安全风险。

[**知识掌握**]

试就你所在学校或生活的环境中存在的某种隐患，通过小组讨论，实施FMEA，列出相应的改进措施。

过程质量控制

第5章

［学习目标］

（1）掌握过程能力的概念。

（2）掌握双向公差，以及过程分布中心μ与标准（公差）中心M重合情况与不重合情况的过程能力指数计算。

（3）掌握单向公差情况的过程能力指数计算。

（4）了解运用过程能力指数进行过程合格率的估算。

（5）熟练运用过程能力指数进行过程能力评价。

引例

重汽特种车公司强化生产过程质量控制

提升产品质量品质，是实现企业转型升级，加快发展的必经之路。2017年，特种车公司把产品质量和品牌建设列为重点工作，突出抓好质量强化和品牌培育工作。近期，公司大月生产拉开帷幕。重汽特种车公司各直属分部迅速反应、不等不靠、提前策划，按照生产任务组织要求，积极应对新常态下的生产经营形势。

在车架直属分部，分部领导高度重视，坚持高标准、高质量地进行车架总成生产工作。结合70矿车车架工艺特点，对工艺流程、质量过程控制和资源组织时间节点等重新进行了梳理调整，充分发挥工段长和一线员工的作用，确保产品符合工艺图纸，提高产品质量。强化工段和质量门建设，对装配的全过程进行监控，定期对铆接线质量门进行评价，将质量问题的发生控制在最小范围之内，并及时解决。按照生产需要积极配合设备厂家增加铆钳设备安装，并调试到位。根据每笔订单要求的时间节点，要求铆接工段对纵梁、横梁等外供部件按流程进行产品质量控制，做好整车的抛丸、装合、铆接、复紧等工作，对车架总成实施全过程质量监控把关，切实提高装配水平。

资料来源　中国重汽．重汽特种车公司强化生产过程质量控制［EB/OL］．［2020-04-26］．http：//news.cmol.com/2017/0426/62165.html.

5.1　过程质量

5.1.1　影响过程质量的主要因素

通常对过程质量起主要作用的因素是5M1E，即操作者、材料、设备、工艺方法、环境和测量六要素。

六要素的具体内容如下：

（1）操作者：操作人员的情绪、技术水平、质量意识等。

（2）材料：主要是指构成产品的原材料和生产中使用的辅助材料。

（3）设备：机床、辅助装置、工夹模具的精度和状况。

（4）工艺方法：加工工艺流程和操作方法是否合理。

（5）环境：合适的温度和光线，整齐、清洁的场所。

（6）测量：测量设备、试验手段和测试方法等。

对具体产品的过程质量，不一定是这六要素同时起作用，而且这六要素也并不是起着同等的作用，可能是其中的一个或几个要素起作用。因此，我们应该通过过程分析，运用专业技术和经验，找出在过程中起主要作用的要素，将其作为质量控制的重点。

5.1.2　过程质量的波动性及其统计学规律

在生产实践中，即便操作者、材料、设备、工艺方法、环境、测量的条件相同，但是同一批产品的质量特性数据也会不完全相同，它们总是存在差异，这就是产品质量的波动性。这种波动性具有普遍性和永恒性。因此，波动性是过程质量的固有本质，是客观存在的，想消除过程质量的波动性是不可能的。从统计学的角度，可以把产品质量的波动性分为正常波动和异常波动两类，而引起过程质量波动的原因有偶然性原因和系统性原因两类。

1）正常波动

在生产过程中大量存在由随机因素引起的产品质量波动，这些随机因素对产品质量经常产生影响，但它所造成的质量特性值波动往往比较小。这种波动属于正常波动。例如，原材料的成分和性能上的微小差异；机器设备的轻微振动；温度、湿度的微小变化；操作方法、测量方法、检测仪器的微小差异等。要消除造成这种波动的随机因素，在技术上难以达到，在经济上的代价也很大。因此，一般情况下，这种波动在生产过程中是允许存在的。公差就是承认这种波动的产物。我们把仅有正常波动的生产过程，称为处于统计控制状态，简称控制状态或稳定状态。

2）异常波动

由系统原因引起的产品质量波动，称为异常波动。这些系统因素在生产过程中并不大量存在，对产品质量也不经常产生影响；一旦这些系统因素大量存在，对产品质量的影响就会比较显著。比如，原材料的质量不符合规定要求；机器设备带病运转；操作者违反操作规程；测量工具具有系统性误差等。由于这种波动一般具有一定的周期性或倾向性，因此比较容易查明，可及时预防和消除。异常波动对质量特性值的影响较大，一般来说在生产过程中是不允许存在的。我们把有异常波动的生产过程，称为处于非统计控制状态，简称失控状态或不稳定状态。引起产品质量波动的原因，从微观角度来看，主要来自上述六要素。

需要注意的是，偶然性原因和系统性原因之间的关系是相对的，它们可以相互转化。比如，随着科技的进步，我们可以识别和测定某些偶然性原因带来的影响，如果这些影响（或测定值）超过了一定限度，就可以将其看作系统性原因；同样，对系统性原因采取措施加以控制，也可转化为偶然性原因。

质量特征值作为随机变量，客观上服从统计学规律。统计学规律不仅描述了质量变异的波动性，而且描述了质量变异的规律性或某种稳定性。当质量特征值具有计量性质时，就应该用正态分布去控制和研究质量变化的规律。这是因为在正态分布N（μ，σ^2）中，总体均值μ是描述随机变量分布的集中位置的，总体标准差σ是描述随机变量分布的分散程度的，可以通过控制μ和σ来实现对过程质量的控制，这就是过程质量控制的基本原理。

5.1.3 过程质量的状态

生产过程质量控制的主要目的是保证过程始终处于受控状态，能够稳定持续地生产合格品。为此，必须及时了解生产过程的质量状态，判断其失控与否。

所谓的过程处于控制状态，是指其质量特征值统计分布的μ和σ都符合质量规格的要求，且不随时间变化。如果μ和σ其中之一或两个都不符合质量规格的要求（稳定状态），或者随着时间变化（不稳定状态），则认为过程处于失控状态。

1）控制状态

从图5-1中可以看出，μ_0和σ_0是经调整后控制的理想状态，即符合质量标准要求。随着时间的推移，生产过程的质量特征值或其统计量均在控制界限之内，且均匀分布。这就是所谓的控制状态，是生产过程控制的目的。

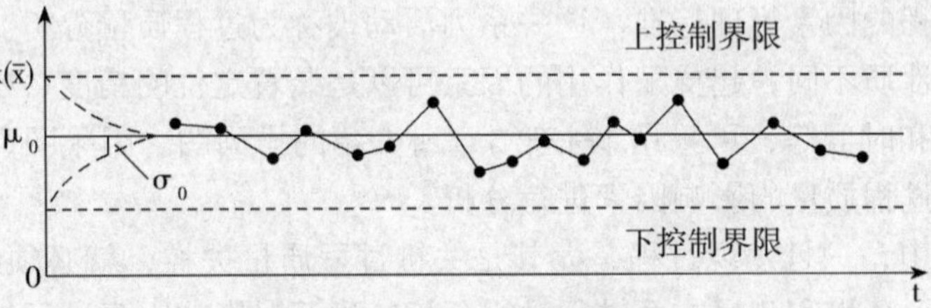

图5-1 生产过程的控制状态

2）失控状态

失控状态又可分为稳定失控状态和不稳定失控状态，如图5-2和图5-3所示。

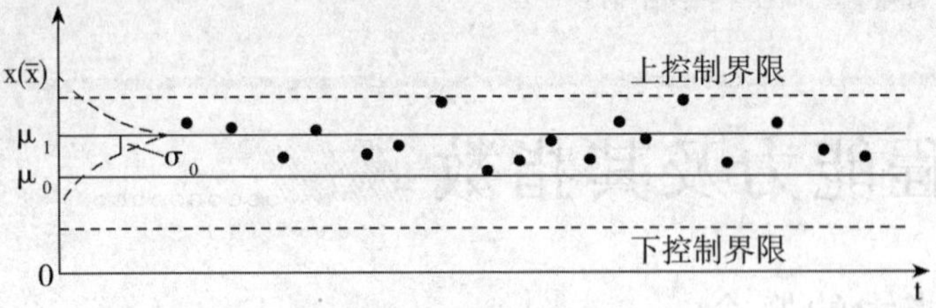

图5-2 稳定失控状态

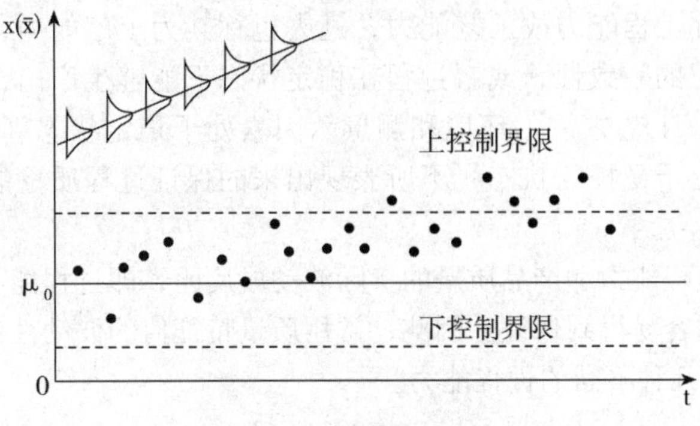

图5-3 不稳定失控状态

在稳定失控状态的情况下，μ和σ不随时间变化，但质量特征值（或其统计量）的分布超出了控制界限。在图5-2中，μ大于规定值，且质量特征值超出上限，这种情况可能是由于机床、工装或刀具调整不当造成的，需要采取措施将μ_1调整到μ_0分布中心位置上来。

在不稳定失控状态的情况下，不仅质量特征值超出控制界限，μ和σ也都随时间发生了变化。在图5-3中，μ随时间推移发生变化，即μ逐渐变大。这种情况说明生产过程中存在系统性原因而导致失控，应该查明原因并及时消除影响。

5.1.4　过程质量的分析与控制

过程质量需要严密的监控，发现异常情况后，要进行质量分析，然后再根据分析的结果调节和控制生产要素。因此，过程质量分析和过程质量控制是相辅相成的，而且分析和控制的过程是不间断的、反复进行的。

通过观察过程质量特征值的波动情况，分析影响产品质量的各类因素，找出主导性（支配性）因素，调查这些因素与过程结果（质量特征值）之间的关系，然后在过程分析的基础上建立过程的因素管理标准，这一系列活动被称为过程质量分析。

根据过程的性质不同，起支配作用的因素可以是装置定位的精度、机器设备、操作人员、外购零部件和时间等，可采用本书第3章所介绍的排列图、因果图、控制图、直方图等各种方法来对过程质量的影响因素进行分析。

在生产过程中，一旦发现过程，尤其是关键过程质量失控，就必须从操作者、材料、设备、工艺方法、环境和测量方面进行过程分析，进而对影响因素进行控制，使过程回到控制状态。因此，在生产中，一般要求操作者记录过程质量的原始数据，随时掌握和分析质量特征值的变化趋势，并进行过程能力指数的计算和评价，确保生产过程始终处于良好的受控状态，尽可能地少出不合格品。

5.2　过程能力及其指数

5.2.1　过程能力的概念

过程能力，又称工程能力或工艺能力，过去也称其为工序能力，是指过程处于控制状态下衡量过程加工的一致性，或者过程在稳定状态下能够生产出合格品的能力，即操作者、材料、设备、工艺方法、环境和测量六因素处于稳定状态（5M1E符合规范规定的要求，作业活动处于受控的状态）下所表现出来的保证过程质量的能力，而不是生产能力。

一般情况下，过程能力和产品质量的实际波动成反比，即过程能力越高，产品质量波动越小，过程质量越容易得到保证。因此，常用质量特征值的波动性统计规律来描述过程能力。图5-4表示了几种不同的过程能力。

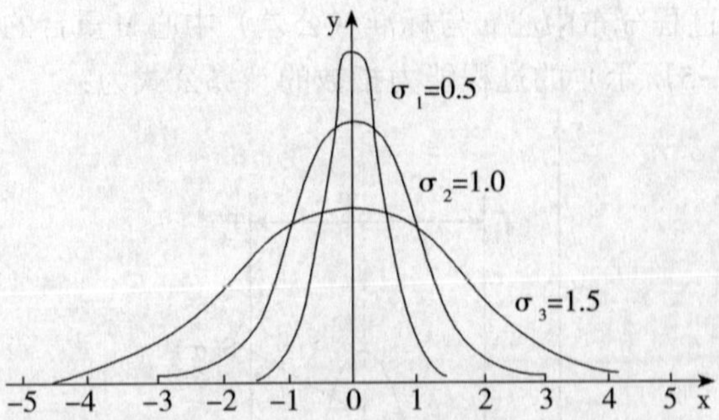

图5-4　不同的过程能力

根据过程质量的统计规律，一般采用“3σ”原则来描述过程能力的大小，即：

$$B=6\sigma$$

式中：B——过程能力；σ——处于正态分布下的过程质量特征值的标准差。

“3σ”原则指出在±3σ范围内，即在6σ的范围内包含了99.73%的质量特征值，这几乎包括了全部可能的数值。如果把质量特征值的范围取得过小，如取±1σ～±2σ，则产品的合格品率太低；如果把质量特征值的范围取得过大，如±4σ～±5σ，则达到这样高的合格品率，产品成本又太高。因此，把过程能力定义在±3σ范围内。

可见，σ是分析过程能力的一个关键性参数。σ越大，过程能力越低；σ越小，过程能力越高。图5-4中的3条曲线，代表了3个不同的生产过程状态。其中，加工精度以σ_1代表的过程能力为最高，σ_2次之，最差的是质量特征值标准差为σ_3的过程能力。

过程能力B=6σ是有前提条件的：首先，质量特征值必须服从正态分布；其次，控制的结果是产品的合格品率能够达到99.73%。因此，以上所述的过程能力的概念只能应用于一般的过程之中。对于粗加工或精密加工等特殊过程，则不一定适用。若机械地套用B=6σ来衡量过程能力，则会产生较大的偏差。

提高工序能力的重要途径之一就是尽量减小σ，使质量特征值的离散程度变小，在实际中也就是提高加工精度和产品质量的一致性。

5.2.2　过程能力指数

过程能力只表示一种过程固有的实际加工能力，而与产品的技术要求无关。为了反映过程能力能否满足客观的技术要求，需要将二者进行比较，引入过程能力指数的概念。

所谓的过程能力指数，是指过程能力对产品质量技术要求的保证程度，记为C_p。质量技术要求一般以产品的规格、工艺规范、公差范围等表示。

因此，过程能力指数C_p的计算公式为：

$$C_p=\frac{T}{6\sigma}\approx\frac{T}{6S}$$

式中：T——公差范围；σ——总体标准差；S——样本标准差。

5.2.3　过程能力指数的计算

对于过程能力指数的计算，不同的情况其计算方式也有所区别，主要有以下情况：

1）双向公差，且过程分布中心μ与标准（公差）中心M重合的情况

这种情况（如图5-5所示）的过程能力指数的计算公式为：

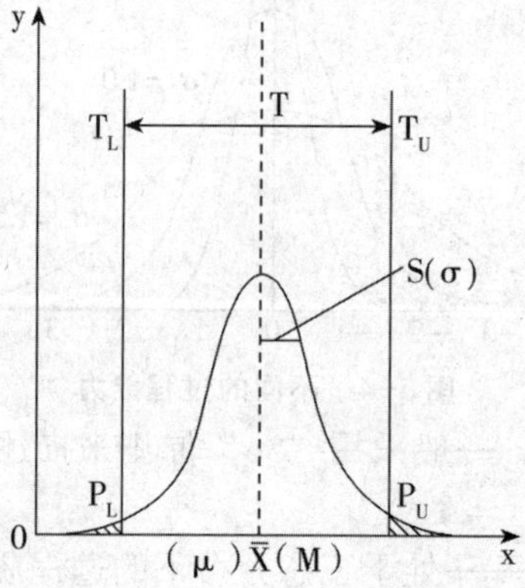

图5-5　双向公差，且μ与M重合的情况

$$C_p=\frac{T}{6\sigma}=\frac{T_U-T_L}{6\sigma}\approx\frac{T_U-T_L}{6S}$$

式中：T_U——公差上限；T_L——公差下限。

【例5-1】某零件内径尺寸要求$\Phi 20^{+0.025}_{-0.010}$。加工数量为100件以后，计算得 $\overline{X}$=20.0075，S=0.005，求该过程的过程能力指数。

解：1.计算公差中心：

M=（T_U+T_L）÷2=（20.025+19.99）÷2=20.0075

又已知$\overline{X}$=20.0075，可见M=$\overline{X}$，即过程分布中心μ（以平均值$\overline{X}$代替）与公差中心M重合。

2.计算过程能力指数：

$$C_p=\frac{T_U-T_L}{6\sigma}\approx\frac{T_U-T_L}{6S}=\frac{20.025-19.99}{6\times 0.005}=1.17$$

2）双向公差，且过程分布中心μ与标准（公差）中心M不重合的情况

在实际生产过程中，质量特性值的实际分布中心往往与质量标准的中心不重合，即产生一定的偏离，如图5-6所示。

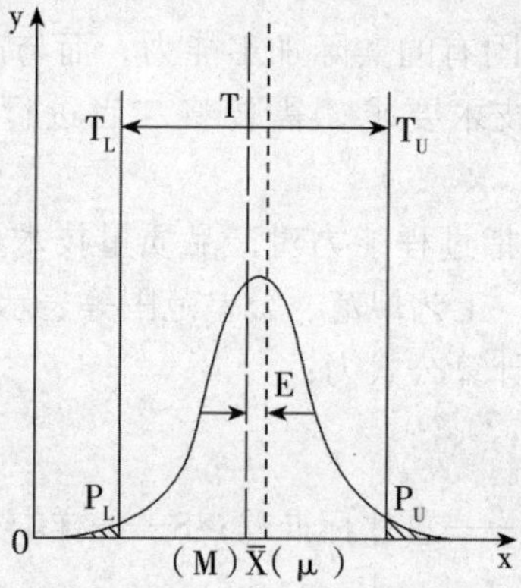

图5-6　双向公差，且μ与M不重合的情况

出现这种情况，需要对过程能力指数C_p进行修正。为了区别于μ与M重合情况下的C_p值，经修正的过程能力指数记作C_{pk}。C_{pk}的近似计算公式为：

$C_{pk}=C_p（1-k）$

式中：k——修正系数，且$k=\frac{|M-\mu|}{\frac{T}{2}}=\frac{|M-\overline{X}|}{\frac{T}{2}}=\frac{2E}{T}$，其中E为绝对偏移量，$E=|M-\overline{X}|$。

因此，C_{pk}还可表示为：

$$C_{pk}=\frac{T}{6S}\left(1-\frac{2E}{T}\right)=\frac{T-2E}{6S}$$

【例5-2】某过程加工的零件尺寸要求Φ20±0.023mm，现经随机抽样，测得样本平均值$\overline{X}$=19.997mm，样本标准差S=0.007mm，求C_{pk}。

解：1.计算公差中心：

$M=（T_U+T_L）÷2=20$

因为$M\neq\overline{X}$，所以需要计算绝对偏移量E：

$E=|M-\overline{X}|=|20-19.997|=0.003$

$T=T_U-T_L=20.023-19.977=0.046$

$$k=\frac{2E}{T}=\frac{2\times0.003}{0.046}=0.13$$

$$C_P=\frac{T}{6S}=0.046÷（6\times0.007）=1.095$$

2.计算经修正的过程能力指数：

$C_{pk}=C_p（1-k）=1.095\times（1-0.13）=0.95$

3）单侧公差的情况

在实际生产中，往往存在质量标准只规定单侧界限的情况。例如，机电产品的机械强度、寿命、可靠性等，要求不低于某个公差下限，而其公差上限越大越好，如图5-7（a）所示。又如，机械工业产品的噪声、形位公差（如同心度、平行度、垂直度、径向跳动等）、原材料所含杂质等，要求不高于某个公差上限，而其公差下限越小越好，即只要规定一个公差上限就可以了，如图5-7（b）所示。

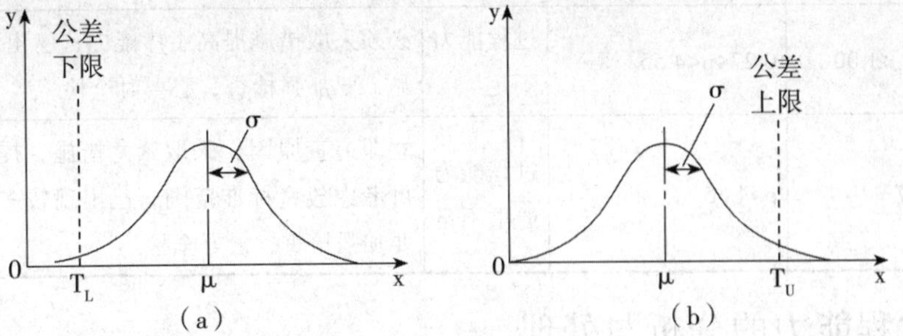

图5-7　单侧公差的情况

（1）当仅有公差上限要求时，过程能力指数用C_{pU}表示。其计算公式为：

$$C_{pU}=\frac{T_U-\mu}{3\sigma}\approx\frac{T_U-\overline{X}}{3S}$$

（2）当仅有公差下限要求时，过程能力指数用C_{pL}表示。其计算公式为：

$$C_{pL}=\frac{\mu-T_L}{3\sigma}\approx\frac{\overline{X}-T_L}{3S}$$

【例5-3】要求某机械零件的径向跳动不超过0.05mm，现从现场随机抽样得到样本平均值$\overline{X}$=0.02mm，样本标准差S=0.015mm。求该过程的过程能力指数。

解：$C_{pU}=\frac{T_U-\mu}{3\sigma}\approx\frac{T_U-\overline{X}}{3S}=\frac{0.05-0.02}{3\times0.015}=0.67$

【例5-4】某塑胶板技术要求其击穿电压不低于1 200V，现随机抽样，得知$\overline{X}$=1 260V，S=24V。求该过程的过程能力指数。

解：$C_{pL}=\frac{\mu-T_L}{3\sigma}\approx\frac{\overline{X}-T_L}{3S}=\frac{1\,260-1\,200}{3\times24}=0.83$

5.3 过程能力的评价、分析与处理

5.3.1 过程能力的评价

过程能力指数客观而又定量地反映了过程能力满足技术要求的程度，所以可以根据过程能力指数的大小来对过程加工的质量水平作出评价。一般情况下，过程能力的判断，是根据过程能力指数评定分级表（见表5-1）规定的判断标准来进行的。

表5-1 过程能力指数评定分级表

等级	C_p（或C_{pk}）	p（%）	能力评价	处理意见
特级	$C_p>1.67$	p<0.00006	过程能力过于充足	即使质量波动有些大，也不必担心，可考虑放宽管理、降低成本、收缩标准范围及放宽检查
一级	$1.33<C_p\leqslant1.67$	0.00006≤p<0.006	过程能力充足	允许小的外来干扰所引起的波动；对不重要的工序可放宽检查；过程控制抽样间隔可放宽一些
二级	$1.00<C_p\leqslant1.33$	0.006≤p<0.27	过程能力尚可	严格控制过程，否则容易出现不合格品；检查不能放宽
三级	$0.67<C_p\leqslant1.00$	0.27≤p<4.55	过程能力不足	必须采取措施提高工序能力；已出现一些不合格品，要加强检查，必要时全检
四级	$C_p\leqslant0.67$	p≥4.55	过程能力严重不足	立即追查原因，采取紧急措施，提高过程能力；可考虑放宽标准范围；已出现较多的不合格品，要加强检查，最好全检

5.3.2 过程能力的分析与处理

1）过程能力调查

过程能力调查能够及时掌握加工设备和过程的质量状态，是发现和解决质量问题的有效方法，也是确定和计算过程能力的重要准备。企业建立必要合理的定期过程能力普查制度，是保证生产制造质量的重要措施，特别是对于关键过程和关键工位，要制订计划，分期进行过程能力调查，并对调查结果进行分析，加强过程质量控制。

过程能力调查是指采用一定的方法对选定的调查对象测量其质量特征值，判断过程能力是否充足，并制定相应改进措施的全部活动。过程能力调查的步骤如下：

(1) 明确调查目的：调查前必须明确调查目的，调查目的可以在掌握和分析资料的基础上确定。一般可从设计、生产制造以及检查、供应和销售等方面收集资料。在设计方面，收集技术设计、工艺设计等资料；在生产制造方面，收集过程六要素（5M1E）状况等资料；在检查、供应和销售方面，收集检查方法、手段、标准等资料，以及材料供应、订货前的指导思想和用户的意见反馈等资料。

(2) 选定调查对象：调查对象的选择直接影响调查成果。一般应选择产品生产的关键过程和关键工位作为对象，进行过程能力调查，加强过程控制管理。

(3) 决定调查方法：由于生产过程和产品特点的不同，生产制造工序种类很多，因此需要根据调查目的选择合适的过程能力调查和测定方法。

(4) 标准化处理（工序的标准化）：因为只有根据在受控状态下（引起质量波动的5M1E处于标准状态）获得的数据（质量特征值）计算得出的过程能力指数，才能对过程控制有指导意义，所以调查前必须在技术上、经济上尽可能使5M1E标准化，这是过程控制的前提。

(5) 收集数据：根据调查的目的和所选用的调查方法，进行数据的收集、整理、分析，并定量计算过程能力指数，为过程能力评价和改进提供依据。

(6) 数据分析（过程能力的评价与反馈）：按过程能力指数的判断标准，对过程能力进行评价。过程能力的评价结果有三种情况：过程能力过于充分、过程能力充分和过程能力不足。无论过程能力的评价结果是哪一种情况，都必须向有关部门进行信息反馈，并作出相应的质量改进或维持原生产状况的决定。

过程能力调查的流程如图5-8所示。

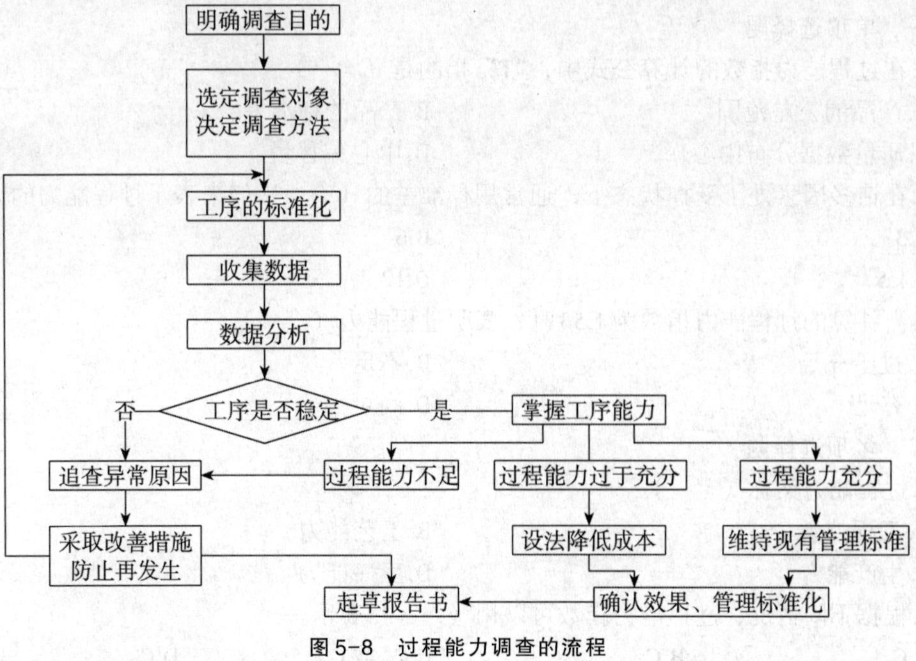

图5-8 过程能力调查的流程

2) 提高过程能力的措施

从过程能力的计算公式$C_{pk}=\frac{T-2E}{6S}$可知，影响过程能力指数的因素有公差范围T、样本的分布中心与给定的公差中心的偏移量E和产品质量特征值的分散程度σ（S）。因此，可以从以下三个方面考虑提高过程能力：

（1）调整过程加工的分布中心，减少绝对偏移量E。

（2）提高过程能力，减少分散程度。

（3）在保证质量的前提下，放宽给定公差。

思政专栏

王树军当选2018年“大国工匠年度人物”。他致力于中国高端装备研制，不被外界高薪诱惑，坚守打造重型发动机中国心。他攻克的进口高精加工中心光栅尺气密保护设计缺陷的难题，填补了国内空白，成为中国工匠勇于挑战进口设备的经典案例。他独创的“垂直投影逆向复原法”，解决了进口加工中心定位精度为千分之一度的NC转台锁紧故障，打破了国外技术的封锁和垄断。

资料来源　佚名. 十位2018年“大国工匠年度人物”：王树军［EB/OL］.［2019-01-21］. http://www.chinahaoren.cn/Articlebody-detail-id-64602.html.

点评：王树军作为潍柴工匠人才的一面旗帜，强调过程质量控制，凭借“精益求精、持之以恒、爱岗敬业、不断创新”的工匠精神，为广大职工树立了一个正直进取、勤学实干、技能突出的榜样形象。他是千千万万坚守一线岗位、默默奉献的工匠们的缩影，他们正在为中国制造业自主创新、迈向高端不懈奋斗。

［知识掌握］

一、单项选择题

1.在过程能力指数的计算公式中，“T”指的是（　　）。

A.产品的公差范围　　B.产品的标准差

C.质量数据分布中心　　D.中心偏移量

2.在诸多因素处于受控状态下，通常用标准差的（　　）倍来表示过程能力的大小。

A.3　　B.6

C.1.5　　D.12

3.当计算的过程能力指数为1.53时，表明过程能力（　　）。

A.过于充足　　B.不足

C.充足　　D.尚可

二、多项选择题

1.过程能力又称（　　）。

A.工程能力　　B.工艺能力

C.生产能力　　D.工序能力

2.根据不同情况，过程能力指数可以用（　　）表示。

A.C_{pp}　　B.C_p　　C.C_{pu}或C_{pL}　　D.C_{pk}

3.引起过程质量波动的原因可分为（　　）。

A.设备原因　　B.偶然性原因

C.人为操作失误　　　　　　　　　　D.系统性原因

三、计算题

1. 已知某零件尺寸范围为50−0.1mm～50+0.3mm，取样实测后求得$\overline{X}$=50.05mm，S=0.061mm，试求该过程的过程能力指数。

2. 某企业生产某种绝缘材料，规定其击穿电压不得低于1 200V，实测样本算出的$\overline{X}$=4 000V，S=1 000V，试求该过程的过程能力指数（只规定了标准下限）。

3. 加工某种零件，要求径向跳动不得超过0.05mm。实测样本得到$\overline{X}$=0.01mm，S=0.016mm，试求该过程的过程能力指数（只规定了标准上限）。

4. 某零件的抗拉强度要求不小于90kg/mm^2。通过随机抽样计算得到样本强度平均值$\overline{X}$=98 kg/mm^2，样本标准差S=2.1 kg/mm^2，试求该过程的过程能力指数。

5. 某零件尺寸要求Φ50±1.125，加工200件以后，检测计算得到$\overline{X}$=50.45，S=0.245，试求该过程的过程能力指数。

第6章 试验设计

[学习目标]

(1) 了解试验设计的概念及作用。

(2) 掌握单因素试验设计常用的几种方法。

(3) 了解正交试验法的基本理论。

(4) 掌握正交试验的基本方法及应用。

引例

用正交试验法获得道路冷再生材料研究数据

在冷再生混合料中，灰土含量影响了其刚度，可以作为试验因素，根据经验，我们选定灰土含量分别为30%、50%、60%三个水平；添加剂（水泥）剂量在冷再生混合料中也起着非常重要的作用，添加剂（水泥）的剂量直接影响混合料的强度，我们本着既经济，又能满足强度要求的原则选定水泥含量分别为4%、5%、6%三个水平。

本试验属于2因子3水平的正交试验，根据选择正交表的原则，即试验的水平个数应等于正交表的水平数，试验因素（因子）的个数应小于或等于正交表的列数，因此可选择$L_9(3^4)$正交表，把试验因素和水平填入该正交表即形成试验方案。

正交试验直观分析是一种科学安排与分析多因素多水平试验的数学方法，此方法具有信息量丰富、试验工作量小、试验费用低、试验结果正确、可提高经济性的优点。正交试验法是用一种规格化表格（正交表）来安排试验的方法。在正交表中，任两列的各水平搭配次数都一样，保证了试验点在因子空间中的均衡分散性，具有很强的代表性。另外，每列因素在各水平上出现的次数都一样，可最大限度地排除各种干扰。保证有效的因子比较。因此，采用正交试验法可以高效、准确地进行冷再生材料的配合比设计。本次试验添加剂（水泥）的最佳配合比为灰土30%、水泥6%。

通过本次室内试验研究，我们得出结论：冷再生材料能够作二级或二级以下公路的基层或底基层，其强度和稳定性都能满足国家规范对道路结构的各种要求。大量加入外掺剂的室内试验结果表明，随着添加剂剂量的增加，冷再生混合料的抗压强度也随之增大。

资料来源　白岩. 用正交试验法获得道路冷再生材料研究数据［EB/OL］.［2020-05-22］. http://www.chinahighway.com/news/2014/806077.php.

6.1 单因素试验设计

试验是人们探索和认识事物客观规律的一种基本手段和方法。试验的安排是否恰当，其效果会大不一样。如何以尽可能少的试验次数和花费获得足够有效的数据，并分析得出比较可靠的结论呢？这一类问题就是试验设计所要研究和解决的问题，在数学上称为最优化或优选法。优选法是一种指导我们用较少的试验次数寻找最优方案的科学方法，以达到优质、高产、低耗的效果。下面分别介绍单因素试验设计方法和多因素试验（正交试验）设计方法。

6.1.1 对分法

对分法，也称平分法，是单因素试验设计方法，是指在试验范围［a，b］内，目标函数为单调（连续或间断）的情况下，求得最优点的方法。每做一次试验后，根据试验结果决定下次试验的方向时，就可以应用对分法。

对分法的做法是：每次取优选因素所在试验范围［a，b］的中点处c做试验。其计算公式为：

$$c=\frac{a+b}{2}$$

每做完一次试验后，根据试验结果确定下次试验的方向。若下次试验在高处，则把此次试验点c以下的一半范围［a，c］划去；反之，就把另一半范围［c，b］划去。然后，在剩下的一半范围内再做试验。这样每试验一次，试验范围就缩小一半，重复地做下去，直到找出满意的试验点为止。

【例6-1】某毛纺厂为解决色染不匀（常常出现外红里浅）的问题，要优选起染温度，试采用对分法进行分析。

解：对分法的具体操作步骤如下：

原工艺中的起染温度为40℃，升温后的最高温度达100℃，因此试验范围先确定在40～100℃。

第一次试验点c_1=（40+100）÷2=70，即选在70℃。试验结果显示，过去常有的外红里浅现象大有好转，表明起染温度还可以增高，将40～70℃这一段划掉。

第二次试验点选在70～100℃的中点处c_2=（70+100）÷2=85，即选在85℃。试验结果出现红里透黑，染色太深，起染温度过高，应降低起染温度，将85～100℃这一段划掉。

第三次试验点选在70～85℃的中点处c_3=（70+85）÷2=77.5，即选在77.5℃。试验结果显示，染色深浅适度，里外均匀，反复验证后均感满意。为操作方便，最后选78℃为起染温度。

对分法的优点是简单易行，但其应用要具备两个条件：

（1）要有一个现成的标准（或指标）来衡量试验的结果。

（2）能预知该因素对指标的影响规律，即能从一个试验结果中直接分析该因素取值偏大还是偏小。

6.1.2 均分法

均分法也是单因素试验设计方法，是指在试验范围（a，b）内，根据精度要求和实际情况，均匀地排开试验点，在每一个试验点上进行试验，并相互比较，以求得最优点的方法。

均分法的做法是：若试验范围L=b−a，试验点间隔为N，则试验点n为：

$$n=\frac{L}{N}+1=\frac{b-a}{N}+1$$

【例6-2】对采用新钢种的某零件进行磨削加工，砂轮转速范围为420～720r/min，拟经过试验找出能使光洁度最佳的砂轮转速值。

解：根据规定的转速范围和以往实践经验，可取试验间隔N=30r/min，则试验点n为：

$$n=\frac{b-a}{N}+1=\frac{720-420}{30}+1=11$$

即分为11个试验点，每个试验点相隔30r/min，这样在转速分别为420r/min，450r/min，480r/min，510r/min，540r/min，570r/min，600r/min，630r/min，660r/min，690r/min，720r/min时进行试验，并测得光洁度结果进行比较，比较结果后，最后确定当砂轮转速为600r/min时，该零件光洁度最好。

均分法的特点是对所试验的范围进行“普查”，常常应用于对目标函数的性质没有掌握或很少掌握的情况下。

6.1.3　0.618法

0.618法，又称黄金分割法，也是单因素试验设计方法，是指在试验范围（a，b）内，首先安排两个试验点，再根据两点的试验结果，留下好点，去掉不好点所在的一段范围，再在余下的范围内继续寻找好点，去掉不好点，如此继续做下去，直到找到最优点为止。

0.618法的实施步骤是：第一个试验点x_1安排在试验范围（a，b）的0.618处，第二个试验点x_2安排在试验范围（a，b）的0.382处，即0.618处的对称点。这时x_1与x_2在试验范围（a，b）内互为对称点，这两点的位置可用对称公式表示，即：

x_1= a +0.618×（b−a）

x_2=a+b−x_1

式中：a——试验范围的小头；b——试验范围的大头。

上面对称公式也可以写成：

第一点=小+0.618×（大−小）

第二点=小+大−第一点（前一点是经过试验后留下的好点）

使用这种方法，一是要记住一个常数，即0.618；二是要记住公式，即前面的两个公式，用对称原理找出新试验点，直到满意为止。

【例6-3】某厂铝铸件壳体废品率高达55%，经分析认为铝水温度对此影响很大，现用0.618法进行优选。优选范围在690～740℃之间。试求铝铸件的最佳浇铸温度。

解：优选过程如下：

第一点=690+（740−690）×0.618=720.9≈721（℃）

第二点=690+740−721=709（℃）

经试验结果对比，第一点的温度点合格品率低，因此去掉721～740℃这一段，在690～721℃中优选，如下所示：

690℃　709℃　721℃

第三点=690+721−709=702（℃）

比较第二点、第三点的温度点，第三点的温度点合格品率较高，因此去掉709～721℃这一段，在690～709℃中优选。

第四点=690+709-702=697（℃）

比较第三点、第四点的温度点，第四点的温度点较好，合格品率达到95%。

第五点=690+702-697=695（℃）

比较第四点、第五点的温度点，结果第四点、第五点的温度点差别不大，因此停止优选。最后，确定铝铸件的最佳浇铸温度在690～700℃之间，合格品率由45%提高到95%。

应当指出，0.618法要求试验结果目标函数f（x）是单峰函数（如图6-1所示），即在试验范围（a，b）内只有一个最优点d，其效果最好，比最优点d大或小的点都是试验效果差的，而且距最优点d越远的试验效果越差。这个要求在大多数实际问题中都能满足。但也有不能满足的情况，此时就不能使用0.618法。

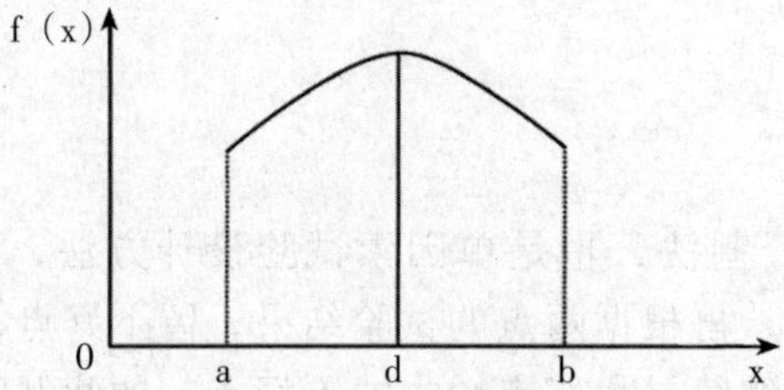

图6-1　目标函数

6.2　正交试验设计

在生产实际和科学研究中，难免需要进行技术革新或提高产品质量。这就需要做试验，但做试验经常会遇到多因素、有误差、周期长的一类试验，并且希望通过试验解决以下问题：

（1）对指标（如质量指标）的影响，哪些因素重要，哪些因素不重要？

（2）每一个因素取什么水平为好？

（3）各个因素按什么样的水平搭配才能使指标较好？

这是多因素试验中几个比较典型的问题。如何科学合理地安排试验，以比较少的试验次数达到试验目的？也就是说，试验设计得好，就能在较少次数的试验中获得令人满意的结果；试验设计得不好，不仅会增加试验次数，花费大量人力、物力和财力，而且不一定能达到预期的目的。因此，找到一个试验的设计方法非常重要。实践表明，正交试验设计是处理这类试验问题的一种简便易行、行之有效的方法。

6.2.1　正交试验设计的基本思想

正交试验设计，简称正交试验，它利用规格化的“正交表”（见附录中的附表4）合理地安排试验，运用数理统计原理分析试验结果，从而通过代表性很强的少数试验摸清各因素对结果的影响情况，并根据影响的大小确定因素主次顺序，找出较好的生产条件或较优参数组合。经验证明，正交试验是一种解决多因素试验问题的卓有成效的方法。

1）试验指标、因子、水平

（1）试验指标。试验中用来衡量试验结果的特征量称为试验指标。产品的质量、成本、产量等都可以作为试验指标。能够用数量表示的指标为定量指标，如尺寸、合格率等；不能用数量表示的指标为定性指标，如颜色、光泽等。在正交试验中，总是把定性指标定量化，以便于分析试验结果。一般采用的定量化方法是评分法。

（2）因子。影响试验结果的试验条件称为因子。在正交试验中，可进行人为调节和控制的因子是可控因子，如温度、时间等；由于试验技术限制暂时还不能人为地加以调节和控制的因子是不可控因子，如机床的震动、刀具磨损等。正交试验中所考察的因子都是可控因子，一般用英文大写字母A、B、C表示。

（3）水平。因子变化的各种状态称为水平。某个因子在试验中需要考察t种状态，则称该因子是t水平因子。水平用阿拉伯数字表示，如要考察的温度因子A有50℃、80℃和100℃三种状态时，称此温度因子是3水平因子，分别为A_1、A_2和A_3。

2）正交表

作为正交试验基本工具的正交表，是一套现成的标准化的表格（见表6-1和表6-2）。通常记为$L_n(m^1 \times m^2 \times \cdots \times m^k)$。其中，L表示正交表；n表示试验次数，即表的行数；k表示最多可考察的因子个数，即表的列数；m表示各因子的水平数，即表中字码个数。

表6-1 正交表$L_4(2^3)$

试验号 \ 列号	1	2	3
1	1	1	1
2	2	1	2
3	1	2	2
4	2	2	1

表6-2 正交表$L_8(4^1 \times 2^4)$

试验号 \ 列号	1	2	3	4	5
1	1	1	2	2	1
2	3	2	2	1	1
3	2	2	2	2	2
4	4	1	2	1	2
5	1	2	1	1	2
6	3	1	1	2	2
7	2	1	1	1	1
8	4	2	1	2	1

正交表按类型划分有：

(1) 同水平正交表。在正交表 $L_n(m^1 \times m^2 \times \cdots \times m^k)$ 中，当 $m^1=m^2=\cdots=m^k$ 时，此正交表为同水平正交表或m水平正交表，记为 $L_n(m^k)$。表6-1是3因子2水平、试验次数为4的同水平正交表 $L_4(2^3)$。

(2) 混合型正交表。在正交表 $L_n(m^1 \times m^2 \times \cdots \times m^k)$ 中，当 $m^1 \neq m^2 \neq \cdots \neq m^k$ 时，此正交表为混合型正交表。最常用的混合型正交表是含两种水平数的正交表，记为 $L_n(m_1^{k_1} \times m_2^{k_2})$。表6-2是由1因子4水平和4因子2水平组成的、试验次数为8的混合型正交表 $L_8(4^1 \times 2^4)$。

本书主要介绍用同水平正交表进行的试验设计。

3）正交表的两个特性

从表6-1和表6-2中不难看出正交表具有的两个特性。

(1) 在任意一列中，每个字码（或各水平）出现的次数相同。假如字码A出现2次，其他字码也出现2次；字码A出现k次，其他字码也出现k次。表6-1中各列字码“1”和“2”均出现2次；表6-2中第一列每个字码均出现2次外，其余各列每个字码均出现4次。

(2) 在任意两列中，全部有序“数字对”出现次数相同。也就是说，在任意两列中某一行组成一个“数字对”，这个“数字对”在这两列中如果出现k次，则在这两列中其他“数字对”也会出现k次。表6-1中第一列、第二列构成4个有序“数字对”，即（1，1）、（2，1）、（1，2）、（2，2），它们各出现1次。

正交表的这两个特性被称为正交表的整齐可比性，即正交表的正交性。正是基于正交表的这些特性，保证了试验的代表性和优选性，使试验次数的减少成为可能。例如，对于一个4因子3水平的试验，如果不是由正交表安排试验，那么所有可能的全部搭配试验要做 3^4 次，即81次；如果用正交表 $L_9(3^4)$ 安排试验，那么只要做9次就可以达到目的。

一般说来，凡是正交表都具有上述两个特性。在一张正交表中，行与行或列与列之间进行交换，不改变正交表的上述两个特性。

6.2.2 正交试验设计及其直观分析

根据试验所考察的指标数量，正交试验设计可分为单指标和多指标两种类型。下面将对这两类正交试验设计分别举例，并对试验结果进行直观分析。

1）单指标正交试验设计与分析

【例6-4】某工厂一零件的镗孔过程质量不稳定，经常出现内径偏差较大的质量问题。运用正交试验设计探讨镗孔过程加工质量较优的工艺条件。

解：本试验考察的指标是孔内径偏差量 ΔL(mm)，该值要求越小越好。根据专业知识和实践经验选取因子和水平，见表6-3。

这是一个4因子3水平试验，可选用正交表 $L_9(3^4)$ 安排试验，见表6-4。

表6-3　　因子水平表

水平＼因子	切削速度 A	刀具数量 B	刀具种类 C	走刀量 D
1	30	2	Ⅰ型	0.70
2	38	3	Ⅱ型	0.60
3	56	4	常规	0.47

表6-4　　正交表 $L_9(3^4)$

试验号＼列号	1	2	3	4
1	1	1	3	2
2	2	1	1	1
3	3	1	2	3
4	1	2	2	1
5	2	2	3	3
6	3	2	1	2
7	1	3	1	3
8	2	3	2	2
9	3	3	3	1

将各因子及水平填入选取的正交表内形成试验方案，见表6-5。

表6-5　　试验方案

试验号＼因子	切削速度 A	刀具数量 B	刀具种类 C	走刀量 D	偏差量 ΔL
	1	2	3	4	
1	1（30）	1（2）	3（常规）	2（0.60）	
2	2（38）	1	1（Ⅰ型）	1（0.70）	
3	3（56）	1	2（Ⅱ型）	3（0.47）	
4	1	2（3）	2	1	
5	2	2	3	3	
6	3	2	1	2	
7	1	3（4）	1	3	
8	2	3	2	2	
9	3	3	3	1	

根据表6-5安排好的试验方案，严格按各号的试验条件做试验，并将每次试验检测得到的偏差量ΔL填入表右侧相应栏内。然后，根据测量结果，在表上进行分析计算，见表6-6。从表6-6中可以看出，在9次试验中，第8号试验的偏差量最小，其水平组合为$A_2B_3C_2D_2$。这个试验条件称为“看一看”的好条件。但要确定这一方案是不是最优水平组合，还需要对试验结果进行简单的计算分析。

表6-6列出了K_i(i=1，2，3）与极差R的计算结果。比较各列K值的大小，可确定各因子选取什么水平。为直观起见，以因子的水平为横坐标，同水平的全部偏差量之和（即K值）为纵坐标，给出因子与指标的关系图（或趋势图），如图6-2所示。图中用实线连

接定量因子的各水平点，虚线画出定性因子的各水平点。

表6-6　**试验结果分析**

因子 试验号	切削速度 A 1	刀具数量 B 2	刀具种类 C 3	走刀量 D 4	偏差量 ΔL
1	1（30）	1（2）	3（常规）	2（0.60）	0.390
2	2（38）	1	1（Ⅰ型）	1（0.70）	0.145
3	3（56）	1	2（Ⅱ型）	3（0.47）	0.310
4	1	2（3）	2	1	0.285
5	2	2	3	3	0.335
6	3	2	1	2	0.350
7	1	3（4）	1	3	0.285
8	2	3	2	2	0.050
9	3	3	3	1	0.315
K_1 （水平1的三次指标之和）	0.960	0.845	0.780	0.745	
K_2 （水平2的三次指标之和）	0.530	0.970	0.645	0.790	$K_1+K_2+K_3$ =2.465 （即Δ总和）
K_3 （水平3的三次指标之和）	0.975	0.650	1.040	0.930	
R （K值的极差）	（0.975−0.530） =0.445	（0.970−0.650） =0.320	（1.040−0.645） =0.395	（0.930−0.745） =0.185	

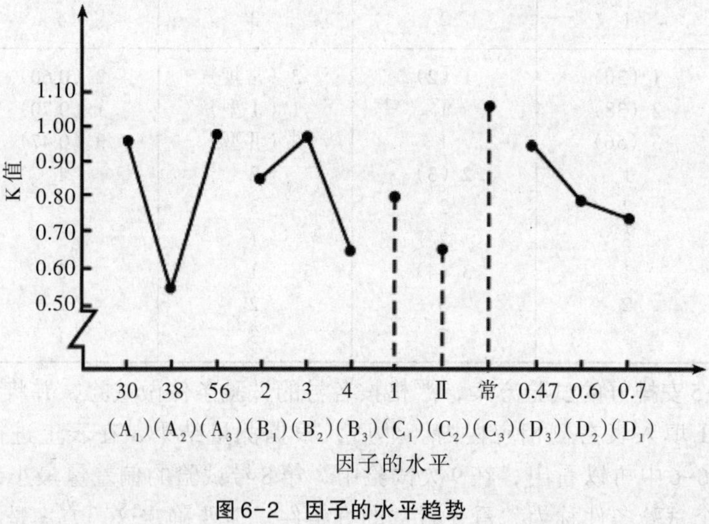

图6-2　因子的水平趋势

从表6-6和图6-2中可以看出，A因子取水平2时偏差量最小，B因子取水平3时偏差量最小，C因子取水平2时偏差量最小，D因子取水平1时偏差量最小，因此可确定最优水平组合为$A_2B_3C_2D_1$。这个条件称为“算一算”的好条件。

极差R的大小可用于衡量试验中各因子作用的大小。R值大，意味着该因子对指标的影响大，通常是重要因子，在趋势图上表现为该因子各水平点分散程度大，即上升或下降幅度大；R值小，则刚好相反。根据极差R的大小，在本例中各因子对指标的影响由大到小依次为A、C、B、D，A因子是主要因子。

在本例中，“算一算”的好条件并未出现在9次试验中。为了检查较优生产条件的再现性，也为了比较“算一算”的好条件的试验结果与“看一看”的好条件的试验结果孰优孰劣，需要做验证试验，然后再比较二者，从中选择较优的生产条件。

2）多指标的正交试验

在【例6-4】中，正交试验指标只有一个，是多因子单指标的正交试验，但在生产实践中，用以衡量试验效果的指标往往不止一个，而是若干个，这类试验就称为多因子多指标的正交试验，简称多指标试验。在多指标试验中各指标之间可能存在一定的矛盾，这个指标符合要求了，那个指标可能就不符合要求。如何兼顾各个指标，寻找出符合每个指标要求的生产条件，这就是多指标试验所要研究的问题。常用的方法有两种，即综合平衡法和综合评分法，下面主要讨论综合平衡法。关于综合评分法，读者可参考有关书籍。

使用综合平衡法时，试验安排的步骤和单指标试验一样，只是分析的时候先对各个指标分别进行分析，找出适合各个指标的较优试验方案，然后再进行综合平衡，找出兼顾各个指标都尽可能好的试验方案。下面通过一个例子来说明。

【例6-5】某橡胶厂为提高某一种橡胶配方的质量，选定的考察指标分别为伸长率(%)、变形率（%）、屈曲次数（万次），试验指标确定为满足这三项指标的配方条件。

解：整个试验设计过程与单指标试验设计相同，现归纳如下：

1.明确试验目的，确定试验指标。

试验目的：提高某一种橡胶配方的质量。

试验指标：伸长率越大越好，变形率越小越好，屈曲次数越多越好。

2.制定因子水平（位级）表。经专业知识分析可制定因子水平表（见表6-7），有4个因子分别是促进剂用量、氧化锌总量、促进剂D所占比例、促进剂M所占比例，且每个因子取4个水平（位级）。

表6-7　**因子水平表**

因子 / 水平	促进剂用量 A	氧化锌总量 B	促进剂D所占比例（%） C	促进剂M所占比例（%） D
1	2.9	1	25	34.7
2	3.1	3	30	39.7
3	3.3	5	35	44.7
4	3.5	7	40	49.7

3.选正交表排表头。本例中有4个因子，每个因子有4个水平，可选用正交表$L_{16}(4^5)$（见表6-8），该表的列数比试验因子多一列，因子只有4个，选用5列的正交表，最后一列可不用。

表6-8　**正交表$L_{16}(4^5)$表头排列**

$L_{16}(4^5)$ 列号	1	2	3	4	5
因素	A	B	C	D	

4.选择好正交表后，确定试验计划方案。整个试验计划及试验结果分析见表6–9。

表6–9　　**整个试验计划及试验结果分析**

因子 试验号		促进剂用量 A	氧化锌总量 B	促进剂D所占比例 C	促进剂M所占比例 D	伸长率（%）	变形率（%）	屈曲次数（万次）
		1	2	3	4			
1		1（2.9）	1（1）	1（25%）	1（34.7%）	545	40	5.0
2		1	2（3）	2（30%）	2（39.7%）	490	46	3.9
3		1	3（5）	3（35%）	3（44.7%）	515	45	4.4
4		1	4（7）	4（40%）	4（49.7%）	505	45	4.7
5		2（3.1）	1	2	3	492	46	3.2
6		2	2	1	4	485	45	2.5
7		2	3	4	1	499	49	1.7
8		2	4	3	2	480	45	2.0
9		3（3.3）	1	3	4	566	49	3.6
10		3	2	4	3	539	49	2.7
11		3	3	1	2	511	42	2.7
12		3	4	2	1	515	45	2.9
13		4（3.5）	1	4	2	533	49	2.7
14		4	2	3	1	488	49	2.3
15		4	3	2	4	495	49	2.3
16		4	4	1	3	476	42	3.3
伸长率（%）	I	2 055	2 136	1 992	2 047	$T_{伸}$=8 134（伸长率之和）		
	II	1 956	2 002	2 017	2 014			
	III	2 131	2 020	2 049	2 022			
	IV	1 992	1 976	2 076	2 051			
	R	175	160	84	37			
变形率（%）	I	176	184	169	183	$T_{变}$=735（变形率之和）		
	II	185	189	186	182			
	III	185	185	188	182			
	IV	189	177	192	188			
	R	13	12	23	6			
屈曲次数（万次）	I	18.0	14.5	13.5	11.9	$T_{屈}$=49.9（屈曲次数之和）		
	II	9.4	11.4	12.3	11.3			
	III	11.9	11.1	12.3	13.6			
	IV	10.6	12.9	11.8	13.1			
	R	8.6	3.4	1.7	2.3			

5.试验结果分析。直接比较和通过计算寻找好的条件。

①直接比较的好条件为：

伸长率为试验号9（最大），即 $A_3B_1C_3D_4$；

变形率为试验号1（最小），即 $A_1B_1C_1D_1$；

屈曲次数为试验号1（最多），即 $A_1B_1C_1D_1$。

②通过计算找到的好条件为：

伸长率为$A_3B_1C_4D_4$；

变形率为$A_1B_4C_1D_2$；

屈曲次数为$A_1B_1C_1D_3$。

③从极差R得知诸因子对各指标的显著性顺序为：

伸长率为ABCD；

变形率为CABD；

屈曲次数为ABDC。

由上面显著性顺序可知，因子A对伸长率、屈曲次数的指标起显著作用，在变形率指标中处于第二位。根据上面两个条件，再综合三项指标情况，因子A应取位级1。

因子B在伸长率、屈曲次数中处于第二位。由上面①的好条件可知因子B应取位级1；从②的变形率指标中可知因子B应取位级4。但从专业分析的角度来看，因子B在变形率指标中作用小，综合考虑后因子B应取位级1。

因子C仅在变形率指标中占首位，在其余指标中均处于次要地位。因此，位级选取由变形率指标决定，取为C_1。

从②的伸长率、变形率指标中可知因子D为次要因子。因此，由屈曲次数指标决定位级，可取为D_3或D_4。

6. 确定因子的适宜位级组合。经以上综合平衡后，某橡胶的适宜配方可定为$A_1B_1C_1D_3$、$A_1B_1C_1D_4$、$A_1B_1C_1D_1$。经工艺验证，调整后就可转化为适宜生产条件的配方，用于生产过程之中。

7. 画趋势图（如图6-3所示），展望进一步的好条件。

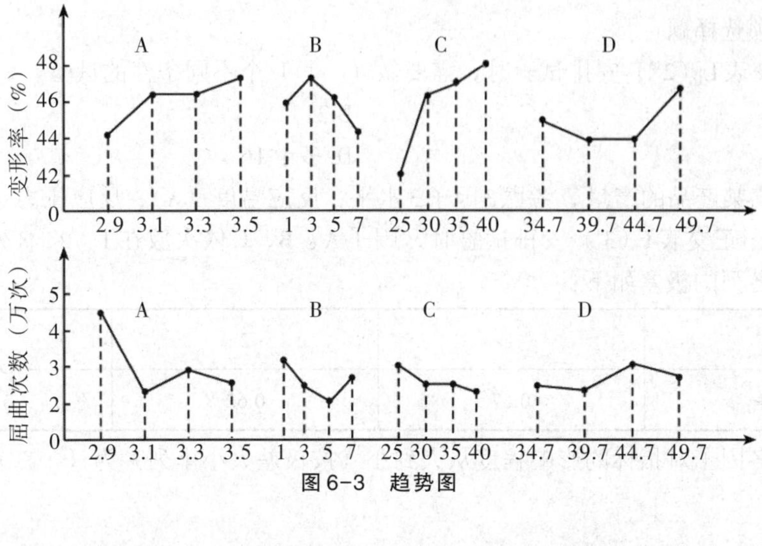

图6-3　趋势图

由趋势图可展望下一批试验因子A应在A_1附近取位级；因子B应在B_1附近取位级；因子C应在C_1附近取位级；因子D应在D_1或D_4附近取位级。制定新的位级表后，再设计试验。

思政专栏

在机械化如此发达的今天，一丝不苟地遵循古法炮制手工阿胶，出胶率之低可想而知，通常3斤驴皮才能熬制1斤阿胶。但是，作为第三代技艺传承人的武祥伦和所有宏济堂人不忘“品味虽贵必不敢减物力，炮制虽繁必不敢省人工”的百年堂训，始终坚持以诚信和质量为本，坚持手工熬胶，有效保证了阿胶的质量，用实际行动诠释了新时代的“工匠精神”。

2016年8月，武祥伦被评为“匠心山东人”，这一殊荣不仅是对他传承中国优秀传统技艺的肯定，也是对他在传承基础上进行技艺改进和创新的认可。武祥伦说：“我父辈把爷爷他们那一代的技艺传承下来，又在实际生产中进行了改良，然后把所有技艺传给了我这一代，我应该在传承的基础上，继续前行，让这项技艺越来越完善。”

“每一个工艺点想让它提高一点，确实不容易，难，得下苦功夫。有时候为了提高一个点、改善一个工艺的某一部分，不是一个月、两个月，有时候得半年以上，甚至一年，反反复复地琢磨、做实验，才能成功。”虽然武祥伦已经是手工阿胶厂厂长，但是他并没有就此停下精进钻研的脚步，他的敬业、创新和奉献精神，代表着当代企业最需要的那份“工匠精神”。

资料来源　张霄. 匠人匠心：传承工匠精神［EB/OL］.［2017-01-06］. http：//www.chinatoday.com.cn/chinese/local/shrd/201701/t20170106_800084840.html.

点评：“匠心山东人”武祥伦说：“有时候为了提高一个点、改善一个工艺的某一部分，不是一个月、两个月，有时候得半年以上，甚至一年，反反复复地琢磨、做实验，才能成功。”在其他科学研究方面，又何尝不是如此呢？只有科学地设计试验，才会让我们的试验收到事半功倍的效果。

[知识掌握]

一、单项选择题

1.用正交表$L_{16}(2^{15})$安排试验时，需要做（　　）个不同条件的试验。

A.16　　B.2

C.15　　D.多于16

2.为提高某产品的产量，考虑3因子3水平：反应温度（A）、反应压力（B）、溶液浓度（C）。当用正交表$L_9(3^4)$安排试验时，因子A、B、C依次放在1、2、3列上，并且通过试验得到各列的极差如下：

列号	1	2	3
极差	0.67	0.62	5.87

试判断各因子对指标的影响程度从大到小（按极差大小排列）为（　　）。

A.B，A，C　　　　B.C，A，B

C.C，B，A　　　　D.A，B，C

3.为提高某产品的产量，考虑3因子3水平：反应温度（A）、反应压力（B）、溶液浓度（C）。当用正交表$L_9(3^4)$安排试验时，因子A、B、C依次放在1、2、3列上，并且通过试验得到各列各水平的平均值如下：

列号	1	2	3
一水平	4.08	3.72	0.70
二水平	3.41	3.37	3.91
三水平	3.69	3.99	6.57

利用直观分析，应取条件为（　　）。

A.$A_1B_3C_3$　　　　B.$A_2B_2C_1$

C.$A_1B_1C_3$　　　　D.$A_3B_3C_3$

二、多项选择题

1.在运用单因素试验设计中的均分法时，下列表述中不正确的有（　　）。

A.它是在试验范围（a，b）内均匀地排开试验点

B.它是在试验范围［c，b］内均匀地排开试验点

C.试验点间隔N越大，则试验点n越多

D.试验点间隔N越大，则试验点n越少

2.用正交表$L_{27}(3^{13})$安排试验时，下列表述中正确的有（　　）。

A.有27个不同条件的试验　　　　B.每一因子可以取3个不同水平

C.有13个不同条件的试验　　　　D.最多可安排13个因子

3.对于混合型正交表$L_{18}(6^1\times3^6)$，下列表述中正确的有（　　）。

A.有18个不同条件的试验

B.有7个不同条件的试验

C.1个因子可以取6个不同水平和6个因子可以取3个不同水平

D.6个因子可以取1个不同水平和3个因子可以取6个不同水平

三、简述题

1.正交表$L_4(2^3)$中L表示什么含义？用它来安排试验要做多少次？最多可考虑几个因子？考察的因子要求的水平是几？

2.为什么说通过正交表来安排试验，能让试验具有代表性和优选性？

3.试述正交表的两个特性。

产品质量检验 第7章

[学习目标]

(1) 掌握产品质量检验的分类。

(2) 掌握产品质量检验计划的内容。

(3) 掌握产品检验计划的编制。

(4) 了解产品质量检验的基本概念、基本任务和主要功能。

引例

追根溯源，从源头提升LED产品质量

为提高LED产品的质量和可靠性，更好地服务于LED产业，广东省中小企业公共技术服务示范平台中的LED产品与工程中小企业公共技术服务平台（以下简称平台），依托工业和信息化部电子第五研究所，从LED器件到LED模块，从LED模块到LED整机和系统，从产品研发到报废的整个周期，从安全与EMC到性能及节能，从环境适应性到可靠性及寿命分析，从实验室性能评价到示范路或示范工程质量保证等方面为业内中小企业提供“一站式”服务。

检测认证，周全服务，保障产品质量。平台面向LED照明和显示生产企业提供安全检测试验、性能测试、电磁兼容检测试验、可靠性检测试验、环境适应性检测试验等委托测试项目。同时，平台拥有覆盖LED照明和显示产品的国家强制性产品认证（CCC）、节能认证（CQC）、能效标识、能源之星以及CE认证等服务能力，每年为数百家生产企业出具上千份检测报告及证书。平台通过为大量中小企业服务，积累了丰富的技术经验，对LED中小企业的发展现状和技术服务需求了解透彻，并不断扩大实验检测和分析鉴定范围，满足全国LED产品的产业发展需求。

追根溯源，设计改进，提高产品质量。对于LED产品质量问题频发的客户，平台不仅提供事后检测服务，还通过现场的技术诊断，包括访谈企业负责研发管理和实施、质量保证、试验评价、故障分析的相关人员，查阅研发规范文件和资料的形式，来发掘企业在研发、试验评价、制程、物料管理中存在的改进点，从源头上发现产品质量问题，提出改进方案，以技术创新拉升产品质量，增强企业核心竞争力。另外，平台通过大量的质量可靠性试验来调整整体解决方案的实施，采用基于结果导向、问题溯源的方式，为广大LED中小企业产品的可靠性设计与管理、试验与评价、故障与分析三大技术领域构建先进、科学的技术规范，节约企业开发成本，从而帮助企业实现更快、更好地发展。

在经济新常态下，消费者越来越理性，企业要想争取更多竞争优势，守住客户和市场，就要想办法在产业链的上游博得一席之地。企业也只有从低端向高端转型，以质量取胜，才能在国际市场上有竞争力，同时创造出中国的民族品牌。

资料来源 佚名. 追根溯源，从源头提升LED产品质量［EB/OL］.［2020-06-27］. http://news.21cn.com/caiji/roll1/a/2017/0627/10/32417715.shtml.

7.1 产品质量检验的一般知识

产品质量检验是社会生产力发展和劳动分工不断发展的必然结果。随着工业产品质量日益受到重视和关注，通过加强产品质量检验来确保产品质量，提高经济效益，普遍受到企业界的高度重视。因此，产品质量检验是企业质量管理和生产管理的重要组成部分。加强产品质量检验工作对确保产品质量、保证满足客户需求和提高企业经济效益具有特殊的重要作用。

7.1.1 产品质量检验的概念

产品是过程的结果。本章所涉及的产品，是指企业采购、加工、储存、搬运等“产品实现”诸过程的结果，既包括原材料，又包括在制品、中间产品和最终产品等。所以，本章要讨论的产品质量检验（以下简称质量检验），是指对这些产品的质量检验。

1）质量检验的定义

质量检验，是指对产品的一个或多个质量特性进行观察、测量、试验，并将结果和规定的质量要求进行比较，以确定每项质量特性的合格情况的技术性检查活动。

2）质量检验的基本要点

（1）一种产品为了能满足客户要求或预期的使用要求，以及政府法律、法规的强制性规定，要对其技术性能、安全性能、互换性能及对环境和人身安全、健康影响的程度等多方面的要求作出规定，这些规定组成产品相应的质量特性。不同的产品会有不同的质量特性要求，同一产品的用途不同，其质量特性要求也会有所不同。

（2）产品的质量特性要求一般都转化为具体的技术要求，在产品技术标准（如国家标准、行业标准、企业标准）和其他相关的产品设计图样、作业文件或检验规程中明确规定，成为质量检验的技术依据和检验后比较检验结果的基础。经对照比较，确定每项检验的特性是否符合标准和文件规定的要求。

（3）产品的质量特性是在产品实现过程中形成的，是由产品的原材料、构成产品的各个组成部分（如零部件）的质量决定的，并与产品实现过程的专业技术、人员水平、设备能力，甚至环境条件密切相关。因此，不仅要对过程的作业（操作）人员进行技能培训、合格上岗，还要对设备能力进行核定，对环境进行监控，明确规定作业（过程）方法，必要时对作业（过程）参数进行监控，更要对产品进行质量检验，判定产品的质量状态。

（4）质量检验是对产品的一个或多个质量特性，通过物理的、化学的和其他科学技术手段与方法进行观察、试验、测量，取得证实产品质量的客观证据。因此，质量检验需要有适用的检测手段，包括各种计量检测器具、仪器仪表、试验设备等，并且对其实施有效控制，保持所需的准确度和精密度。

（5）质量检验的结果应依据产品技术标准和相关的产品图样、过程（工艺）文件或检验规程的规定进行对比，确定每一项质量特性是否合格，从而对单件产品或成批产品质量进行判定。

7.1.2　产品质量检验的基本功能

1）鉴别功能

根据技术标准、产品图样、作业（工艺）规程或订货合同的规定，采用相应的检测方法观察、试验、测量产品的质量特性，判定产品质量是否符合规定的要求，这是质量检验的鉴别功能。鉴别是“把关”的前提，通过鉴别才能判断产品质量是否合格。不进行鉴别就不能确定产品的质量状况，也就难以实现质量“把关”。鉴别工作主要由专职检验人员完成。

2）“把关”功能

质量“把关”是质量检验的最重要、最基本的功能。产品实现的过程往往是一个复杂的过程，影响质量的各种因素（如操作者、材料、设备、工艺方法、环境和测量等）都会在这个过程中发生变化和波动，各过程不可能始终处于等同的技术状态，质量波动是客观存在的。因此，企业必须通过严格的质量检验，剔除不合格品并予以“隔离”，实现不合格的原材料不投产，不合格的产品组成部分及中间产品不转序、不放行，不合格的成品不交付（销售、使用），严把质量关。

3）预防功能

现代质量检验不单纯是事后“把关”，还起到预防的作用，主要反映在以下方面：①通过质量检验，可以取得一批数据或一组数据，计算过程能力是否充足，并制作控制图，反映过程的状态是否受控。如果发现过程能力不足，或通过控制图表明出现了异常因素，须及时调整或采取有效的技术措施和组织措施，提高过程能力或消除异常因素，保持过程的稳定状态，以预防不合格品的产生。②通过过程作业的首检与巡检起到预防作用。当一个班次或一批产品开始作业（加工）时，一般应进行首件检验，只有当首件检验合格并得到认可后，才能正式投产。此外，当设备进行调整后重新作业（加工）时，一般也应进行首件检验，以预防可能出现的成批不合格品。而正式投产后，为了及时发现作业过程是否发生了变化，还应定时或不定时到作业现场进行巡回抽查，一旦发现问题，可以及时采取措施予以纠正。③ 广义的预防作用。前过程的把关对后过程就是预防，特别是应用现代数理统计方法对检验数据进行分析，就能找到质量变异的特征和规律，再利用这些特征和规律改善质量状况，预防不稳定生产状态的出现。

4）报告功能

检验获取的数据和信息，经汇总、整理、分析后写成报告，使相关的管理部门及时掌握产品实现过程中的质量状况，评价和分析质量控制的有效性，为质量控制、质量改进、质量考核以及管理层的质量决策提供重要信息和依据。

7.1.3　产品质量检验的步骤

质量检验的步骤如图7-1所示。

图 7-1　质量检验的步骤

1）准备工作

检验的准备工作包括熟悉检验要求、选择检验方法、制定检验规范。在质量检验的过程中，有时需要将质量特性转化为可直接测量的物理量；有时需要采取间接测量方法，经换算后才能得到检验需要的量值；有时需要有标准实物样品（样板）作为比较测量的依据。因此，要确定检验方法，选择精密度、准确度适合检验要求的计量器具和测试、试验及理化分析用的仪器设备；要确定测量、试验的条件，以及检验实物的数量，对批量产品还需要确定抽样方案。将确定的检验方法和方案用技术文件形式作出书面规定，制定规范化的检验规程（细则）、检验指导书，或绘成图表形式的检验流程卡、工序检验卡等。在检验的准备阶段，必要时要对检验人员进行相关知识和技能的培训和考核，确认其能否适应检验工作的需要。

2）检验

按已确定的检验方法和方案，对产品质量特性进行定量或定性的观察、测量、试验等检验，得到需要的量值和结果。检验前后，检验人员要确认检验仪器设备和被检物品试样的状态正常，保证测量和试验数据的正确性、有效性。

3）记录

对测量的条件、测量得到的量值和观察得到的技术状态用规范化的格式和要求予以记载或描述，并作为客观的质量证据保存下来。质量检验记录是证实产品质量的证据，因此数据要客观、真实，字迹要清晰、整齐，不能随意涂改，需要更改的要按规定程序和要求办理。质量检验记录不仅要记录检验数据，还要记录检验日期、班次，由检验人员签名，便于质量追溯，明确质量责任。

4）判定

由专职人员将检验的结果与规定要求进行对照比较，判定每一项质量特性是否符合规定要求，产品是否合格。

5）处理

有关检验人员应对检验的记录和判定的结果进行签字确认。对产品（单件或批）是否可以“接收”“放行”进行处理。

（1）对合格品准予放行，并及时转入下一作业过程（工序）或准予入库、交付（销售、使用）。对不合格品，按其程度分情况进行返修、返工、让步接收或报废处理。

（2）对批量产品，根据其质量情况和检验判定结果作出接收、拒收、复检处理。

（3）对出现的大批量不合格品，一般不得擅自处理，应及时上报有关部门研究处理。

7.1.4　产品质量检验的形式

1）查验原始质量凭证

原始质量凭证的查验，是质量验证的一种形式。对大量外购物资不可能、也不必要对实物的质量特性进行全部检验。在供货方质量稳定、信誉良好的情况下，质量检验往往采取与产品验证密切结合的方式，具体做法是查验原始质量凭证，如质量证明书、合格证、检验（试验）报告等，以认定其质量状况。一般要做到能证实供货方的原始凭证完整齐全，凭证上质量特性数据齐全，并符合技术性能和有关标准要求，签字盖章手续合法齐备，以及凭证上所记载数量与实物数量相符。经证实无误后，履行规定程序的签字手续，并将凭证分送有关职能部门（如生产管理部门、财务部门、物资供应部门等）。为了尽可能降低自身的质量风险，在采购物资时必须对产品最终性能以及产品形成过程中有决定性影响的物料的质量特性进行实物质量检验。

2）实物检验

由本单位专职检验人员或委托外部检验单位，按规定的程序和要求进行观察、试验、测量后，出具检验记录，作为提供产品合格的证据。

3）派员进厂（驻厂）验收

采购方派人到供货方处对其产品、产品组成部分（如订购产品、外购产品或外协、委外加工件等）进行现场查验，对产品形成的作业过程（工艺）和质量控制实行监督，对成品质量进行认定，证实供货方质量受控，其提供的有关检验报告（记录）能证实检验结果符合规定要求，放行和交付的原始凭证完整齐全，产品合格，给予认可。

7.2　产品质量检验的分类

7.2.1　按检验的阶段分类

质量检验按产品形成过程的相应阶段，可分为进货检验、过程检验和成品的最终检验三种类型。

1）进货检验

进货检验，又称进货验收，是产品的生产者对采购的原材料、产品组成部分等物资、物品在入库前进行质量特性的符合性检查，证实其是否符合采购规定的质量要求的活动。

进货检验是采购产品的一种验证手段，进货检验的主要对象是原材料以及对产品形成和最终产品质量有重大影响的其他采购物资、物品。进货检验的目的在于防止不合格品投入使用，流入作业过程（工序），影响产品质量。进货检验的具体步骤是：

（1）查验供货方提供的质量凭证。核查物品名称、规格、型号、供货数量、交付日期、产品合格证或其他质量合格证明，核对主要技术、质量指标及确认供货方检验的印章和标记。

（2）对于有包装和标签的采购物资、物品，要查看实物状态，核对实物数量，确认是否文实相符。

（3）按检验规程（细则）要求进行实物及样品的外观检查，确认有无诸如锈蚀、发霉、变色、划痕、碰伤、擦伤、变形、裂纹、气泡、缺损、夹杂、污染等质量问题。

（4）按照检验规程（细则）的规定进行检验、试验，对测量结果进行数据处理，并对照规定判定是否合格。

（5）记录检验、试验的数据和结果，并签名确认，保存相关资料。

（6）对不合格品采取隔离措施，并按规定作出处理决定。

（7）进货检验一般由采购方负责质量检验及由相应机构负责执行。属于受控范围内的采购物资、物品未经进货检验或验证的，不准办理入库手续，不许投放作业过程（工序）。

（8）采购的物资、物品因生产急需来不及检验、验证而需要放行的，应对其作出明确标识，做好记录，经规定的授权人员签字，并在检验证实不符合质量要求时能及时追回和更换的情况下，才允许放行，投入作业过程（工序）。对采购物资、物品的这种特殊处理方式称为“紧急放行”。

2）过程检验

过程检验，是指对产品形成过程中某一或多个过程（工序）所完成的中间产品、成品，通过观察、试验、测量等方法，确定其是否符合规定的质量要求。

过程检验对象是本过程（工序）完成的产品，是为了判断产品的质量是否合格，以及证实过程是否受控。未经检验和验证其符合性的在制品不能转入下一过程（俗称“转序”），以避免给下一过程作业（工艺）造成困难或有不合格品（如零部件）装配交付，影响成品质量。

过程检验中根据过程的各阶段又有首件检验、巡回检验和过程完成检验之分。

过程检验中应重视首件检验，尤其以工装、模具为决定因素（如冲压件）的过程，首件检验更为重要。首件检验可有效地防止出现成批不合格品造成的严重质量问题和经济损失；确认过程形成的质量是否符合规定要求；确认作业过程是否受控，有关作业（工艺）参数、作业环境条件、设备状态、作业方法、作业（操作）人员是否需要调整等。一般要求在首件检验通过后，才能进行正式批量生产。

3）成品的最终检验

成品的最终检验是对产品形成过程最终作业（工艺）完成的成品是否符合规定质量要求所进行的检验，并为产品是否符合规定的质量特性要求提供证据。成品只有经最终检验，确认检测数据准确、完整，其检验有关的原始记录、证实产品合格的凭证及其他文件齐全，并按规定程序签字认可后才能放行，以防止不合格的产品流入市场和用户手中。因此，成品最终检验是产品质量控制的重点，是产品质量检验的最后一道“关口”，也是产品放行交付（销售、使用）的重要依据。

根据产品结构和性能的不同，成品最终检验的内容、方法也不相同。成品最终检验应严格依据有关的产品技术标准规定的性能、技术要求和试验规则进行。成品最终检验包括外观质量检验、精度检验、性能和功能的检验（试验）、安全和环保性能检验等。根据不同的试验方法和条件，有力学试验（验证产品设计参数的正确性、符合性），空载、负荷、超负荷试验，高低温试验，冲击试验，湿热试验，霉菌试验，盐雾试验，密封性试验，震动试验等。

对成品进行全面完整的性能试验和相应的环境条件试验，通常称为“型式试验”。通过型式试验可以评价产品的技术性能是否达到设计要求，并对产品的可靠性、安全性、可维修性进行分析和评价。对技术成熟、过程稳定的批量产品，可以不进行全项检验和/或试验，而只作一般的出厂、交付抽检。

成品最终检验，一般根据产品的生产规模和批量大小、重要性、质量水平以及产品结构的复杂程度的不同，来具体确定是对整机和部件全数（逐台、逐件）、全项检验和/或试验，还是进行抽样检验，并由其决定样本大小。大批量自动化生产的产品一般进行抽样检验。

成品最终检验由质量检验部门的专职人员负责。经最终检验后，根据检验记录的结果和检验依据的有关技术标准、技术文件，按规定程序对成品是否合格、能否放行和交付作出判定，并履行签字确认手续。同时，在对检测记录、技术文件的正确性、完整性、有效性进行确认后，为检验合格的成品签发合格证件（或质量证明书）。必要时，还需要填写相关的技术数据，随产品一起发给用户。

包装检验是成品最终检验中一项不可忽视的重要内容，为保护产品从交付到接收再到使用期间，不因储存、运输等过程而发生损坏、变质等质量变异，对于有包装要求的产品在包装完成后，应检查包装质量是否符合规定要求。包装检验的具体内容如下：

(1) 检查被包装物品（件）的防护处理是否符合有关规定要求（如防潮、防震、防锈、防霉、防碎等）。

(2) 检查包装材料、容器、箱、袋等是否严密、牢固、无破损，其规格是否符合技术标准和技术文件要求，能否保证物品安全运抵目的地。

(3) 复核包装箱（袋）内物品的品种、数量、质量（重量）是否符合规定要求，确认质量合格的标志、证明，证件是否齐全、无误。对安全卫生有规定的产品，包装箱（袋）要清晰标识产品品名、生产者名称、生产依据的技术标准、批准文件、生产日期、有效日期及其他规定要求。

(4) 核查随带物品品名、技术文件和数量与装箱（袋）单的记录是否一致。

(5) 检查包装的储运标识是否清晰、齐全，到货地点是否准确无误。

7.2.2　按检验的场所分类

质量检验按检验的场所，可分为固定场所检验和巡回检验两种类型。

1) 固定场所检验

固定场所检验是在产品形成过程的作业场所、场地、工地设立的固定检验站（点）进行的检验活动。检验站可以设立在作业班组、工段、设备较为集中之处和工地，以便于检验；也可设立在产品流水线、自动线作业过程（工序）之间或其生产终端作业班组、工段、工地。完成的中间产品、成品集中送到检验站按规定进行检验。

固定场所检验适用于检验仪器设备不便移动或其使用较频繁的情况。固定场所检验的工作环境较好，有利于检验工具或仪器设备的使用和管理。

2) 巡回检验

巡回检验，又称流动检验，是在作业过程中检验人员到产品形成的作业场地、作业(操作) 人员和机群处进行的流动性检验。这种检验的工作范围有局限性，一般适用于检验工具比较简便、精度要求不是很高的检验，适用于重量大、不适宜搬运的产品。

巡回检验的优点是容易及时发现过程（工序）中出现的质量问题，使作业（操作）人员及时调整过程参数，采取纠正措施，预防不合格品的出现；可以节省中间产品（零件）搬运和取送的工作，防止磕碰、划伤、缺陷的产生；节省作业（操作）人员在检验站排队等候检验的时间。

7.2.3　按检验产品的数量分类

质量检验按检验产品的数量，可分为全数检验和抽样检验两种类型。

1) 全数检验

全数检验，又称百分之百检验，简称全检，是在产品形成全过程中，对全部单一成品、中间产品的质量特性进行的逐个（台）检验。检验后，根据检验结果对单一产品作出合格与否的判定。

全数检验是原始的检验方法，源于工业化初期，可以有效地区分合格品和不合格品，防止不合格品转入下一过程（工序）或交付使用，是小规模作坊式生产中习惯采用的检验方法。但在现代工业化生产中，对生产批量不很大、质量特性很重要的作业过程也常常采用全数检验的方法。例如，利用自动测量装置进行主动测量和监控，对某些质量特性进行全数检验，以保证最终产品的质量。

全数检验的优点是能提供产品完整的检验数据和较为充分、可靠的质量信息。

全数检验的缺点是检验的工作量相对较大，检验的周期长；需要配置的资源（人力、物力、财力）数量较多，检验涉及的费用也较高，进而增加质量成本。

全数检验适用于小批量、多品种、重要或价格昂贵的产品；手工作业比重大、质量不够稳定的作业过程（工序）；过程能力不足的作业过程；抽样方案判为不合格的、需重新检验筛选的产品。

2）抽样检验

抽样检验，简称抽检，是按照规定的抽样方案，随机地从一批或一个过程中抽取少量个体（构成一个样本）进行的检验。其目的在于判定一批产品或一个过程是否符合要求。

抽样检验的优点是减轻检验工作量，节约检验费用，缩短检验周期，减少检验人员，特别是属于破坏性的检验，只能采用抽样检验的方式。

抽样检验的缺点是检验结果有一定的风险，要得到百分之百的可靠性是不可能的。即使应用统计抽样的方法，大大地提高了科学性和可靠性，但只要是抽样检验，还是会有错判的概率。

抽样检验适用于某些不可能实现全数检验的检测项目（如破坏性检验、化学性反应试验）；生产批量大、自动化程度高、产品质量稳定的作业过程；散装或流程性材料的单位产品检验时间过长的情况；检验费用高昂的产品，少量不合格品不会造成重大经济损失的产品（一般用途的标准连接件，如螺钉、螺母、垫圈、销子等）。

7.2.4 按检验的执行人员分类

质量检验按检验的执行人员，可分为自检、互检和专检三种类型。

1）自检

在产品形成过程中，作业（操作）人员对本作业（操作）过程完成的产品质量进行的自我检查，称为自检。通过自检，作业（操作）人员可以有效地判断本过程产品质量特性与规定要求的符合程度；可以区分合格品与不合格品；了解本过程是否受控，是否需要进行作业过程调整；对能返工的不合格品自行实施返工直至合格。一般自检只能作感官检查和对部分质量特性的测量，有一定的局限性。

2）互检

在产品形成过程中，生产工人相互之间对作业过程完成的产品质量进行的复核性检查，称为互检。互检的形式很多，如班组长或班组质量员对本组工人的抽检、下道工序对上道工序的检验、同工序的下个班与上个班之间的互检等。互检可以及时发现不符合作业（工艺）规程的质量问题，并及时采取纠正措施，可以有效防止由自检发生的错检、漏检所造成的损失。

3）专检

在产品实现过程中，专职检验人员对产品形成所需要的物料及产品形成的各过程（工序）中完成的产品质量特性进行的检验，称为专检。

专职检验人员由生产组织专门设置的检验机构统一管理。专职检验人员熟悉产品的技术要求和质量特性、产品实现过程的作业（操作）规程、检验理论，掌握了相应的检验技能，检验结果的准确性、可靠性相对更高，检验的可信度、权威性和效率也相对更高。

自检、互检是全员参与质量管理的一种好形式，也是搞好质量检验的基础，没有这个基础，专检工作就搞不好。这“三检”中以专检为主，以自检、互检为辅。专检一般是针对采购物料、成品的检验，主要适用于产品形成过程中质量特性要求较高，检测技术复杂、操作难度较大，检测设备复杂、贵重的情况。自检、互检一般是在过程检验中实施。

7.2.5 按对产品的损害程度分类

质量检验按对产品的损害程度，可分为破坏性检验和非破坏性检验两种类型。

1）破坏性检验

破坏性检验，是指将被检样品破坏（如在样品本体上取样）后才能进行的检验，或者在检验过程中，被检样品必然会损坏和消耗。破坏性检验包括零件的强度试验、电子元器件的寿命试验、电器产品的周期湿热试验、纺织品或材料的强度试验等。在破坏性检验后，无法对被检样品进行重复检验，而且被检样品一般都丧失了原有的使用价值。

2）非破坏性检验

非破坏性检验，是指检验后被检样品不会受到损坏，或者稍有损耗，但对产品质量不产生实质性影响，不影响产品的使用。非破坏性检验可实现对同一样品的重复检验。产品大量的性能检验、过程检验都是非破坏性检验。

7.2.6 按检验的技术手段分类

质量检验按检验的技术手段，可分为理化检验、感官检验和生物检验三种类型。

1）理化检验

理化检验是物理检验和化学检验的简称，是利用物理的、化学的技术手段，采用理化检验的计量器具、仪器仪表和测试设备或化学物质及试验方法，对产品进行检验以获取检验结果的检验方法。通常理化检验可以得到定量的数值。

(1) 物理检验。这种检验是利用物理学原理和各种检测仪器设备对产品的物理量及其在力、电、声、光、热等作用下所表现出来的物理性能和机械性能的检验。在一定意义上，可理解为仪器测量检验。

物理检验根据检验原理和检验手段的不同，可分为：①度量衡检验，利用几何量具和衡器测量产品的质量特性（如几何量、质量、流量、黏度、容积、密度等）；②光学检验，利用光学仪器通过检测产品的光学性能了解其物理、化学性能及其成分、缺陷状态；③热学检验，利用热学仪器测定产品在一定温度变化情况下的热学性能和参数（如玻璃、塑料、石油化工、食品、冶金产品的熔点、凝固点、沸点、闪点、燃点、导热性、耐热性、耐寒性等）；④电性能检验，利用电工、电子仪器和适当测量方法测定产品的电学性能（如电流、电压、电阻、电功率、电容、电感、频率、功率因数、介电常数等）；⑤机械性能试验，利用物理力学专用仪器设备对产品受到各种外力作用时的机械性能进行测量（如拉伸、压缩、冲击、震动、疲劳、硬度等）；⑥其他专门物理性能试验，如无损检测、声学检测等。

（2）化学检验。这种检验是利用化学试剂和试验仪器及一定的测试方法，对产品的化学组分及其含量所进行的测定，可分为定性分析和定量分析两种类型。

化学检验根据分析方法的不同，可分为：①化学分析，以化学反应为基础进行的测试；②仪器分析，借助特殊用途仪器，通过检验试样（固体、液体）的光学性能（如吸光度、谱线强度）、电学、电化学性能（如电流、电位、电导）等物理性质或化学性质得到所测物质的组分含量。

2）感官检验

感官检验是依靠检验人员的感觉器官进行产品质量评价或判断的检查。其一般是通过人的自身器官或借助简便工具，检查产品的色、味、形、声响、手感、视觉等方面来定性地判断其质量特性，主要用于某些只能依靠感官检验的产品质量特性。例如，啤酒的透明度、色泽、泡沫、味道和气味，家用电器的标志、涂装、变形、破裂，纺织品的色泽、花型、风格、外观疵点，机器设备操纵的灵活性及使用、维护的方便性等。

感官检验的优点是方法简便易行，不需要特殊的仪器、设备和化学试剂，判断迅速、成本低廉，因此在产品检验中得到了广泛采用。

感官检验的缺点是它属于主观评价的方法，检验结果易受检验者感觉器官的敏锐程度、审美观念、实践经验、判断能力、生理、心理（情绪）等因素影响，因而要求检验人员有较高的素质、较丰富的经验、较强的判断能力，否则容易出现不确切的判断或错判、误判。

感官检验可分为分析型感官检验和嗜好型感官检验两种类型。

（1）分析型感官检验。这种感官检验是指产品质量特性不受人的感觉、嗜好影响，只根据产品的物理、化学状态而区分的检验，如产品的形状、声响、颜色等。对这类产品质量特性中的某些特性，可以用适当的仪器来检验。但利用人的感官进行检验，在某种程度上具有快速、经济等优点，有时甚至还具有相当高的精度。分析型感官检验的准确性与检验人员实践经验积累的程度有密切关系，往往需要由训练有素的、具有较高敏感性和反应一致性的人员来承担。

（2）嗜好型感官检验。这种感官检验是以人为测定器，调查、研究质量特性对人的感觉、嗜好状态的影响程度的检验。这一类特性受人的感觉、嗜好所影响，如食品的味道、衣服的款式、乐器演奏的声响等。这种检验只能用人的感官进行。例如，化妆品的香型、家具的色泽、产品的造型等。尽管人们也在设法采用仪器进行测定，但效果不好。这种检验的主要问题是，如何能客观地评价不同人的感觉状态及嗜好的分布倾向。

感官检验结果的表示方法有：①数值表示法，以感觉器官作为工具进行计数、计量并给出检验结果，如肉眼目测进行外观检查，给出不合格点的具体数量及粗略的量值、尺寸等；②语言表示法，是最一般的感官质量定性表示方法，将感官质量特性的用语（如酸、甜、苦、辣、咸）和表示程度的质量评价用语（如优、良、中、差）组合使用表示质量；③图片比较法，将实物质量特性图片和标准图片比较，作出质量评价，如金属的显微组织图片；④检验样品（件）比较法：将实物产品质量特性和标准样品（件）、极限样品及程度样品进行比较判定，如油漆样品、表面粗糙度样品、电焊样品、喷砂样品、板材样品等。

3）生物检验

生物检验有微生物检验和动物毒性试验两种类型。

（1）微生物检验。这种检验又可分为：①用一定技术方法检查产品是否带有有害微生物（群），是否符合国家卫生安全法规、标准限制要求的检验。开展微生物检验是保证产品质量、保护人类身体健康的重要手段。例如，对食品（包括肉、蛋、乳制品，水产品、清凉饮料、罐头、糖果、糕点、果脯、调味品、蔬菜、瓜果、冷食菜、豆制品、酒类等）、饮用水、药品和一些与人体健康直接有关的重要产品（如消毒卫生巾、消毒医疗器械、化妆品、食品添加剂、食品包装容器、包装材料等）进行微生物检验，国家均规定了卫生标准，并用一定技术方法检验这些产品是否带有有害微生物，以严格控制细菌污染，防止各种有害的病原微生物污染、侵入人体。②利用已知的微生物（群）对产品的性质进行检验，根据所得的结果，对照国家有关标准，判断产品是否具有某种（些）质量特性。例如，消毒剂的消毒效果试验、生物降解性能试验等。

（2）动物毒性试验。这种试验是利用代谢方式与人类近似的哺乳动物，将一定剂量的待测物质，以某种方式进入动物机体后，观察实验动物所引起的毒性效应的试验方法。动物毒性试验以小型动物，如小白鼠、家兔、鸽子等为实验对象。

7.3　产品质量检验计划

质量检验计划是在新开发的产品（包括全新、模仿、改进等新产品）投入生产前就应制订出来的，作为指导各检验站和检验人员工作依据的一种计划。

在企业，质量检验往往由很多分散在车间或部门的检验员分头进行。一般来说，检验员不可能对每种产品的适用性及所检验产品的质量特性与整机质量的关联有足够的了解，因而一些检验员往往不清楚应如何进行检验，不清楚哪些是质量控制的重点。尤其是对那些大型、复杂的机械和系统装置，在检验时易出现主次不分的情况，把次要质量特性当成主要的，把主要质量特性又当成次要的，其结果不仅影响产品质量，还影响生产的经济效果。为了使每个检验员都能明确检验要点和检验方法，企业必须先由有经验的技术人员制订一份检验计划发给检验员，以对其工作进行指导，使检验工作的标准明确、内容具体。因此，质量检验计划是企业的重要计划之一，是生产技术准备工作的一项重要内容。

7.3.1　产品质量检验计划的内容

质量检验计划的内容一般有：

（1）绘制检验流程图。

（2）设立检验站。

（3）制作质量缺陷严重性分级表。

（4）对技术标准进行补充说明。

（5）完善检验人员和检测手段的配置。

（6）编制检验指导书。

应该注意的是，对于不同的企业，其规模、产品、管理和技术状况等条件不同，制订的质量检验计划的具体内容也有所不同。

7.3.2 产品质量检验计划的制订

制订产品质量检验计划前，首先要熟悉和掌握产品的技术标准、设计图纸，以及有关的设计、工艺技术文件，对照其相互间的规定和要求，以便在制订质量检验计划时进行统筹安排；其次要清楚每项需要检测的产品质量特性的确切含义和要求，发现图纸、工艺和有关技术标准中不一致的、不明确的或不具体的问题，要求有关部门作出统一、明确的解释和规定；最后要掌握产品加工的工艺路线和流程，熟悉产品生产准备计划、采购计划和过程质量控制计划对检验活动的要求，了解现有检验的人员配备、检测环境、检测手段和能力等情况。这些准备工作完成后，就可以进行质量检验计划的制订了。

1）绘制检验流程图

（1）检验流程图。这种流程图是在生产过程中用于确定检验活动流程、检验工序设置、选定检验方式和检验程度及其相互关系的表达方式。

对于检验流程图的绘制，比较易行的做法是参照工艺流程图，即在工艺流程图上，标出所需要的检验标识符号，可作为检验流程图。

（2）检验流程图的标识符号。检验流程图的标识符号一般有顺序符号和检验符号两类，要尽可能采用有关标准规定的符号。当然，企业也可自行作出规定。

①顺序符号（加工顺序常用下列符号进行标识）：

○——加工符号，是指生产过程中改变生产对象的形状或特性的活动。

D——停放符号，是指生产过程中生产对象在工作地附近的临时停放。

→——运输符号，是指生产过程中生产对象处于有目的的位置移动的状态。

▽——贮存符号，是指生产过程中生产对象处于受保管的状态。

□或◇——检验符号，是指生产过程中生产对象处于进行检验的状态。

②检验符号：

进厂检验	E	外观检验	N
工序检验	P	全数检验	L或100%
中间检验	ZH	抽样检验	SP或n/c
最终检验	Z	控制图	W
完工检验	ZF	测量	A
成品检验	ZP	试验	I
合格证验收	C	调试	X
理化检验	M	质量审核	O
感官检验	S		

图7-2是某流程性材料产品（磁性材料）在其工艺流程图的基础上，绘制的检验流程图，此图较简便易行，但没有使用规范的符号，仅供参考，不宜普遍采用。

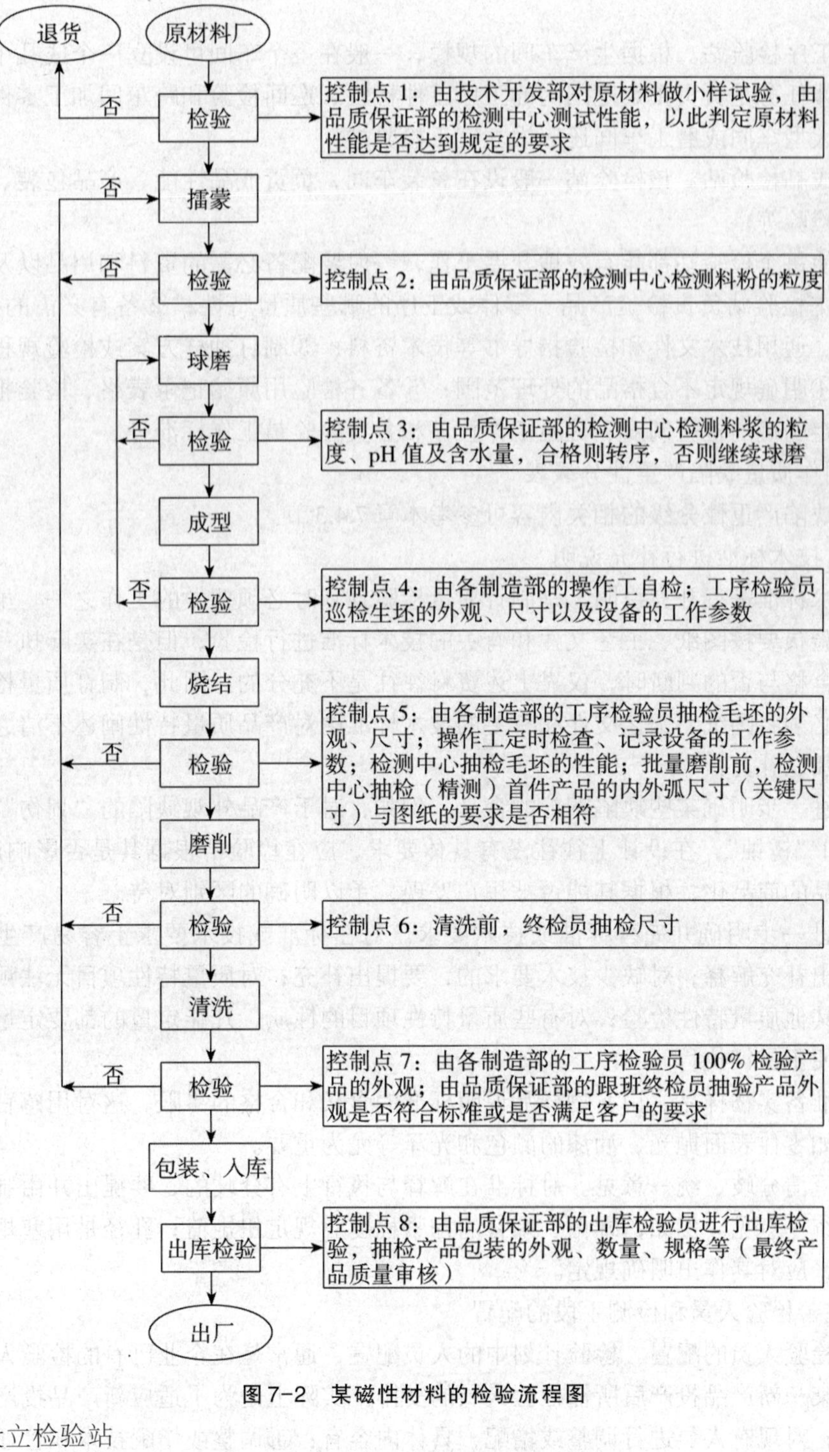

图7-2　某磁性材料的检验流程图

2）设立检验站

为了保证产品质量，在既不影响生产，又方便检验工作开展的同时，在生产过程中，针对不同的生产环节或生产工序需要设立不同的检验站。根据我国企业的实践经验，一般设有下列检验站：

（1）进货检验站。该检验站负责原材料、辅料、外协件和外购配套件的进厂和出库检验。

（2）工序检验站。根据生产车间的规模，一般在一个车间可设立一个或几个工序检验站，其具体任务是负责指定范围内的工序首件检验、巡回检验和跨车间加工零件的中间检验。一般大型车间或磨工车间还应设立完工检验站。

（3）成品检验站。该检验站一般设在总装车间，负责成品性能、产品包装、成品入库和出库的检验等。

为了使每个检验站都能有效地开展工作，一般要配备必需的资料和用品以及明确下列事项：①本检验站负责检验产品、零件或工序的哪些质量特性；②备有必需的产品图纸、工艺文件、通用技术文件和检验指导书等技术资料；③制订抽样方案或检验规程等质量检验标准；④明确规定不合格品的处理范围；⑤备齐检验用原始记录表格、检验报告单和检印；⑥制定明确的检验制度、检验工作程序和各类检验员工作标准等。

3）制作质量缺陷严重性分级表

质量缺陷严重性分级的相关内容可参考本章7.4.3节。

4）对技术标准进行补充说明

对技术标准进行补充说明，是制订质量检验计划时必须要做的工作之一。虽然企业明文规定检验员要按图纸、工艺文件和有关的技术标准进行检验，但是在实际执行中，检验员在作出合格与否的判断时，仅靠上述资料往往是不充分的。因此，制订质量检验计划的技术人员必须将图纸、工艺文件和有关的技术标准中对产品质量特性阐述不清之处，采用以下方式加以补充：

（1）进一步明确某些缺陷词汇的含义。例如，对于产品外观缺陷的“划伤”、“磕碰”、“斑点”和“锈蚀”，在设计上往往没有具体要求，应在检验中根据其是否影响产品功能，或影响产品的商品化，根据其能否被用户发现，予以明确的区别对待。

（2）进一步明确并完善标准或技术要求。对在标准或技术要求上容易产生混淆词汇的，要作出补充解释；对缺少技术要求的，要提出补充；对质量特性项目无法测量的，要提出改用其他质量特性检验；对有些质量特性项目的性质，凡能定量的都要定量，使其具体化，以便于贯彻执行。

（3）准备实物样品。用实物样品说明标准的含义和合格的界限，这对用感官检验的质量特性，如零件表面抛光、油漆的颜色和光泽等尤为重要。

（4）澄清分歧、统一意见。对标准在解释与执行上有分歧的，要提出并由制定部门予以澄清，统一意见。例如，螺帽、螺钉的拧紧程度应规定扭矩值；孔径是用塞规还是用内径表测量，应对其作出明确规定。

5）完善检验人员和检测手段的配置

（1）检验人员的配置。检验计划中的人员配置，通常是在企业已有的检验人员的基础上，针对某一新产品投产后所需检验人员的安排。实际上是为了适应新产品投产后检验工作的需要，对现有人员进行调整或增配，具体内容有：①调整或增配技术和管理人员，以满足做好新产品检验标准工作的需要；②调整或增配检测试验人员，以满足进行新产品检测和试验的需要；③及早安排新产品所需检验人员的培训和资格认证工作，以确保检验人员能胜任所承担的检验工作。

（2）检验手段的配置。检验计划中的检测手段配置，通常是在充分考虑到企业现有的测量和试验设备的基础上作出的安排，一般需考虑的内容有：①对需要新添置的检测仪器、设备、装置和专用量具等应尽早提出，以便安排制造或采购；②随着对技术要求的提高，应注意检测手段的更新，在可能条件下，要选用电子检测、光学检测、自动检测和气动量仪检测等先进的检测手段；③对于有些质量特性需要在机床加工状态下进行测量的项目，可以在检验指导书中作出明确规定。

6）编制检验指导书

检验指导书是产品检验规程在某些重要检验环节上的具体化，是指导检验员正确实施检验作业的规程性文件。通常对新产品特有的、企业过去没有开展过的检验项目，重要的外购配套件、外协件，生产制造中的关键件、关键质量特性或工序质量控制点的检验，都要编制检验指导书。

检验指导书中需要列出被检验产品的名称、图号、各项质量特性的具体要求、检验方法、抽样方案和检测手段。对于比较复杂的检验项目，在检验指导书上应画有简明的示意图并提供有关的说明资料。检验指导书的格式尚无统一的规定，可以用图或表的形式来描述，也可以用文字的形式来描述。表7-1是一种供工序检验用的检验指导书（仅供参考）。

表7-1　**检验指导书（供工序检验用）**

产品/零件名称	磁瓦	产品/零件图号	CW176	文件编号	Q/HM12-05-04
检验流程号	5	检验站名称	成型	有效执行期	2020-05-01
序号	受检特性值	质量特性重要性级别	检测手段	检验方法	备注
1	尺寸	B	0.02mm游标卡尺	100%	
2	重量	C	台秤	抽样检验	每2小时一片
3	外观	B	表面裂纹	目测	
提示与说明事项	（与检验有关的提示或说明，或绘制示意图等）				

批准：　　　　审核：　　　　编制：　　　　日期：

编制检验指导书的要点有：

（1）明确质量特性的具体要求。将各质量特性写成明确具体的要求，防止含混不清，使检验员一看就明白，便于在检验时执行。

（2）明确规定检验方法和检测手段。要做到有技术要求，就要有检测手段。对不同精度等级的公差要求，要有相应精度的量具、仪器来测量。例如，高精度的测微计、电感量仪或气动量仪；低精度的游标卡尺、千分尺和界限量规。又如，外观可用放大镜或比较样品进行检验；大量生产的成批零部件可采用自动化检验等。

（3）明确检验程度。要明确是采用全数检验，还是采用抽样检验。抽样检验方案是依据产品缺陷严重性分级、可靠性要求和检验的复杂程度等因素制订的。

7.4 产品的标识与不合格品管理

7.4.1 术语

（1）不合格：未满足要求。

（2）返工：为使不合格品符合要求而对其采取的措施。

（3）返修：为使不合格品（包括以前是合格的产品，为了重新使用）满足预期用途而对其所采取的措施。

（4）报废：为避免不合格品原有的预期用途而对其采取的措施。

（5）降级：为使不合格品符合不同于原有的要求而对其等级的变更。

（6）让步：对使用或放行不符合规定要求的产品的许可（通常仅限于在规定的时间或数量内，对含有不合格特性的产品的交付）。

（7）偏离许可：产品实现前，偏离原规定要求的许可。

（8）放行：对进入一个过程的下一阶段的许可。

7.4.2 产品的标识

产品的标识涉及生产物流的全部过程，包括原材料、辅料、半成品、成品等。

（1）产品标识的目的是便于识别产品，防止混料、误发或误用；通过产品标识和相关记录实现产品质量追溯。

（2）产品标识可分为物的标识和状态标识两类。

（3）产品标识的内容包括产品的型号、名称、规格、厂名、商标等。对于大批量产品，其产品标识可用批次号/生产日期等。

（4）产品标识的形式有贴标签、挂标牌、打钢印、记号笔手写、电笔刻蚀、条形码、随行文件（流程卡）等。

（5）产品标识的部位，如在产品的包装、料架、专用推车、工位器具上等。

（6）对产品标识的要求是正确、清晰、牢固。

7.4.3 不合格品管理

1）检验的职责

（1）鉴别、判定。检验人员按照验收依据鉴别产品（工序）的质量特性是否符合规定的要求，以判定产品（工序）是否合格。

（2）标识与隔离。当检验人员判定产品（工序）为不合格时，应按规定对不合格品（工序）进行标识，以区别于其他已检验的合格品（工序）。经标识的不合格品，应采取严密的隔离措施（如锁入废品箱），防止不合格品的非预期使用或安装。

（3）记录与报告。在标识和隔离不合格品（工序）后，检验人员应在质量跟踪卡的本工序（过程）的相关栏目内记录该项产品（工序）的不符合特性的状态和实测值。

当上述工作完成后，检验人员要将产品（工序）的不符合特性的内容报告给不合格品评审组织的有关人员，填写产品不符合项报告单或在不合格品评审单上填写不合格项的内容。

2）不合格品管理的基本原则

（1）不合格品的管理应有完整、准确的质量记录，不合格品的评审或处理文件应按有关规定的要求存档。

（2）不合格品的评审应当坚持"原因找不出不放过、责任查不清不放过、纠正措施不落实不放过"的"三不放过"原则，未履行批准手续的产品，不得进入下道工序或交付（也称"转序"）。

（3）不合格品的处理结论只能一次有效，不能作为以后不合格品处理和验收产品的依据。

（4）不合格品的责任单位，应按规定及时处理不合格品，办理不合格品相关手续，否则检验人员有权停止该产品（工序）的验收。

（5）当对不合格品责任产生意见分歧时，应由有关评审组织或机构进行仲裁。

（6）在产品交接后发现外观质量问题时，若具体责任单位（责任者）查不清，则由产品所在（接收）单位负责。

（7）属于工装、样板、组合夹具等原因造成的不合格品，除首件由工装车间承担外，其余不合格品的损失由产品生产车间承担。

（8）当不合格品责任不属于产品主制单位时，应由主制单位找出责任单位处理。

（9）因检验人员错检、漏检通过的不合格品，由操作者、互检者、检验员各负其责。

（10）不合格品的经济损失，包括材料损失和工时损失，由承制单位的财务部门或经管组负责核算，应计入责任单位的质量指标考核中，必要时还应纳入质量成本管理中。

3）不合格的分类与质量缺陷严重性分级

（1）不合格的分类。不合格是指单位产品的任意一个质量特性未满足要求（规范）。一般将不合格分为三类：A类——最被关注的、关键质量特性的不合格；B类——关注程度比A类稍低一些的、主要质量特性的不合格；C类——关注程度低于B类的、一般质量特性的不合格。

（2）质量缺陷严重性分级。由于产品或零部件在制造过程中产生的各种缺陷与质量要求相比差异的大小不同，因此对整机产品质量的影响及其造成后果的严重程度也不同。例如，有两根汽车发动机曲轴，一根经检验发现轴径超差小0.002mm，另一根经检验发现一处径向裂纹。虽然二者都有一项不合格，可是有裂纹的必须报废，因为这会在使用中产生曲轴断裂，造成停机故障等严重后果；而轴径超差小的那根只会稍微降低曲轴的使用寿命，不会发生恶性故障，仍可处理使用。此外，零件质量缺陷对后续生产工序影响的严重程度也不相同。有的影响小或无影响，有的则可能使后续生产工序无法加工或产生不良品。若不分缺陷及危害的程度，一概判为废品，从经济角度来讲是不应该的；反之，一概处理使用，后果将不堪设想。由此可见，进行产品缺陷严重性分级是必要的。

通过对产品缺陷严重性分级，可以达到以下目的：①把产品的设计要求、工艺要求、制造要求与用户使用要求综合起来加以考虑，为合理确定检验方式、检验程度和检测手段提供依据；②可使检验员明确检验重点，把精力放在可能产生致命缺陷和严重缺陷的质量特性检验上，认真仔细检验，严格把关；③为恰当地确定质量缺陷的处理权限、处理程序以及掌握处理的宽严程度提供依据。

质量缺陷是偏离设计、工艺要求和有关技术要求等规范的表现，在确定其严重性等级时，需考虑以下两个方面：①要考虑设计部门设定的质量特性重要性分级标准，因为当越高的重要性等级质量特性发生缺陷时，其严重性也就越高；②要依据对产品适用性影响的程度来确定如何处理缺陷。

企业可根据产品和行业特点，从总结实践经验出发，制定出质量缺陷严重性分级原则，为具体产品实行质量缺陷严重性分级提供依据。企业在编制某一产品检验计划时，还要依据分级原则，明确列出产品质量缺陷的项目、状况及严重性级别，形成具体的质量缺陷严重性分级表以供使用。

企业若属多品种生产或产品结构复杂，零部件品种多，还可分别列出通用缺陷项目分级表和某产品或某零部件专用缺陷项目分级表，这样在为一个新产品制订检验计划时，就可对该产品的全部质量特性项目进行查对。凡通用缺陷项目分级表中已给出的缺陷项目，就不必另行编制了，只要编制出专用缺陷项目分级表即可。

致命缺陷（A）：在产品安全性方面，直接影响产品安全，导致发生安全事故；在产品功能方面，肯定会影响产品的主要功能；在产品寿命、可靠性方面，会产生必然的影响。

严重缺陷（B）：肯定会造成装配困难，或对下道工序造成很大困难，或严重影响产品外观；在产品安全性方面，可能影响产品安全，导致发生安全事故；在产品功能方面，肯定会影响产品的一般功能；在产品寿命、可靠性方面，可能会有影响。

一般缺陷（C）：可能会造成装配困难，或对下道工序造成困难，或对产品外观有较大的影响；在产品安全性方面，一般不会影响产品安全；在产品功能性方面，一般不会影响功能；在产品寿命、可靠性方面，一般不会有影响。

轻微缺陷（D）：对产品安全性、功能性、寿命、可靠性、装配都无影响，但可能会对下道工序造成困难，或对产品外观有轻微的影响。

应该指出的是，产品质量特性重要性分级、检验用质量缺陷严重性分级和产品质量审核用质量缺陷严重性分级，是三个相关而不相同的概念，不可混淆。因为产品质量特性重要性分级的主要目的在于传递设计意图，为产品质量控制活动指明重点和方向，其编制依据是有关标准、规范和质量计划，着重考虑对产品安全性、功能性及对有关质量法规条令的满足程度。检验用质量缺陷严重性分级的主要目的在于明确质量缺陷偏离规范的严重性程度，指导不合格品的处理，其编制依据是产品标准、分级规定和质量特性重要性分级，着重考虑对产品技术规格的满足程度及对产品符合性质量的影响程度。而产品质量审核用质量缺陷严重性分级的主要目的在于评价产品适合使用的程度，为质量改进提供依据，其编制依据是产品的使用要求和用户反馈的质量问题信息，着重考虑对产品使用要求和产品信誉的影响程度。

此外，通常对致命缺陷不得采用抽样检验，必须实行100%检验，甚至再加100%复核检验，即期望致命缺陷一个都不能有，只要发现一个致命缺陷，就可判定该产品或该批产品不合格。

对质量缺陷进行分级是为了使不合格分类更具有可操作性。在分级时，首先要考虑规范所规定的质量特性的重要性，越高的重要性等级质量特性发生缺陷，其严重性也就越高。其次，质量缺陷严重性分级要从产品的适用性方面考虑其真正的影响。表7-2的质量缺陷严重性分级表可供参考。

表7-2　**质量缺陷严重性分级表**

缺陷的级别	安全性	运转或运行	寿命	可靠性	装配	使用安装	外观	下道工序	本系统内处理权限	检验严格性
A（致命缺陷）	影响安全性的所有缺陷	引起难于纠正的非正常情况	影响寿命	必然会造成产品故障	难以装配	造成产品安装困难	使产品外观难于接受	肯定造成下道工序的混乱	总质量工程或工艺师	100%严格检验、加严检验
B（严重缺陷）	不涉及	可能引起易于纠正的异常情况	可能影响寿命	可能引起易于修复的故障	肯定造成装配困难	可能影响产品安装顺利进行	对产品外观的影响较大	对下道工序造成比较大的困难	检验部门负责人（处长、科长）	严格检验、正常检验
C（一般缺陷）	不涉及	不会影响运转或运行	不影响寿命	不会成为故障的起因	可能影响产品装配顺利进行	不涉及	对产品外观有影响	对下道工序影响较大	检验工程师	一般正常检验、抽样检验
D（轻微缺陷）	不涉及	不涉及	不涉及	不涉及	不涉及	不涉及	不涉及	可能对下道工序有影响	检验员（班长、站长、组长）	抽样检验、放宽检验

4）不合格品管理的一般工作程序

（1）制定不合格品管理标准。在管理标准中应明确规定，一旦在产品形成过程中出现不合格品，应立即采取标识、鉴别、隔离、处置、评定和防止再发生等各项措施。

（2）鉴别和记录。在产品实现过程中发现可能会出现不合格品或不合格批时，应立即进行鉴别、判定和记录。在允许的条件下，对以前的产品进行复检。对确认的不合格品或不合格批，应按规定进行隔离，确保防止误用或误安装。

（3）判定与评审。指定有关人员（如检验人员、授权人员、不合格评审委员会）对不合格品进行评定，确定能否让步接收、返工、返修、降级使用或报废等，并按规定立即处置。

（4）及时纠正。出现数量较多或严重不合格品后，应立即进行质量分析，采取纠正措施防止再次发生。

（5）资料存档。建立、健全不合格品的资料档案，定期进行统计分析，掌握产生不合格品或不合格批的原因和规律，采取预防措施加以控制。

（6）奖罚分明。奖励工作效能颇佳的部门及个人，对产生不合格品的责任部门及个人按规定进行处罚。

5）不合格品的判定、评审和处置

不合格品一般分为"一般不合格品"和"重大不合格品"。一般不合格品中的"一般"是指少量的非关键零部件。重大不合格品中的"重"是指关键零部件、重要零部件或成品；而"大"是指大批量。重大不合格品包括来料大批量不合格、来料的某个关键或重要零部件不合格、生产的大批量不合格、生产的某个关键或重要零部件不合格、生产的成品不合格以及售出的成品不合格。

（1）一般不合格品的判定。对于一般不合格品，检验人员可直接判定、处理以下不合格品，而不需要经过审理或评审：①不合格品的返工；②按通用规范返修不合格品；③明显的报废品。

对判定的不合格品要办理相关手续，会签超差、代料、质疑单（让步接收），填写返修单、废品单。一般不合格品不需要也不必进行烦琐的评审工作，只需要品质检验人员判定后依据不同的情况采取不同的处理方式即可，并在处理后形成"一般不合格品处理单"。

无论不合格品被何种方式处置，检验人员都应立即作出标识并及时、分类进行隔离存放，以免发生混淆错装。确定进行返工的产品，返工后需重新办理交检手续，经检验合格后方可转序或入库；经检验确认仍不合格的，按不合格品处置程序重新处置。

（2）重大不合格品的评审。其具体包括以下方面：

①评审人员。对重大不合格品，一般要经过组织的专门评审机构（如企业的不合格品评审委员会）进行评审。不合格品评审委员会由质量管理部门和质量检验、技术、生产、采购、销售等部门的代表组成。由质量管理部门负责组织和协调评审工作。

②评审内容。不合格品的性质：是来料的大批量不合格，还是生产过程中的大批量不合格；是来料的某个关键或重要零部件不合格，还是生产过程中的某个关键或重要零部件不合格；是生产过程中的成品不合格，还是售出的成品不合格。

不合格品的程度：是严重不合格、中度不合格，还是轻度不合格。

不合格品的损失：估算不合格品造成的经济损失，必要时评审其引起的信誉损失。

③评审结果处置。对于来料的某个关键或重要零部件的大批量不合格，若是轻度不合格，仍可用于生产，则予以让步接收和使用；若是中度不合格或严重不合格，则予以拒收。对于生产过程中的大批量不合格品，若是轻度不合格，仍可用于生产，则予以让步放行和使用；若是中度不合格，则予以返工，使其成为合格品，或予以返修，减轻不合格程度。对于已销售和交付的成品，若客户抱怨品质不合格，企业应高度重视，尽快确认、追回，予以返修或返工，必要时予以退换，尽力挽回企业的信誉损失，争取让客户满意。

6）不合格品的原因分析和纠正

（1）不合格品的原因分析。调查产生不合格品的原因，需要分析产品检验记录和试验数据，检查机器安装和分析生产设备加工能力等，并采用大量的统计方法。

在分析产生不合格品的原因时，应当注意一些带有普遍性的原因，见表7-3。

表7-3　　产生不合格品的普遍性原因分析

序号	原因类别	原因分析
1	设计和规范	图样、图纸绘制不清晰或印刷难以辨识；设计不能用于生产；产品设计尺寸与生产用零部件、装配公差不一致；使用已报废的图样
2	机器和设备	加工能力不足；机器安装、设计不当；使用的刀具、钻模或冲模已报废；量具或测量设备不能使用；机器缺乏维修和保养；温度、湿度等环境条件对设备有影响
3	材料	使用未经试验的材料；材料混淆；因没有合适的原材料而让步接收；使用低于标准规定要求的原料
4	生产作业	操作者不具备操作生产设备应有的技能；操作者不理解设计图样，不熟悉与生产工序相关的规程；机器安装者不懂得怎样正确安装机器；管理不当，以及操作者粗心大意；操作者急于完成数量指标
5	过程（工序）控制和检验	工序控制不适当；试验设备无法使用；设备超过点检界限；检验、试验规程含糊不清；检验员不具备相应技能

（2）制定纠正措施。纠正措施可分为：①简单的纠正措施，即更换图样、点检设备等简单的纠正方法，可立即实施。②复杂的纠正措施，即有的纠正措施会涉及多方面因素，比较复杂。因此在作出决定之前，有必要考虑采取其他纠正措施，如改变生产方法；选择装配零件；装配前对受缺陷影响的零部件进行100%检验，并严格审查；重新设计零部件并考虑扩大公差范围等。

7.4.4　质量问题归零

质量问题归零，是某些特殊企业在质量管理工作中常用的方法。在一般企业生产中，如果参照执行，一定会有很好的效果。

1）质量问题在技术上归零的五条标准

（1）定位准确。确定质量问题发生的准确部位。

（2）机理清楚。通过理论分析或试验等手段，确定质量问题发生的根本原因。

（3）问题复现。通过试验或其他验证方法，复现和确认质量问题发生的过程，验证定位的准确性和机理分析的正确性。

（4）措施有效。针对发生的质量问题，采取纠正措施，经过验证，确保质量问题得到解决。

（5）举一反三。把发生质量问题的信息反馈给本型号、本单位和其他型号、其他单位，检查有无可能发生类似模式或机理的问题，并采取预防措施。

2）质量问题在管理上归零的五条标准

（1）过程清楚。查明质量问题发生和发展的全过程，从中查找管理上的薄弱环节或漏洞。

（2）责任明确。根据质量职责分清造成质量问题的责任单位和责任人，并分清责任的主次和大小。

（3）措施落实。针对管理上的薄弱环节或漏洞，制定并落实有效的纠正措施和预防措施。

（4）严肃处理。对由于管理原因造成的质量问题应严肃对待，从中吸取教训，达到教育人员和改进管理工作的目的。对重复出现质量问题和人为责任出现质量问题的责任单位和责任人，应根据情节和后果，按规定给予处罚。

（5）完善规章。针对管理上的薄弱环节或漏洞，健全和完善规章制度，并加以落实，从制度上避免质量问题的发生。

3）检验在双归零工作中的职责

（1）参加所（驻）在单位归零工作，做好检验问题归零。

（2）对质量问题造成的不合格品按规定进行管理。

（3）监督归零措施是否落实到图样、技术文件、工艺文件和规章制度中。

（4）产品交付前，对归零情况进行检查，质量问题未归零产品不得放行。

思政专栏

某日，路过街上一卖菜刀的小摊。小商贩边敲击菜刀边说："产品检验才出厂，对得起人民、对得起党。我这菜刀是经过严格的出厂检验才拿来卖的，质量绝对过硬。"

点评：一个小商贩，尚且知道：产品只有经过检验，产品质量才让人放心；产品是否经过检验，有关是否"对得起人民"的良心，也有关党和政府的形象。那么，我们作为当代大学生，应该如何对待"产品质量检验"？

[知识掌握]

一、单项选择题

1."对产品的一个或多个质量特性进行观察、测量、试验，并将结果与规定的质量要求进行比较，以确定每项质量特性合格情况的技术性检查活动"是（　　）的定义。

A.质量验证　　B.质量鉴别　　C.质量检验　　D.质量检测

2.对待不合格品返工、返修后检验，正确的做法是（　　）。

A.不合格品返工后仍不合格的，不需要重新进行检验

B.不合格品返工、返修后合格的，不需要重新进行检验

C.不合格品返修后仍不合格的，不需要重新进行检验

D.不合格品返工、返修后，不管是否合格，都需要重新进行检验

3.检验记录应有相关人员的签名，以示各负其责，正确的签名方式是（　　）。

A.可以他人代签　　B."签名"栏内的姓名以打字方式录入

C.须本人亲笔签名或盖本人印章　　D.可由检验部门负责人统一代签

二、多项选择题

1.质量检验的步骤有（　　）。

A.熟悉有关规定要求　　B.收取检验费用

C.测量或试验　　D.比较和判定

2.不合格品隔离的主要内容有（　　）。

A.将不合格品码放整齐　　B.对不合格品作出标识

C.设立专职人员看守　　　　D.设立隔离区或隔离箱

3.按检验的技术手段分类，质量检验可分为（　　）。

A.抽样检验　　B.理化检验　　C.感官检验　　D.生物检验

三、简述题

1. 质量检验的主要功能有哪些?

2. 质量检验有几种形式?

3. 什么是“三检”制，并以哪种检验为主?

4. 什么是不合格？不合格品管理的基本原则有哪些?

5. 简述不合格品管理的一般工作程序。

抽样检验原理与方案设计

第8章

[学习目标]

(1) 理解OC曲线。

(2) 掌握标准型一次抽样检查方案设计。

(3) 掌握计数调整型抽样检验方案设计。

引例

2024年海南省食品安全抽样检验信息（第2期）

近期，海南省市场监督管理局组织抽检粮食加工品、食用油油脂及其制品、调味品、肉制品、乳制品、方便食品、速冻食品、糖果制品、蔬菜制品、可可及焙烤咖啡产品、水产制品、淀粉及淀粉制品、糕点、豆制品、蜂产品、保健食品、特殊膳食食品、餐饮食品、食用农产品19大类食品共464批次，其中合格样品461批次，不合格样品3批次（检测项目见附件）。发现的问题主要包括农药残留、兽药残留和重金属不合格。产品抽检结果可查询https://spcjsac.gsxt.gov.cn/。

对上述抽检中发现的不合格产品，当地市场监管部门已经采取措施依法予以查处，责令食品生产企业查清产品流向、召回不合格产品、分析原因并进行整改；责令食品经营环节有关单位立即采取下架等措施防控风险；责令食用农产品集中交易市场开办者查清进货渠道、产地等信息并向相关部门报告；责令食用农产品销售者对不合格产品立即采取停止销售等措施防控风险。不合格产品的风险防控措施以及核查处置结果将在相关市县市场监管部门网站予以公布。

现将抽检不合格食品具体情况通告如下：

一、农药残留超标问题

海南旺豪时代投资有限公司销售的生姜，检验项目噻虫胺、噻虫嗪不符合食品安全国家标准规定。检验机构为广州检验检测认证集团有限公司。

二、兽药残留超标问题

海南旺豪阳光实业有限公司抽检的黄骨鱼，检验项目恩诺沙星不符合食品安全国家标准规定。检验机构为广州检验检测认证集团有限公司。

三、重金属污染问题

保亭万家惠商贸有限公司团结北路分公司抽检的老姜，检验项目铅（以Pb计）不符合食品安全国家标准规定。检验机构为农业农村部热带农产品质量监督检验测试中心。

海南省市场监督管理局欢迎公众积极参与食品安全监督，如果在市场上发现有害食品，请拨打12345投诉举报。

附件：1.食用农产品监督抽检不合格产品信息

2.部分不合格项目的小知识

资料来源　王海林. 海南省市场监督管理局关于3批次不合格食品情况的通告［EB/OL］.［2024-01-27］. https：//amr.hainan.gov.cn/zw/spcjxx/202401/t20240109_3566212.html.

8.1 抽样检验的预备知识

在生产的许多阶段都要进行检查，包括外购材料和部件的进厂检查，在生产作业的各个不同点上进行的过程检查，制造厂对产品出厂所作的最后检查，以及最终由一个或多个买主对成品的检查。

这种验收检查的很大一部分必须以抽样的方式进行，因为有些受检样品是破坏性的样品。另外，由于100%检查（即全数检查）的费用太高、批量很大、检验时间长、检验人员易疲劳等因素，在有些情况下不适宜采用全数检查。

验收抽样检查的具体做法是：从交验的每批产品中随机抽取预定样本容量的产品数目，如果样本中所含不合格品数不大于抽样方案预先规定数，则判定该批产品合格，予以接收；反之，则判定该批产品不合格，予以拒收。理论和事实证明，在大量类似产品需要检验的场合中，抽样检查很可能会比全数检查更好。现代抽样验收理论的一个优点是，它能比全数检查更有效地督促人们改进质量。

8.1.1 抽样检验的常用名词术语

为了说明抽样检验的理论和应用，下面对一些常用名词术语及概念做一些说明。

1）交验批/批量（N）/样本（n）

交验批是提供检验的一批产品（应当是在相同制造条件下生产出来的），交验批中所包含的单位产品数量，称为批量（又称全体），用N记为某一给定批的件数。样本是由一个或多个单位产品构成的，用n记为某一样本的件数。

2）合格判定数c

在抽样方案中，预先规定的判定批产品合格的那个样本中最大允许的不合格数，称为合格判定数，通常记为A_c（简记为c）。

3）不合格判定数R_e

预先规定的判定批产品不合格的那个样本中最小允许的不合格数，称为不合格判定数，通常记为R_e。

4）批不合格品率P

批不合格品数M占整个批量N的百分比，称为批不合格品率。其计算公式为：

$$P=\frac{M}{N}\times 100\%$$

5）过程平均不合格率$\overline{P}$

过程平均不合格率是指数批产品首次检查得到的平均不合格率。例如，有k批产品，其批量分别是N_1，N_2，…，N_k，经检验，其不合格品数分别是M_1，M_2，…，M_k，则过程平均不合格率$\overline{P}$为：

$$\overline{P}=\frac{M_1+M_2+\cdots+M_k}{N_1+N_2+\cdots+N_k}\ (k\geq 20)$$

可见，要得到$\overline{P}$的真值，必须要等全部产品加工出来后再进行全检，显然这是不现实的。所以，要用估计值来替代，即从上述各批产品中依次抽取样本为n_1，n_2，…，n_k，经检验发现样本中的不合格品数相应为m_1，m_2，…，m_k，则利用样本估计的过程平均不合格率$\overline{P}$为：

$$\overline{P}=\frac{m_1+m_2+\cdots+m_k}{n_1+n_2+\cdots+n_k}$$

计算$\overline{P}$是为了了解交验产品的整体质量水平，这对设计合理的抽样方案、保证验收产品质量和保护供求双方利益都是很重要的。

6）合格质量水平

合格质量水平（Acceptable Quality Level，AQL），又称可接收质量水平，是指可接收的连续交验批的过程平均不合格率的上限值，是供方能够保证稳定达到的实际质量水平指标，是用户所能接受的产品质量水平。

7）抽样检验存在的两类错误和风险

假设有一批数量很大的成品，其质量状况不清楚，现在随机抽取其中的一个样本，通过检测，研究此样本的质量状况，以此来判定整批成品的质量好坏，然后作出接收或者拒收的决定。上述做法可能体现为以下四种情况：

（1）假定这批成品的质量是好的。通过详细研究其中的一个样本，发现此样本的质量是好的，于是就推断这批成品质量好，决定将其接收。

（2）假定这批成品的质量是好的。通过详细研究其中的一个样本，发现此样本的质量是坏的，于是就推断这批成品质量坏，决定将其拒收。

（3）假定这批成品的质量是坏的。通过详细研究其中的一个样本，发现此样本的质量是坏的，于是就推断这批成品质量坏，决定将其拒收。

（4）假定这批成品的质量是坏的。通过详细研究其中的一个样本，发现此样本的质量是好的，于是就推断这批成品质量好，决定将其接收。

（1）、（3）两种情况的推断是正确的，符合客观实际情况；（2）、（4）两种情况的推断是错误的，不符合客观实际情况。

在（2）的情况下，犯了把质量好的一批成品当作质量坏的一批成品去看待、处理的错误，这类错误在统计方法中是第Ⅰ类错误，称为“弃真”错误。犯这类错误的概率值一般以符号α表示。犯判断错误就要承担风险，即生产者（供货方）要承担合格批被判为不合格批的经济损失的风险，所以又称α为生产者风险率。

在（4）的情况下，犯了把质量坏的一批成品当作质量好的一批成品去看待、处理的错误，这类错误在统计方法中是第Ⅱ类错误，称为“取伪”错误。犯这类错误的概率值一般以符号β表示。同样，犯这类错误也要承担风险，即消费者（用户）要承担不合格批被判为合格批的经济损失的风险，所以又称β为消费者风险率。

在一定的条件下，生产者风险率和消费者风险率是相互矛盾的，即此长彼消或此消彼长。但是，运用统计方法可以把二者的总风险率和总损失控制在一定的范围内。

8.1.2 抽样方案的种类

1）一次抽样方案

一次抽样方案是最简单的计数验收抽样方案，通常用N，n，c表示，即从批量N中随机抽取n件检查，并预先规定一个合格判定数c，如果发现n中有d件不合格品，当d≤c时，则判定该批产品合格，予以接收；当d>c时，则判定该批产品不合格，予以拒收，如图8-1所示。

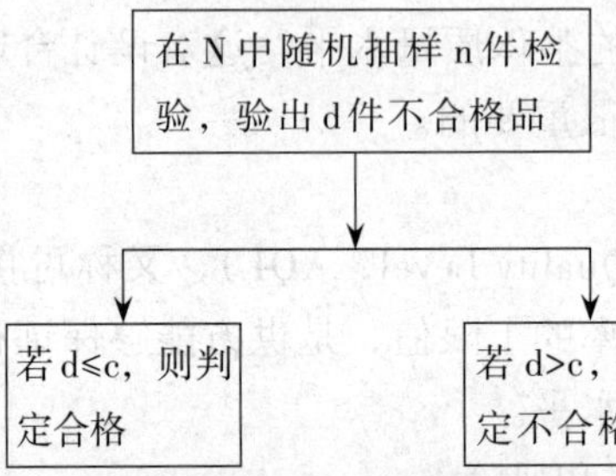

图8-1 一次抽样检验示意图

例如，当N=1 000，n=100，c=3，则一次抽样方案为1 000，100，3。其含义是从1 000件产品中抽取100件，如果这100件产品中的不合格品数为0，1，2，3，则判定该批产品合格，予以接收；如果有4件以上不合格品，则判定该批产品不合格，予以拒收。

2）二次抽样方案

二次抽样方案包括5个参数，即N，n_1，n_2，c_1，c_2（$c_1<c_2$）。其中，n_1——抽取第一样本的大小；n_2——抽取第二样本的大小；c_1——抽取第一样本时的合格判定数；c_2——抽取第二样本时的合格判定数。

具体操作程序如图8-2所示。

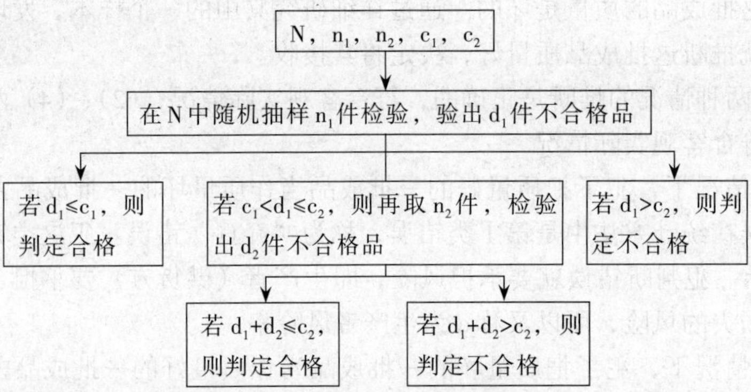

图8-2 二次抽样检验示意图

例如，当N=1 000，n_1=36，n_2=59，c_1=0，c_2=3，则二次抽样方案为1 000，36，59，0，3，抽取样本判定程序如图8-3所示。

3）多次抽样方案

多次抽样方案是允许通过3次以上的抽样，并逐渐对一批产品作出判定。其基本思路与二次抽样方案类似。

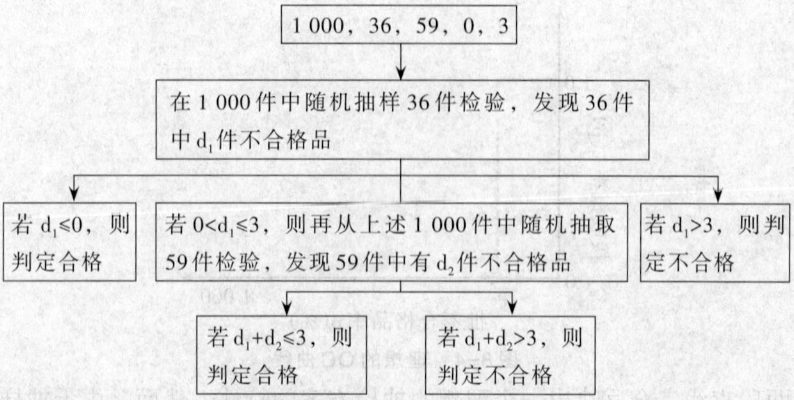

图8-3　二次抽样操作举例图

在进行抽样检查时，必须掌握以下注意事项：

（1）抽样检查是对批量进行合格与否的判定，而不是逐一检查批量中的每一个产品。所以，如果产品不是作为批量处理时，就不应采用抽样检查。

（2）通过抽样检查后，即使是合格的批量，其中也应允许有某种程度的不合格品存在。

（3）抽样检查是以随机抽取试样为基本条件，如果不能满足这种条件就不适用，因此必须采取能随机取样的具体措施。

8.2　抽样检验方案的原理（OC曲线）

8.2.1　抽样检验方案

在实际抽样检查中，常常关心的是：假如交验批产品的不合格品率为p，那么批产品有多大的可能被判为合格批，或者被接收的概率有多大。通常把接收概率记为L(p)，根据概率统计原理可以计算L(p)的值（$0≤L(p)≤1$）。

抽样检查曲线，即OC（Operating Characteristic）曲线，是表示具有某种质量特性的批量与在该质量特性中的合格批量的概率之间的关系，一旦确定了抽样方案，就可以按照这种方式描绘OC曲线。

假设某产品批量为N，样本大小为n，不合格品率为p。当采用抽检方案（N，n，c）检验这批产品时：p=0，肯定是接收的；p=1（100%），肯定是拒收的；0<p<1，可能接收，也可能拒收。p越接近于0，接收的可能性越大；p越接近于1，拒收的可能性越大。所以，研究在0到1范围内的接收概率就非常重要。接收一批产品的可能性的大小用接收概率L(p)表示。只要抽检方案确定了，接收概率L(p)只取决于不合格品率p。

1）理想的抽检方案

如果规定当批不合格品率p不超过p_0时，这批产品是合格的，那么一个理想的抽检方案应当满足：当$p≤p_0$时，接收概率等于1；当$p>p_0$时，接收概率等于0，如图8-4所示。

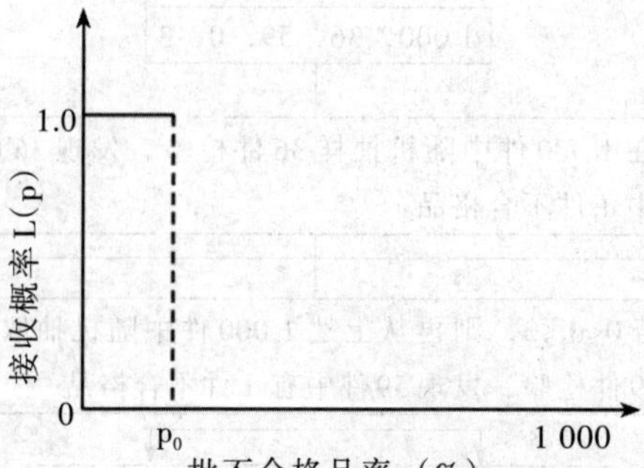

图8-4 理想的OC曲线

图中的两段直线完全反映出一个理想的抽检方案的特性。然而，由于抽样检验中存在两种错误，这样的理想抽检方案实际上是不存在的。形成这种形状的曲线，在全数检查中是可能的，但在抽样检查中，由于抽样的误差，难免会使某种程度的坏批量成为合格品，或使好批量成为不合格品。

2）很不好的抽检方案

抽检方案决定了OC曲线，在实际中，应该根据抽查检验理论来设计参数c。c=0看起来似乎是很可靠和合理的，即意味着样本n中的不合格数为零，但这是一个完全错误的概念。

从图8-5中可以发现，当p较小时，L(p）下降得十分快，显然，这会在p_i很小一段范围内拒收大量优质批量。从图中的几何意义来讲，就是没有一个从0到P_0较平的、L(p)值较高的缓冲曲线。这对生产方和使用方都是不利的。因此，c=0的抽检方案并不理想。事实上，在OC曲线中，n和c都大一些的抽检方案比较合理。

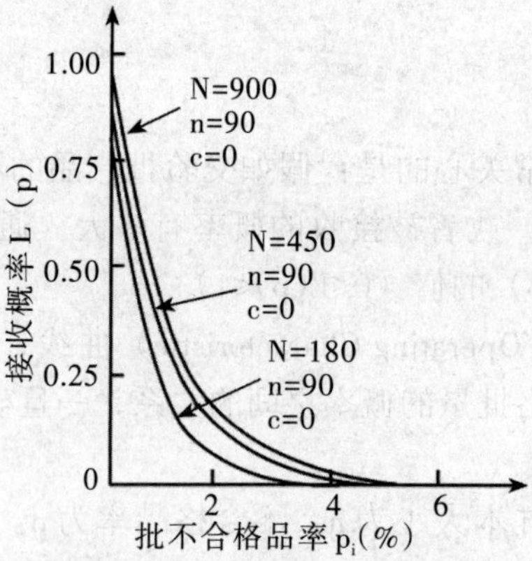

图8-5 c=0时的OC曲线

另外，如果n的抽取不合理也会出现对生产方和使用方都不利的现象。

例如，一批产品N=20，采用抽检方案（N，n，c），设定n=1，c=0，即抽检方案(20，1，0)。从这批20个产品中随机抽取1个产品进行检验，如果它是合格品，则判定这批产品合格，予以接收；如果它是不合格品，则判定这批产品不合格，予以拒收。这样可以得到的结果见表8-1。

表8-1　　**n=1时不合格品率与接收概率的关系**

批中不合格品个数	不合格品率（%）	接收概率	批中不合格品个数	不合格品率（%）	接收概率	批中不合格品个数	不合格品率（%）	接收概率
0	0	1.00	7	35	0.65	14	70	0.30
1	5	0.95	8	40	0.60	15	75	0.25
2	10	0.90	9	45	0.55	16	80	0.20
3	15	0.85	10	50	0.50	17	85	0.15
4	20	0.80	11	55	0.45	18	90	0.10
5	25	0.75	12	60	0.40	19	95	0.05
6	30	0.70	13	65	0.35	20	100	0.00

可见，当$p\leq5\%$时，接收概率不低于0.95，产品是合格的；当$p=10/20$，即不合格品率为50%时，接收概率为0.50。也就是说，当这批产品的质量已经差到含有一半的不合格品时，两批中仍有一批可以接收。可见，这是个很不理想的抽检特性曲线，对产品质量的判断能力是很差的，如图8-6所示。

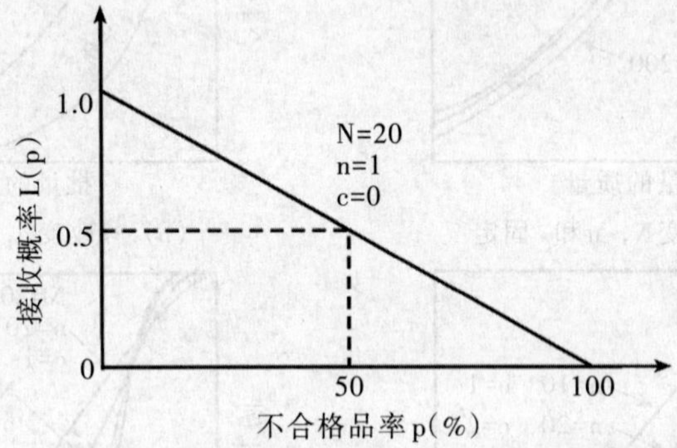

图8-6　抽检方案（20，1，0）的OC曲线

3）实际好的抽检方案

一个好的抽检方案应当是：当这批产品质量较好时，即$p\leq p_0$，则以高概率判断这批产品合格，予以接收；当$p\geq p_1$时，则以高概率判断这批产品不合格，予以拒收；当这批产品质量变差时，即$p_0<p<p_1$，接收概率迅速减小，如图8-7所示。

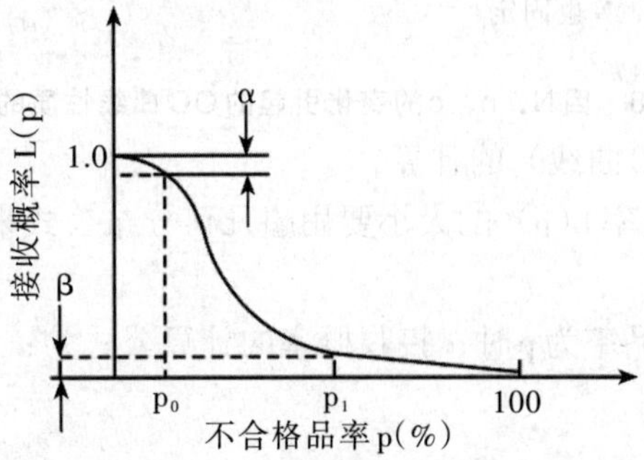

图8-7　实际好的OC曲线

通过OC曲线能了解抽样检查的性质，即p_0和p_1之间的曲线越接近于垂直，其曲线越近似于水平，就越能接近于理想曲线。

4）N、n、c的变化对接收概率L(p）的影响

调整参数n和c可以改变OC曲线，但当n增大时，就接近全数检查，所以在决定这些数值时，应从经济的角度进行权衡。图8-8表明了各参数变化所引起的OC曲线性质的变化。

图8-8（a）表明当样本大小n和合格判定数c不变时，批量N对L(p）的影响很小，尤其当$\frac{N}{n}\geq10$或$N\geq400$时，其影响是非常微小的。因此，某些抽检方案不考虑批量N的大小。图8-8（b）表明当批量N和样本大小n不变时，合格判定数c对OC曲线的影响。图8-8（c）、（d）表明批量N、样本大小n、合格判定数c三者在相对固定的情况下，OC曲线的变化趋势。

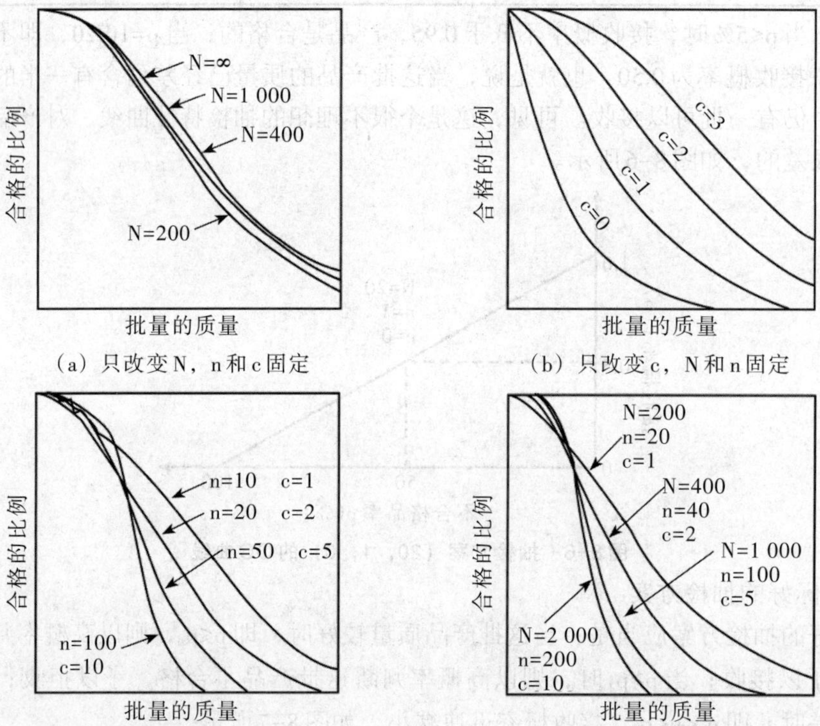

（a）只改变N，n和c固定 （b）只改变c，N和n固定

（c）$\frac{c}{n}$固定，N也固定 （d）$\frac{c/n}{N}$固定

图8-8 因N，n，c的变化引起的OC曲线性质的变化

5）抽查特性函数（OC曲线）的计算

在OC曲线中，接收概率L(p）的大小要用超几何分布公式来计算。

（1）超几何分布公式。

当一批产品的不合格品率为p时，接收概率的计算公式为：

$$L(p)=\sum_{d=0}^{c}\frac{C_{pN}^{d}C_{N-pN}^{n-d}}{C_{N}^{n}}$$

式中：C_{pN}^{d}——从批不合格品数pN中抽出d个不合格品的所有组合数；C_{N-pN}^{n-d}——从批合格品数（N-pN）中抽出（n-d）个合格品的所有组合数；C_{N}^{n}——从批产品N中抽取n个产品的所有组合数。

（2）二项分布公式。

超几何分布计算公式中有阶乘计算，当N很大时，一般（$\frac{N}{n}$）>10时，可用二项分布公式求L(p) 的近似值，接收概率的计算公式为：

$$L(p) = \sum_{d=0}^{c} C_n^d pd(1-p)n-d$$

从上述二项分布计算公式中不难看出，L(p) 的大小已经与批量N无关，仅取决于p、n、c。

（3）泊松分布公式。

当$\frac{N}{n}$>10，且p<10%时，L(p) 还可用泊松分布公式计算其近似值，接收概率的计算公式为：

$$L(p) = \sum_{d=0}^{c} \frac{(np)d}{d!} e^{-nd}$$

一般情况下，二项分布公式比泊松分布公式的计算结果要精确一些。

8.2.2　抽样检验中的两类错误判断

只要采用抽样检验，就可能产生两类错误判断，可能将合格批判为不合格批，产生“第Ⅰ类错判概率”；或可能将不合格批判为合格批，产生“第Ⅱ类错判概率”。

可以通过以下的例子，分析和讨论抽样检验中的两类错误判断。

【例8-1】设有一批产品，批量N=1 000，现采用抽检方案（1 000，30，3）对该批产品进行验收，试画出该抽检方案的OC曲线，并分析其两类错误判断的概率。

解：利用前述抽检特性函数的计算方法分别求出p=5%，10%，15%，20%的接收概率L(p)，列于表8-2中。

表8-2　**在N=1 000，n=30，c=3情况下的接收概率**

D \ p（%）	5	10	15	20
0	0.210	0.040	0.007	0.001
1	0.342	0.139	0.039	0.009
2	0.263	0.229	0.102	0.032
3	0.128	0.240	0.171	0.071
L(p)	0.943	0.648	0.319	0.119

然后用表中数据画出该抽检方案的OC曲线，如图8-9所示。

显然，当p=5%时，接收概率L(p) =0.943，但随着不合格品率p的增加，接收概率L(p) 迅速减小，当p=20%时，接收概率L(p) =0.119。假设p_0=5%，p_1=20%，也就是说，当p≤5%时，可以认为这批产品的质量是好的，应当100%接收。但由于是抽样检验，因此仍然有0.057的概率把这批产品判为不合格而拒收。同样，当p≥20%时，可以认为这批产品质量是很差的，应当100%拒收，但由于是抽样检验，因此仍然有0.119的概率把这批产品判为合格而接收。此时，0.057被称为“第Ⅰ类错判概率”，记为α；0.119被称为“第Ⅱ类错判概率”，记为β。

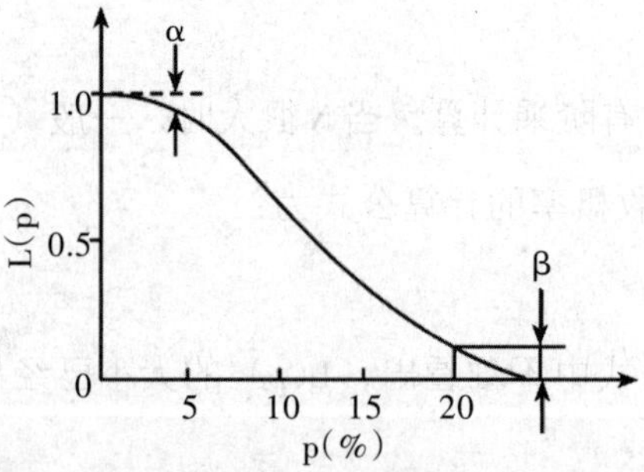

图8-9 抽检方案（1 000，30，3）的OC曲线

因此，当一批产品的质量比较好时，如果采用抽样检验，只能要求“以高概率接收”，而不能要求一定接收，因为还有小概率α拒收这批产品。α反映了把质量较好的批产品错判为不合格的可能性的大小。正是由于这种错判的结果会给生产方带来经济上的损失，因此又称其为“生产者的风险率”，即$\alpha=1-L(p_0)$。

另外，当采用抽样检验时，即使批不合格品率$p \geqslant p_1$，也不能肯定100%的拒收，还会有一定的小概率β接收这批产品。β反映了把质量差的批产品错判为合格的可能性的大小。由于这种错判的结果会使用户蒙受经济损失，因此又称其为“使用者的风险率”，即$\beta=L(p_1)$。

通常，第Ⅰ类错判概率取0.01、0.05等数值，普遍公认取0.05；第Ⅱ类错判概率取0.10等数值。在实际生产中，人们摸索出α值约为0.05，β值约为0.10时，犯这两类错误的可能性相对小些。

8.3 抽样检查方案设计

抽样检查方案种类较多，下面只讨论最基本的两种方案，即标准型一次抽样检查方案和计数调整型抽样检查方案。

8.3.1 标准型一次抽样检查方案

标准型一次抽样检查方案，是按供需双方共同认可的OC曲线，对一批产品或孤立的一批产品进行抽样检查的方案。该方案也适合于仅一次交易时的检验和破坏性检验的情况。在制订标准型一次抽样检查方案时，需要确定的参数有p_0，α，p_1，β，以及抽检方案（n，c）。通过选择适当小的α值和β值，来同时满足生产者和使用者双方的质量保障要求。这样做是希望不合格品率为p_1的批产品尽量判定为不合格，其接收概率仅为$L(p_1)=\beta$；希望不合格品率为p_0的批产品尽量判定为合格，其接收概率为$1-L((p_0)=\alpha$。据此应建立一组联立方程来求取样本大小n和判定数c。由于计算比较复杂，实际工作中常采用查表法（见附录中的附表3）。

标准型一次抽样检查方案设计步骤如下：

（1）确定检查质量标准。判断产品质量合格与不合格，主要根据产品的技术标准。根据对产品功能影响程度的不同，确定缺陷的概念及程度。

（2）确定α值、β值和p_0值、p_1值。为了考虑供需双方的利益，一般来说，普遍认同的α值约为0.05，β值约为0.10。在进行抽样检验之前，应由供需双方协商确定p_0值、p_1值的大小（通常$p_0 < p_1$），即先确定一个合理的p_0值，再按一定比例确定p_1值。

p_0值的确定受到诸多因素的影响，如生产方的管理水平和技术水平、产品质量对使用方的重要程度，以及生产方和使用方所负担的检查费用等。因此，很难用某一固定的公式精确计算。在实践中，p_0值通常是生产方与使用方相互协商，并辅以必要的计算来确定的。

一般可以根据过去的系统资料，把p_0值选择在生产方的过程平均不合格品率$\bar{P}$的附近，以使p_0值与生产方有关生产部门的实际生产水平相适应。

由于产品质量指标在使用过程中对使用方的重要程度是不同的，因此在确定p_0值时，应根据缺陷类别（如致命缺陷、严重缺陷和轻微缺陷）来考虑每个产品的检查费用和该产品不合格会给使用方带来的经济损失。通常，对于致命缺陷和严重缺陷，p_0值应取得小些，如p_0=0.1%，p_0=0.3%，p_0=0.5%等；对于轻微缺陷，出于经济上的考虑，p_0值可取得大些，如p_0=3%，p_0=5%，p_0=10%等。

p_1值的选取，应使p_1值与p_0值拉开一定距离。如果p_1值与p_0值距离过小（$\frac{p_1}{p_0}<3$），则会增加抽检产品的数量，使检验费用增加；如果p_1值与p_0值距离过大（$\frac{p_0}{p_0}>20$），则会放松对质量的要求，对使用方不利。因此，一般情况下p_1=（3～10）p_0（p_1是p_0的3~10倍）。

总之，确定p_0值和p_1值时，必须综合考虑生产方的生产能力、制造成本、检查费用，以及使用方的质量标准要求等因素。

（3）批的组成。在同一生产条件下生产出来的一批产品尽可能直接作为检查批。如果批量过大，也可以划分为小批后作为检查批。

（4）确定抽检方案。确定样本大小n及合格判定数c（见附录中的附表3），其具体做法如下：

①首先找到所在的p_0行及所在的p_1列。

②p_0行与p_1列相交栏左边数值为样本大小n，右边数值为合格判定数c。如果相交栏内为箭头，则应顺箭头指向连续追寻下去，直至在数值栏查得n值和c值。遇到有*号栏应利用抽检设计辅助表（见表8-3），求n值和c值。

③当求得的n值大于批量N时，应进行全数检查。

④求得n值和c值后，用标准的OC曲线对照复查，或研究一下检查费用，必要时可修正p_0值、p_1值，并重新求n值和c值。

【例8-2】对某种铆钉头直径进行抽样检查，批不合格品率p_0=2%，可以接收。若批不合格品率p_1=12%，则作为不合格批拒收，试求一次抽验的样本大小n和合格判定数c。

解：利用附录中的附表3先找到含有p_0=2%的行［1.81%～2.24%］与含有p_1=12%的列［11.3%～14.0%］，相交栏左侧数字为40，右侧数字为2，可得样本大小n=40，合格判定数c=2。

【例8-3】试求【例8-2】中p_0=0.5%，p_1=10%时的n值和c值。

解：利用附录中的附表3先找到含有p_0=0.5%的行［0.451%～0.560%］与含有p_1=10%的列［9.01%～11.2%］。这时行与列相交栏内的符号是↓，因此顺箭头方向移至下方栏。下方栏内的符号是←，再次顺箭头方向移至左边栏。左边栏内的符号是↓，顺箭头方向移至下方栏，查到栏内出现的数字，样本大小n=50，合格判定数c=1。

【例8-4】试求【例8-2】中p_0=0.4%，p_1=1.2%时的n值和c值。

解：利用附录中的附表3找到含有p_0=0.4%的行［0.356%～0.450%］与含有p_1=1.2%的列［1.13%～1.40%］。这时行和列相交栏内的符号为*，因此应该用抽检设计辅助表（见表8-3，该表适用于p_1＜10%和N＞10n的情况）来求n值和c值。

表8-3　　抽检设计辅助表

$\frac{p_1}{p_0}$	c	n
17以上	0	$\frac{2.56}{p_0}+\frac{115}{p_1}$
16～7.9	1	$\frac{17.8}{p_0}+\frac{194}{p_1}$
7.8～5.6	2	$\frac{40.9}{p_0}+\frac{266}{p_1}$
5.5～4.4	3	$\frac{68.3}{p_0}+\frac{334}{p_1}$
4.3～3.6	4	$\frac{98.5}{p_0}+\frac{400}{p_1}$
3.5～2.8	6	$\frac{164}{p_0}+\frac{527}{p_1}$
2.7～2.3	10	$\frac{308}{p_0}+\frac{700}{p_1}$
2.2～2.0	15	$\frac{502}{p_0}+\frac{1\,065}{p_1}$
1.99～1.86	20	$\frac{704}{p_0}+\frac{1\,350}{p_1}$

注：当求得n值不是整数时，应取其近似的整数。

先求p_1与p_0之比，算得$\frac{p_1}{p_0}=\frac{1.2}{0.4}=3.0$，再利用抽检设计辅助表，查得c = 6，$n=\frac{164}{p_0}+\frac{527}{p_1}\approx 850$。

⑤判定批产品合格与不合格。当样本中不合格品数小于或等于合格判定数c时，则判定该批产品合格；当样本中不合格品数大于合格判定数c时，则判定该批产品不合格。

⑥批的处理。对于合格批或不合格批的处理，应按预先规定进行处置。不论哪种情况，已判定为不合格的批，不得直接提交下次检查；已判定为合格的批，即可予以接收。至于样本中已发现的不合格品是直接拒收、退货或者换成合格品，这要按事先签订的合同来确定。对于判定为不合格的批，是全部退货、有条件地（如降价）接收，还是进行全部挑选，仅收合格品，这也需按事先签订的合同来确定。

8.3.2　计数调整型抽样检验方案

计数调整型抽样检验是由一组严格度不同的抽样方案和一套转移规则组成的抽样体系，是根据过去的检验情况，按一套规则随时调整检验的严格程度，从而改变抽样检验方案。

在实施中，计数调整型抽样检验需依据GB/T 2828.1-2003 /ISO 2859.1：1999《计数抽样检验程序第一部分：按接收质量限（AQL）检索的逐批检验抽样计划》标准执行。

计数调整型抽样检验是应用范围最广、最有影响的一类抽样检验方法。最早的计数调整型抽样检验方法标准是美国军方军用标准 MIL-STD-105（现在标准的编号为MIL-STD-105E）。1974年，国际统计方法应用标准化技术委员会（ISO/TC 69）对该标准（MIL-STD-105D）作了一些修改后，正式推荐ISO标准，并命名为ISO 2859。我国参照这个标准，于1981年发布了GB/T 2828《逐批检查计数抽样程序及抽样表（适用于连续批的检查）》，这之后又发布了修改版GB/T 2828-1987。

随着科学技术的进步和适应各国贸易与技术交流的需要，ISO/TC 69不断对ISO 2859标准进行研究和修订，1999年发布了编号为ISO 2859.1：1999的标准。我国于2003年采用这个标准，即GB/T 2828.1-2003（以下简称“2828.1”）。

2828.1是目前被广泛采用的统计抽样检验方案，其应用目的在于通过计数调整型抽样检验，给生产方在经济上造成一定压力，从而将过程平均质量保持至少和规定的接收质量一样好，即要求过程平均质量比AQL值更好。如果生产方的过程平均质量不比AQL值好，将会被加严检验，甚至暂停检验。另外，2828.1给使用方偶尔接收劣质批的风险提供了一个上限。

2828.1的用途：用于原材料和元器件的抽样检验；用于过程产品的抽样检验；用于最终产品的抽样检验；用于库存成品的抽样检验；用于数据或记录的抽样检验；用于管理过程的抽样检验。

计数调整型抽样检验的特点是可以根据过去的检查情况调整检查方案，不一定要采用某种固定的验收方案。在具体实施时，根据产品质量的实际情况，采用一组正常、加严和放宽三个严格程度不同的方案，并且用一套转换规则把它们有机地联系起来。经过初次检查认为生产方提供的产品质量好，可采用放宽检查加以鼓励；反之，如果经过初次检查认为生产方提供的产品质量较差，则需要加严检查或停止检查以促使生产方提高产品质量。

计数调整型抽样检验的应用步骤如下：

（1）规定单位产品的质量特性要求。

质量特性是产品、过程或体系与要求有关的、固有的、可区分的特征。这些特征有很多，如理化、感官、行为、时间、功能等特征。有关特性达到什么标准才算符合要求，应在检验规范或订货合同中明确表述。

（2）确定不合格类别和缺陷的级别（如不合格品分类与质量缺陷严重性分级）。

不同级别的不合格，其对应的AQL值也不相同。一般A类不合格（品）的AQL值应小于B类，B类不合格（品）的AQL值应小于C类。对同一不合格级别的多个项目（特性检验数），也可以规定一个AQL值，一般项目多时AQL值也应大一些。

（3）确定合格质量水平（接收质量限）。

如前所述，所谓的AQL（Acceptable Quality Level），是指可接收的连续交验批的过程平均不合格率的上限值。AQL在GB/T 2828-1987中称为合格质量水平，在2828.1中将其称为接收质量限，是指当一个连续的批量被提交验收抽样时，可允许的最差过程平均质量水平。在2828.1中，要按接收质量限检索抽样方案。AQL值的确定，应由供需双方协商解决。AQL值过大，使用方得不到满意的产品；AQL值过小，导致制造成本增加，造成生产方风险太大。

2828.1中规定的AQL值的取值范围为0.01%～1 000%（见附录中的附表4至附表8，表中未标注%）。当AQL≤10%时，既可表征100件产品中的不合格品数，又可表征100件产品中的不合格数；当AQL>10%时，则只表征100件产品中的不合格数。

设计抽检方案时，首先要考虑AQL值的取值范围。按照规定的AQL值，如果生产方的产品质量水平接近AQL值，则进行正常检查；对产品质量水平比AQL值好的生产方进行放宽检查；对产品质量水平比AQL值差的生产方，则进行加严检查。

确定AQL值有很多方法，一般可采用经验法。

①按照产品的使用要求，可参考表8-4确定AQL值。

表8-4　AQL值的经验数据参考表之一

使用要求	特高	高	中	低
AQL	≤0.1	≤0.65	≤2.5	≥4.0
使用范围	导弹、卫星和宇宙飞船等	飞机和舰艇等重要军工产品	一般军用和一般工农业产品	一般民用产品

②按照不合格品或不合格种类，可参考表8-5确定AQL值。

表8-5　AQL值的经验数据参考表之二

项目	不合格品或不合格种类	AQL
进料检验	重不合格品	0.65，1.5，2.5
	轻不合格品	4.0，6.5
成品出厂检验	重不合格品	1.5，2.5
	轻不合格品	4.0，6.5

③按照产品的性能，可参考表8-6确定AQL值。

表8-6　AQL值的经验数据参考表之三

质量特性	电气性能	力学性能
AQL	0.4～0.65	1.0～1.5

④按照产品的检验项目数量，可参考表8-7确定AQL值。

表8-7　AQL值的经验数据参考表之四

重不合格品		轻不合格品	
检验项目（质量特性）数	AQL	检验项目（质量特性）数	AQL
1～2	0.25	1	0.65
3～4	0.40	2	1.0
5～7	0.65	3～4	1.5
8～11	1.0	5～7	2.5
12～19	1.5	8～18	4.0
20～48	2.5	18以上	6.5
48以上	4.0		

在实际操作中，先参考有关资料（如上述资料）暂时确定一个AQL值，使用一段时间后，根据实际情况逐渐修正，至合理为止。

在确定AQL值时除考虑以上因素外，还应兼顾组织其他与质量有关的要求和指标。例如，质量目标、过程能力要求，以及使用方提出的产品废品率不超过1%等，均是对质量提出的要求，在确定AQL值时应与这些要求和指标协调，不能互相矛盾。

还需要注意的是，AQL值是对生产方过程质量提出的要求，不是针对个别批质量的要求，不是对每个交验批都要确定AQL值。在使用2828.1时，AQL值一经确定，一般不轻易改变。

（4）确定检验水平。检验水平是用来决定批量与样本大小之间的关系等级。

检验水平是抽检方案的一个事先选定的特性，其作用主要是明确批量N与样本大小n之间的关系。当批量N已知时，只要规定了检验水平，就可以检索到样本量字码和样本大小n。2828.1中规定检验水平有两类，即一般检验水平Ⅰ、Ⅱ、Ⅲ级和特殊检验水平S-1、S-2、S-3、S-4。生产方可根据需要指定其中的一个，在无特殊要求时可采用一般检验水平Ⅱ，其他选择应注意的问题见表8-8。

表8-8　**根据不同情况对检验水平的选择**

检验水平	S-1	S-2	S-3	S-4	Ⅰ	Ⅱ	Ⅲ
判别能力	低→高						
产品复杂程度	结构简单、易于制造					中	复杂
单位产品价格	单位产品价格比较低					中	高
检验、试验费用	检验、试验费用高					中	低
检验、试验时间	需要长时间才能得到检验结果					中	短
生产的稳定性	生产的稳定性好或属于老产品					一般	差或新产品
批之间的质量差异	批与批之间质量波动幅度小					一般	差异大
产品使用要求	对产品使用要求低，误判不会造成重大损失					中	要求高

从表8-8中可以看出，检验水平的高低与判别能力的高低成正比。另外，不同的检验水平对使用方和生产方产生的风险也不相同，如图8-10所示。当不合格品率p一定时，检验水平越低，接收概率越大，抽检方案越松（样本量与A_c、R_e的比例越大，即取样量越来越少）。

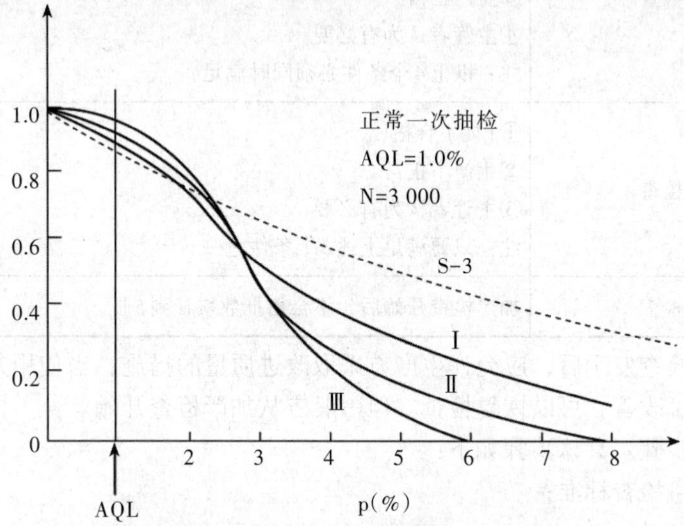

图8-10　检验水平变化时的OC曲线

图8-10说明：当N值和AQL值一定时，检验水平越低（见表8-9，从下至上），取样量越来越少，接收概率越大，抽检方案越松。

表8-9　**AQL=1.0%，N=3 000时检验水平与抽检方案的关系**

检验水平	n	A_c	R_e
S-3	13	0	1
Ⅰ	50	1	2
Ⅱ	125	3	4
Ⅲ	200	5	6

在没有特别要求的情况下，通常使用检验水平Ⅱ。当需要降低抽检方案对产品批质量的判别能力时，可采用检查水平Ⅰ。当需要提高抽检方案对产品批质量的判别能力时，可采用检查水平Ⅲ（适用检查费用比较低的场合）。检查水平S-1至S-4适用于破坏性试验或代价大（如产品单价高或实验时间长）的试验，即宁愿增加对批质量误判的风危险性，仍希望尽量减少样本量的情况。

（5）检查的调整。通常先从“正常检查”开始。根据最初正常检查结果，再按表8-10的转换条件，考虑选择转移至何种检查（如正常检查、放宽检查或加严检查）。

表8-10　**检查转换表**

转换方向	转换条件
正常检查转加严检查	连续5批中有2批（包括未检查到5批就已发现2批）初验不合格
加严检查转正常检查	连续5批合格
正常检查转放宽检查	①连续10批初验合格 ②10批中不合格品（或缺陷数）总数在界限个数以下 ③生产正常 ④主管者认为有必要 注：以上4个条件必须同时满足
放宽检查转正常检查	①1批不合格 ②生产不正常 ③主管者认为有必要 注：只要满足上述3个条件之一
加严检查转暂停检查	加严检查开始后，不合格批数累计到5批

至于暂停检查发生后，应允许生产方采取改进质量的措施，当使用方或主管部门认为产品质量得到了改善，可以恢复检查。但一般应从加严检查开始。

（6）抽检步骤。具体步骤如下：

①确定质量检查标准；

②决定AQL值；

③决定检查水平；

④选择抽检形式，即一次抽检、二次抽检或多次抽检；

⑤决定检查的宽严程度；

⑥组成检查批并决定批量大小；

⑦根据抽检表求抽检方案（A_c，R_e）或$\begin{bmatrix} A_{c1}, & R_{e1} \\ A_{c2}, & R_{e2} \end{bmatrix}$（二次抽检方案）等；

⑧抽取样本；

⑨测定样本；

⑩判定批合格与否，如果样本中不合格品数等于或小于合格判定数A_c，则判定该批合格而接收；如果不合格品数等于或大于不合格判定数R_e，则判定该批不合格而拒收。

（7）抽样表的构成。ISO 2859（或GB 2828）抽样表主要由检查转换表（见表8-10）、样本大小字码表（见表8-11）、抽检方案表（见附录中的附表4至附表7）和放宽检查界限数表（见附录中的附表8）组成。在我国，产品生产质量还不是非常稳定的今天，不提倡“特宽检查”。

表8-11　**样本大小字码表**

批量范围	特殊检查水平				一般检查水平		
	S-1	S-2	S-3	S-4	Ⅰ	Ⅱ	Ⅲ
2～8	A	A	A	A	A	A	B
9～15	A	A	A	A	A	B	C
16～25	A	A	B	B	B	C	D
26～50	A	B	B	C	C	D	E
51～90	B	B	C	C	C	E	F
91～150	B	B	C	D	D	F	G
151～280	B	C	D	E	E	G	H
281～500	B	C	D	E	F	H	J
501～1 200	C	C	E	F	G	J	K
1 201～3 200	C	D	E	G	H	K	L
3 201～10 000	C	D	F	G	J	L	M
10 001～35 000	C	D	F	H	K	M	N
35 001～150 000	D	E	G	J	L	N	P
150 001～500 000	D	E	G	J	M	P	Q
500 001以上	D	E	H	K	N	Q	R

①样本大小字码表。样本大小字码表的用途是，当已知道批量大小并确定了检查水平时，由表中给出相应的字码，以确定各类（一次、二次及多次）抽检方案表中相应的样本量。

②抽检方案表。在标准中列有3组（即一次抽样、二次抽样和五次抽样）共计12个抽检方案表。本书只选用一次抽样的抽检方案表，分别是：一次正常检查抽检方案表（见附录中的附表4）、一次加严检查抽检方案表（见附录中的附表5）、一次放宽检查抽检方案表（见附录中的附表6）、一次特殊放宽检查抽检方案表（见附录中的附表7）。

关于“放宽检查界限数表”（见附录中的附表8），表中给出了从正常检查转到放宽检查的界限数，即把连续10批或要求多于连续10批所抽取的样本内出现的不合格总数低于表中规定的界限数作为放宽的必要条件。如果只用“连续10批都合格”作为正常检查转换成放宽检查的条件，那么即使比AQL值大的批也会以相当高的概率转换成放宽检查。为避免这样的漏洞，需增加此表。

【例8-5】设有一批产品，N=1 000，试根据ISO 2859（或GB/T 2828）确定计数调整型一次抽检方案。

解：1.确定AQL值，经双方商定AQL=2.5。

2.选择一般检查水平Ⅱ。

3.查样本大小字码表（见表8-11），即N=1 000与检查水平Ⅱ的相交栏，得样本大小字码为J。

4.确定正常检查的抽检方案。从附录的附表4中查出样本字码J行与AQL=2.5列的相交栏，查得合格判定数A_c=5，不合格判定数R_e=6。同时，与J相对应的样本大小n=80，得一次正常检查的抽检方案（80，5，6），即从1 000个产品（批）中随机抽取80个样品进行测试检查。若不合格品数d≤5，则判定该批产品合格；若不合格品数d≥6，则判定该批产品不合格。

5.确定加严检查的抽检方案。从附录的附表5中查出样本字码J行与AQL=2.5列的相交栏，查得合格判定数A_c=3，不合格判定数R_e=4。同时，与J相对应的样本大小n=80，得一次加严检查的抽检方案（80，3，4），即从1 000个产品（批）中随机抽取80个样品进行测试检查。若不合格品数d≤3，则判定该批产品合格；若不合格品数d≥4，则判定该批产品不合格。

6.确定放宽检查的抽检方案。从附录的附表6中查出样本字码J行与AQL=2.5列的相交栏，查得合格判定数A_c=2，不合格判定数R_e=3。同时，与J相对应的样本大小n=32，得一次放宽检查的抽检方案（32，2，3），即从1 000个产品（批）中随机抽取32个样品进行测试检查。若不合格品数d≤2，则判定该批产品合格；若不合格品数d≥3，则判定该批产品不合格。如果放宽检查不合格，即d≥3，则必须进行特殊放宽检查。

7.确定特殊放宽检查的抽检方案。从附录的附表7中查出样本字码J行与AQL=2.5列的相交栏，查得一次特殊放宽检查的抽检方案（32，4，5），即从1 000个产品（批）中随机抽取32个样品进行测试检查。若不合格品数d≤4，则判定该批产品合格；若不合格品数d≥5，则判定该批产品不合格。

8.确定计数调整型抽检方案。把正常检查、加严检查、放宽检查、特殊放宽检查四个抽检方案合在一起，并合理运用转换规则表，就得到了一个计数调整型一次抽检方案，见表8-12。

表8-12　　计数调整型一次抽检方案表（N=1 000，AQL=2.5）

检查的宽严	样本大小n	合格判定数（接收数）A_c	不合格判定数（拒收数）R_e
正常检查	80	5	6
加严检查	80	3	4
放宽检查	32	2	3
特殊放宽检查	32	4	5

应当指出的是，正常检查、加严检查、放宽检查、特殊放宽检查四个抽检方案和转换规则是一个不可分割的整体，必须一起使用才能获得良好的抽样检查效果。合格质量水平（AQL）并不是消费者（使用方）要求质量的本身，而是为了进行抽样检查的方便而设置的。只有生产者提供比AQL值好的产品，才能满足订货要求。

除计数调整型抽检方案、二次抽检方案和多次抽检方案之外，还有许多其他类型的抽检方案，感兴趣的读者可以参阅有关质量管理的书籍。

思政专栏

2023年9月1日，以“经济复苏中的质量变革与合作”为主题的中国质量（成都）大会在四川省成都市举办。本届大会由国家市场监督管理总局、四川省人民政府、成都市人民政府主办，来自全球40个国家和地区、7个国际和区域组织以及国内有关部门等方面的800多位代表参加大会。国际社会怎么看待中国高质量发展？本届大会上，各方代表畅抒己见，进行了深入交流。

举办国际性质量会议，旨在宣传政府质量政策、推广先进质量管理方法、提升质量管理水平。

梅里埃营养科学集团首席执行官尼古拉斯·卡地亚说：“标准、计量、合格评定等技术手段作为全球质量的‘通用语言’，与合作密不可分。在世界经济复苏缓慢、增长动力不足的大背景下，中国政府仍然把提升质量当作调结构稳增长的必要手段，这对经济贸易相关国家有着积极作用。”

“中国始终重视产品的耐用性，在20世纪90年代初制定的产品质量法中强调了这一点。”中国欧盟商会副主席马晓利说，“我们高兴地了解到，中国对产品质量法进行了认真修订。如今，质量不仅围绕安全性和耐用性，而且重视商品的个性化，以期更好地满足个人偏好。”

缅甸联邦共和国副总理兼计划与财政部部长吴温欣认为，中国经济发展在全球和地区经济增长中处于重要地位，中国在高质量发展方面的努力，为世界经济恢复提供了强大动力。

“值得注意的是，中国已经在数字金融、绿色可持续金融和高质量发展等领域取得了显著进展。”吴温欣说，“鉴于此，缅甸也在加快数字金融的发展，并大力鼓励绿色投资。例如，缅甸采取了一系列激励措施，包括降低进口电动汽车充电桩的关税和相关费用。根据短期战略，到2025年，缅甸将从中国进口大量电动汽车，这将带来巨大的投资机遇，并加深两国之间的经济合作。”

资料来源　孔德晨．中国质量（成都）大会举办——国际人士点赞中国高质量发展［N］．人民日报，2023-09-02.

点评：当前，世界百年未有之大变局加速演进，全球经济恢复正处于关键期，各国对通过质量合作促进经济发展充满期盼。本届大会以“经济复苏中的质量变革与合作”为主题，吸引了社会各界的高度关注。举办一届高水平的中国质量（成都）大会，有助于展示中国质量发展成就，向全世界讲好中国质量故事，进一步提升世界对中国质量品牌的信心和认可度；有助于倡导全社会树立“视质量为生命、以高质量为追求”的鲜明导向，引导全社会学习先进质量标杆，进一步推动质量变革、效率变革、动力变革；有助于推动对接高标准国际经贸规则，稳步扩大规则、规制、管理、标准等制度型开放，向国际社会展示中国坚定不移推动高质量发展的决心和信心，释放中国坚定不移推进高水平对外开放的强烈信号，进一步促进国际质量合作与交流。

[知识掌握]

一、单项选择题

1. 加严检验是强制使用的，主要目的是（　　）。

A. 减少检验量　　B. 保护使用方的利益

C. 提高产品质量　　D. 减少生产方的风险

2. 抽样检验的检验批，由N个（　　）组成。

A. 部分产品　　B. 单位产品

C. 样本　　D. 样本量

3. 在GB/T 2828.1中，判断能力最强的是（　　）。

A. 特殊检验水平S-1　　B. 特殊检验水平S-4

C. 一般检验水平Ⅰ　　D. 一般检验水平Ⅲ

二、多项选择题

1. 由正常检查转为放宽检查，表示（　　）。

A. 过程质量变坏

B. 检验的经济性提高（减少检验费用等）

C. 过程质量非常好

D. 生产能力提高

2. 在GB/T 2828.1中，AQL用（　　）表示。

A. 每单位产品不合格数　　B. 每百单位产品不合格数

C. 不合格品率　　D. 不合格品百分数

3. 减少抽检方案的AQL值，意味着（　　）。

A. 降低质量要求　　B. 可能会提高样本量

C. 提高对生产方过程质量的要求　　D. 减少交验批量

三、计算题

1. 一批产品交验，规定 $p_0=1\%$，$p_1=10\%$，$\alpha\approx5\%$，$\beta\approx10\%$。求标准型一次抽样检查方案。

2. 在对购入产品的检查中，指定AQL=1.5，N=7 300，采用一般检查水平Ⅱ。试根据

ISO 2859（或GB/T 2828）确定计数调整型一次抽样检查方案（包括正常检查、加严检查、放宽检查）。

3.已知有一批产品，N=1 500，经双方商定AQL=2.5，采用一般检查水平Ⅱ。试根据ISO 2859（或GB/T 2828）确定计数调整型一次抽样检查方案（包括正常检查、加严检查、放宽检查、特殊放宽检查）。

第9章 质量成本

[学习目标]

（1）了解质量成本的概念。

（2）掌握质量成本的构成。

（3）了解质量成本的分析。

（4）掌握质量成本的控制。

引例

印刷企业怎样加强质量成本控制

印刷市场竞争日益激烈，提高产品质量、降低生产成本变得比以往任何时候都重要。质量成本是印刷企业成本的主要组成部分，质量成本控制已成为企业管理中越来越重要的问题。

一、印刷产品质量成本构成

管理者要从整体出发，合理计算质量成本，将材料采购费用与质量成本综合考虑。

印刷产品质量成本分为直接质量成本和间接质量成本。

1.直接质量成本

印刷材料对印刷品质量的影响是直接的，要生产出优质的印刷品，就需要有优质的材料。工艺的改进可以在一定程度上解决一些质量问题，但质量的稳定提高仍需要选择合适的材料来保证。高的采购成本并不总意味着高的材料总成本。以曼罗兰轮转印刷机所使用的折页机裁刀为例，国产仿制的裁刀价格为20～40元，而原装进口的裁刀在500元左右，二者的价格相差10余倍。在使用寿命方面，原装进口的裁刀是国产仿制裁刀的5倍左右。而且换一条裁刀会增加工作时间半小时左右，如果在印刷时出现故障，又会影响生产时效，使质量成本远远超过1条原装进口裁刀的价格。直接质量成本直观易算，可以成为采购时的主要参考依据。

2.间接质量成本

间接质量成本主要是低质量导致的客户流失、竞争力下降、投诉增加等，其影响并不直接反映为资金项目，但却是对企业竞争力的长远影响，更需要认真看待。因此，材料采购的选型也需要考虑间接质量成本问题，以企业的质量方针为指导，形成一个材料质量的评估体系，合理选用材料。

二、开展质量成本控制的途径

1.建立质量成本控制体系

建立质量成本控制体系之前，应调查企业质量成本现状，了解行业特点和企业实际质量费用开支情况，提出重点控制的质量成本科目或关键工序一次合格率等质量指标。在此基础上，按以下步骤建立质量成本控制体系。

（1）建立、完善相关的管理文件和必要的记录表格；

（2）记录质量控制活动的全过程；

（3）制定可测量的质量成本目标；

（4）制订具体的、具有可操作性的计划；

（5）明确各个部门岗位职责的要求；

（6）将总目标分解到各个部门岗位；

（7）各个部门岗位按计划实施行动；

（8）检查行动的实施情况；

（9）统计、分析采集的数据；

（10）评价行动实施的效果；

（11）整理、完成书面报告，提交最高管理层；

（12）持续改进提高。

2.构建质量成本控制的途径

（1）领导重视。应在企业经营决策中引入质量成本管理，使其成为企业经营的一个重要目标。质量成本管理及其成果与企业其他重要指标一样，依赖于企业领导的重视、支持与参与。

（2）确定目标。根据企业产量、质量、成本、利润的现状，合理确定质量成本目标，制订质量成本降低计划。利用翔实的、符合经营实际的计划来降低质量成本。

（3）明确职责。根据企业质量管理的实际情况，明确部门及相关管理人员职责，加入质量成本管理责任的内容，将质量成本目标与质量责任目标挂钩，纳入考核范围。

（4）过程控制。由技术、工艺部门的相关人员结合过程控制中的实际情况，绘制产品质量形成全过程的过程流程图，与其他相关部门一起从流程图中找出导致质量成本，特别是预防成本和损失成本发生的所有环节、岗位或操作点，并在图上做明显标识，以期引起操作者和管理人员的重视，这是进行质量成本统计、分析、控制的基础和关键。

（5）统计建账。企业财务部门的成本会计人员负责按规定的项目建立质量成本一、二、三级科目报表分给各相关部门，并将各质量成本科目的控制费用同时发放。各相关部门严格控制相关质量成本项目的费用，并按规定的时间，用规定的项目表格，将项目控制结果上报主管部门。

（6）汇总分析。财务部主管人员与各质量成本项目的报告部门一起，共同分析质量成本状况，找出不良原因，制定对策，以减少质量损失成本，杜绝不良和不应发生的质量成本。

（7）总结报告。每半年由财务部门主管人员进行质量管理的阶段性总结，对每一个二级科目进行分析评估，画出直观的质量成本三级科目排列图和推移图，从而便于比较，彰显成绩，突出问题，找出主要矛盾，明确下一步控制方向。

（8）制定下一年目标。每年进行一次质量成本管理的全面总结，输入管理评审，通过评审肯定成绩，找出主要矛盾，并依此制定下一年度质量成本管理控制目标。

资料来源　佚名. 印刷企业怎样加强质量成本控制？［EB/OL］.［2020-05-09］. http: //www.chinaxwcb.com/2016-05/19/content_339363.htm.

9.1　质量的经济性分析

美国质量管理大师朱兰和费根堡姆等人在20世纪50年代提出了质量成本的概念。

为了满足顾客的需要和期望，并保护企业的利益，企业必须有效地利用可获得的技术、人力和物质资源，在考虑利益、成本和风险的基础上，使质量最佳化，并对质量加以控制。质量和质量管理不仅是技术性概念，还是一个经济性概念。质量成本是质量经济性的主要内容。对质量成本的重视和研究，是企业发现薄弱环节、挖掘潜力、持续降低成本和改进质量的重要途径。

9.1.1　质量损失

质量好的产品才可能有市场，质量过硬的产品在市场上才会得到认同，才有可能成为名牌产品。“向质量要效益”这句口号反映了质量与效益之间的内在联系。质量效益来源于消费者对产品的认同与支持。相反，质量有问题的产品会引起一系列的损失，这些损失会直接或间接地转嫁到消费者头上，这会使消费者失去对产品的信任，使产品失去市场，失去市场的产品也就失去了价值，企业也就无效益可谈。

对于企业的质量损失，人们往往只注意到可计算的、显见的部分。对于那些隐蔽的、不易计算的损失，却忽视、不注意，而正是这些隐蔽的损失大大降低了社会效益，进而也会影响企业自身的效益。质量损失可理解为在产品的整个生命周期中，由于质量不符合规定的标准，对生产者、消费者以及社会所造成的全部损失之和，涉及多方面的利益。

1）生产者损失

一方面是由于质量问题造成的损失。因质量问题而造成的生产者损失既有出厂前的损失，也有出厂后的损失；既有有形损失，也有无形损失。有形损失有多种情况，如废品损失，返工返修损失，销售中的修理、退货、赔偿、降级降价损失，运输中损坏等，这些损失可占总损失的90%。这些损失通过价值计算都可计入成本，从而转嫁给消费者，如果转嫁不成，则表现为企业利润减少，效益恶化。无形损失也有多种表现，如产品质量低劣，影响企业信誉，直接影响到订货，严重时可导致企业丧失市场。虽然无形损失难以直接计算，但对企业的危害极大，有时甚至是致命的。

另一方面是“质量过剩”的损失。不合理地追求过高的质量，使产品质量超过了用户的实际需求，通常称为“剩余质量”，剩余质量使生产者花费过多的费用，造成不必要的损失。

2）消费者损失

产品在使用过程中因质量缺陷而使消费者蒙受的各种损失属于消费者损失。消费者损失的表现形式有很多，如维修次数多、维修费用大、产品使用中能耗和物耗的增加，以及因产品质量而导致频繁停工、停产、交货误期等。在消费者损失中也存在无形损失，主要表现为构成产品的零部件的功能不匹配，导致使用寿命不一致。从质量的经济性出发，如果一种产品的设计寿命为10年，但有些零部件的寿命仅几年，在生命周期中要更换数次，而另一些零部件的寿命可以长达10年以上，当产品报废时，这些还有使用价值的费用就是消费者的无形损失。虽然这类无形损失很难完全避免，也不需要生产者赔偿损失，但这些是消费者实实在在的损失，如果能在设计中减少这类损失，就有利于提高产品在消费者心目中的地位，为企业赢得更多的信誉。

3）社会损失

生产者和消费者都是社会成员，他们的损失也是社会损失的一部分。除此以外，还存在另一类社会损失，它是由于产品缺陷对社会造成的污染公害而引起的损失，是对社会环境的破坏和资源的浪费而造成的损失。由于这类损失的受害者并不十分确定，难以追究赔偿责任，生产者往往不重视。为减少这类损失，除了生产者必须提高社会责任意识外，政府部门的干预是非常必要的，可以采取法律、行政、经济的手段，迫使生产者改进产品质量，减少社会损失。

9.1.2 质量的波动与损失

产品的质量状态是由一系列质量特性来体现的，如产品的尺寸、重量、精度、成分、纯度等。质量波动源于生产过程的系统性因素和偶然性因素，这两个方面的因素是始终存在的，因此质量波动是不可避免的。我们知道，质量波动不利于质量控制，严重时会使不合格品率上升，质量损失随之增加。问题是质量波动与质量损失之间是否存在某种可定量估计的联系还未可知。日本的质量管理专家田口玄一提出一种损失函数的表达式，即：

$$L(y) = k(y - m)^2$$

式中：$L(y)$——质量特性值为 y 时的波动损失；y——实际测定的质量特性值；m——质量特性的标准值，$\delta=(y-m)$ 为偏差；k——比例常数。

这是一个二次曲线表达式，曲线形状如图9-1所示。

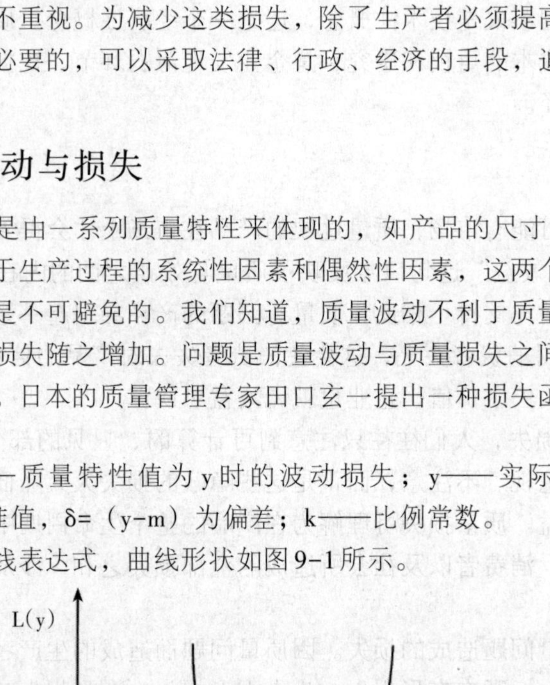

图9-1 损失函数曲线

从图9-1中可以看出，当质量特性值正好等于质量标准值 m 时，质量损失为零，随着偏差的增加，损失逐步变大。

当生产过程处于受控状态时，质量特性值和质量标准的平均偏差可用质量特性值的标准差来衡量，因此受控状态下因质量波动而造成的质量损失的平均值可用 $k\delta^2$ 来估计。损失函数在本质上表达的是质量波动和质量损失之间的逻辑关系，提高精度，缩小波动，对减少质量损失具有十分显著的作用。

但是，要提高工序的加工精度，缩小质量特性值的波动方差，就必须提高工序能力。要提高工序能力，不仅依赖于技术水平的进步，还依赖于管理水平的进步，这一切都意味着大量的投入。从经济性的角度来看，质量改善所取得的质量效益超过为此而付出的投入，但从企业长期发展的角度来看，技术和管理水平的进步毕竟是企业竞争力的基础。

9.2 质量成本及其构成

9.2.1 质量成本的概念与构成

质量成本是质量体系的一个要素。质量成本的高低直接反映了质量管理的效益性，并为质量控制提供了某些重要信息，因此，企业对质量成本的界定非常重要。ISO 9000系列标准指出，质量成本一般可划分为由内部运行而发生的质量费用和由外部活动而发生的质量费用两类。所谓的质量成本，是指“为了确保满意的质量而发生的费用以及没有达到满意的质量所造成的损失”。换言之，质量成本是将产品质量保持在规定的质量水平上所需要的费用，是为了确保满意的质量而发生的费用以及没有达到满意的质量所造成的损失的费用之和。质量成本有别于各种传统的成本概念，是企业生产总成本的一个组成部分，是会计核算中的一个新科目。它既发生在企业内部，又发生在企业外部；既和满意的质量有关，又和不良质量有关。质量成本的构成如图9-2所示。

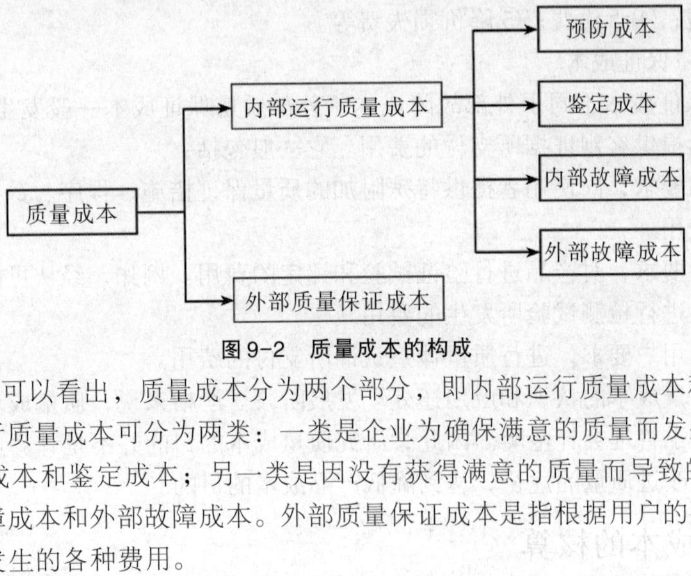

图9-2 质量成本的构成

从图9-2中可以看出，质量成本分为两个部分，即内部运行质量成本和外部质量保证成本。内部运行质量成本可分为两类：一类是企业为确保满意的质量而发生的各种投入性费用，如预防成本和鉴定成本；另一类是因没有获得满意的质量而导致的各种损失性费用，如内部故障成本和外部故障成本。外部质量保证成本是指根据用户的要求，企业为提供客观证据而发生的各种费用。

严格来说，企业发生的所有费用都和质量问题存在直接或间接的关系，质量成本只是其中与满意质量或不满意质量有直接的密切关系的那部分费用。不能认为质量成本是指高质量所需要的高成本；恰恰相反，如果换一种角度来看，质量成本的内容大多和不良质量有直接的密切关系，要么是为了避免不良质量所发生的费用，要么是发生不良质量后的补救费用。

9.2.2 质量成本的构成分析

由于企业产品、工艺及成本核算制度等的差别，对质量成本的具体构成有不同的认识和处理。质量成本的构成分析直接影响企业会计科目的设置及管理会计工作的运行，企业对此十分重视。下面介绍普遍认同的质量成本具体构成情况。

1）内部运行质量成本

（1）预防成本，是指用于预防不合格品与故障等所支付的费用。它一般包括：①质量工作费（即在企业质量体系中为预防、保证和控制产品质量，开展质量管理所需的费用）；②质量培训费；③质量奖励费；④质量改进措施费（即制定和贯彻各项质量改进措施的费用）；⑤质量评审费（即新产品开发或老产品质量改进的评审费用）；⑥工资及附加费（即质量管理专业人员的工资及附加费用）；⑦质量情报信息费等。

（2）鉴定成本，是指评定产品是否符合、满足质量要求而支付的试验、检验和检查费用。它一般包括：①进货检验费、工序检验费、成品检验费；②试验材料及劳务费；③检测试验设备校准维护费、折旧费、办公费（有关检验、试验而发生的）；④工资及附加费（即专职检验、计量人员的工资及附加费用）等。

（3）内部故障成本，又称内部损失成本，是指交货前因产品不能满足质量要求所损失的费用。它一般包括：①废品损失费；②返工、返修损失费；③复检费；④因质量问题发生的停工损失费；⑤质量事故处理费；⑥质量降级损失费等。

（4）外部故障成本，又称外部损失成本，是指交货后因产品不能满足质量要求，导致索赔、修理、更换或信誉损失等所损失的费用。它一般包括：①索赔费；②退货或退换损失费；③保修费；④诉讼费；⑤降价损失费等。

2）外部质量保证成本

外部质量保证成本不同于外部故障成本。外部质量保证成本一般发生在合同环境下，因使用者要求为提供客观证据所支付的费用。它一般包括：

（1）按合同要求，向使用者提供特殊附加的质量保证措施、程序、数据所支付的费用及提供证据的费用。

（2）按合同要求，对产品进行验证试验和评定的费用。例如，经认可的独立试验机构对特殊的安全性进行检测试验所发生的费用。

（3）为满足用户要求，进行质量体系认证所支付的费用。

目前，对质量成本的认识和应用还处于发展阶段。严格来说，质量成本并不属于成本会计范畴，而属于管理会计范畴。因此，研究质量成本的目的并不是计算产品成本，而是为了分析、寻找改进质量的途径，达到降低产品成本的目的。

9.2.3 质量成本的核算

质量成本一般包括三个级别的科目：一级科目为“质量成本”；二级科目为前面介绍的“预防成本”、“鉴定成本”、“内部故障成本”、“外部故障成本”和“外部质量保证成本”；三级科目为汇总表和有关的明细表。

（1）质量成本汇总表（见表9-1）。

（2）质量成本预防费用明细表（见表9-2，其他质量成本明细表与表9-2相似，可自行参照设计）。

（3）质量成本鉴定费用明细表。

（4）质量成本内部损失明细表。

（5）质量成本外部损失明细表。

（6）质量成本外部保证费用明细表。

表9-1　　质量成本汇总表

项目＼单位		质量成本汇总单位						合计	
		铸造车间	金工车间	装配车间	检验科	销售科	…	金额	百分比
内部故障成本	废品损失费 返修损失费 降级损失费 停工损失费 处理故障费 小　计								
外部故障成本	索赔费 折价损失费 退货损失费 保修费 其他损失费 小　计								
鉴定成本	各种检验费 检测设备维修更新费 小　计								
预防成本	质量计划费 新产品评审费 工序质量控制费 质量情报费 质量改进费 检测设备费 质量培训费 质量奖励费 小　计								
合计									

表9-2　　质量成本预防费用明细表

产品＼项目	质量计划费	新产品评审费	工序质量控制费	质量审核费	质量改进费	检测设备鉴定费	质量奖励费	质量培训费	合计

9.3 质量成本分析与报告

9.3.1 质量成本分析

质量成本分析是质量成本管理工作的重要环节。通过质量成本分析可以找出产品质量的缺陷和管理工作中的不足之处，为改进质量提出建议，为降低质量成本、寻求最佳质量水平指出方向。

1）质量成本分析的内容

质量成本分析有以下四项内容：

（1）质量成本总额分析。通过核算计划期的质量成本总额，与上期质量成本总额或计划目标值进行比较，以分析其变化情况，从而找出变化原因和变化趋势。此项分析可以掌握企业产品质量的整体情况，为组织制定下一步的质量管理目标提供了重要资料。

（2）质量成本构成分析。质量成本在不同项目之间是互相关联的，通过核算内部故障成本、外部故障成本、鉴定成本和预防成本分别占运行质量成本的比例，以及分别计算运行质量成本和外部保证质量成本各占质量成本总额的比例，来分析企业运行质量成本的项目构成是否合理，以寻求比较合理的质量成本水平。

（3）质量成本与企业经济指标的比较分析。计算各项质量成本与企业的整体经济指标（如销售收入、产值、利润等指标）的比率，有利于分析和评价质量管理水平。例如，故障成本总额与销售收入总额的比率，称为百元销售收入故障成本率，反映了因产品质量而造成的经济损失对企业销售收入的影响程度。又如，外部故障成本与销售收入总额的比率，称为百元销售收入外部故障成本率，反映了企业为用户服务的支出水平，也反映了因质量问题给用户造成的经济损失。

（4）故障成本分析。由于预防成本、鉴定成本和外部质量保证成本的计划性较强，而故障成本发生的偶然因素较多，因此故障成本分析是查找产品质量缺陷和管理工作中薄弱环节的主要途径，可以从部门、产品种类、外部故障等角度进行分析。

①部门故障成本分析。查找质量故障的原因，会涉及企业的各个部门，按部门分析可以直接了解各个部门的质量管理工作状况，所以此项分析是很必要的。部门故障成本分析的主要方法是绘制统计图，主要包括：

一是部门故障成本汇总金额时间序列图。图9-3统计了某厂制造车间的质量损失时间序列，图中实线表示损失的实际金额，虚线表示计划目标。

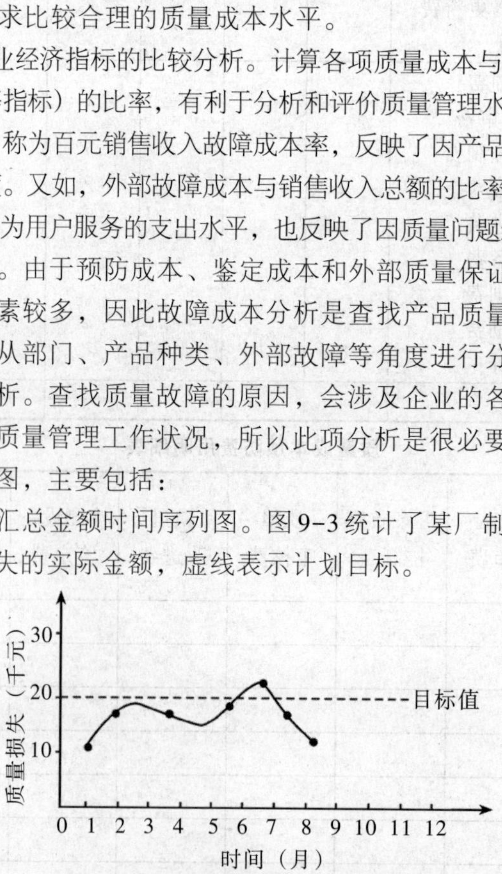

图9-3 质量损失时间序列图

二是部门故障成本累计金额统计图。把图9-3中各月的成本逐月累加后得到图9-4。

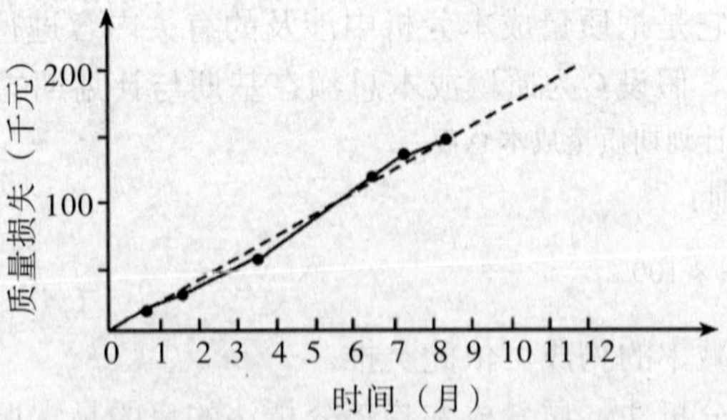

图9-4　质量损失累计金额统计图

②按产品的类别进行故障成本分析。同一企业，由于设计、设备、工艺、材料以及其他因素的影响，产品之间会有较大的质量差异，通过按产品的类别进行故障成本分析，可以发现质量问题较为严重的产品，将其选作质量工作的重点。考虑到各类产品的产量有差别，分析时可采用相对数，如各类产品的故障损失与各自销售额的比率。在此基础上可进行ABC分类，选择重点研究对象。

③对A类产品进行重点分析。经过ABC分类，确定为A类的产品，其故障成本的比重为70%左右。经过责任分析，发现A类产品在质量管理中存在问题。图9-5为某产品故障成本的部门责任分析图。

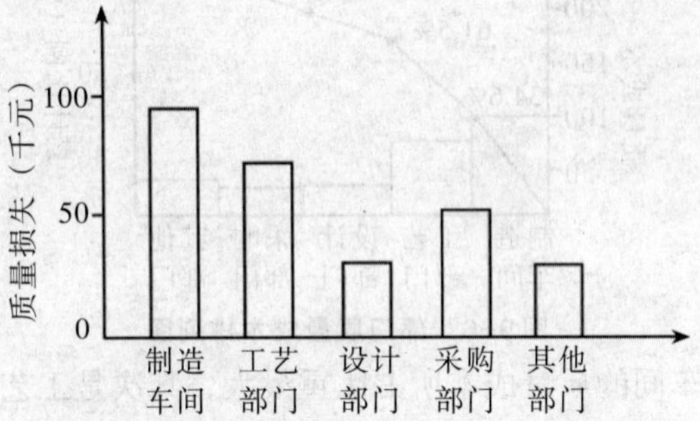

图9-5　某产品故障成本的部门责任分析图

图9-5说明该产品的故障成本主要是由制造车间和工艺部门造成的，在此基础上可进一步做深入的分析，以确定是设备原因或工具原因，还是工人的主观原因等。

④外部故障成本分析。同样的产品质量缺陷，交货前和交货后所造成的损失差别是很大的，外部损失要大于内部损失。一般从三个方面进行分析：一是做质量缺陷分类分析，从中可以发现产品的主要缺陷和对应的质量管理工作的薄弱环节；二是按产品类别进行ABC分类，即占外部故障成本总额70%左右的产品属于A类，占25%左右的产品为B类，其余的产品为C类，从中找出几种外部故障成本较高的产品作为重点研究对象；三是按产品的销售区域分析，不同的地理环境往往有可能引起不同的故障，按销售区域分析有利于查找原因，分析的结果对于改进产品设计、提高产品质量有很重要的意义。

2）质量成本分析方法

质量成本分析可采用定性和定量相结合的方法。定性分析可以加强企业质量成本管理工作的科学性，可以提高企业员工对质量工作重要性的认识，有利于增强员工的质量意识，推动企业质量管理工作。定量分析的作用在于精确的计算，求得比较确切的经济效果。定量分析有以下三种方法：

（1）指标分析法。它是把质量成本分析中涉及的有关内容进行数量计算，主要计算增减值和增减率两类数值。假设C为质量成本总额在基期与计划期的差额，即：

C=基期质量成本总额-计划期质量成本总额

设其增减率为P，则：

$$P = \frac{C}{\text{基期质量成本总额}} \times 100\%$$

其余质量成本的增减率的构成可依此类推。

（2）质量成本趋势分析法。质量成本趋势分析法的目的是掌握企业质量成本在一定时期内的变化趋势。质量成本趋势分析法可以有短期趋势分析和长期趋势分析两种形式。分析一年内各月的变化情况，属于短期趋势分析；分析五年以上各月的变化情况，属于长期趋势分析。质量成本趋势分析法还可采用表格和作图的方式表现出来。前者以具体的数值表达，准确明了；后者以曲线表达，直观清晰。

（3）排列图分析法。排列图是质量管理中的一种基本方法，根据不同的分析目的，把质量缺陷进行分类，然后按数值大小进行排列。例如，部门质量成本排列图，如图9-6所示。

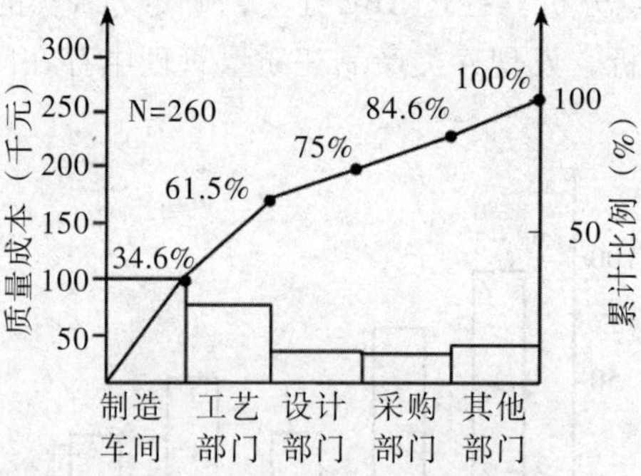

图9-6　部门质量成本排列图

图9-6中显示制造车间的质量成本所占比重最大，其次是工艺部门。可见，使用排列图可以找出主要矛盾，也可以用排列图进行深入的追踪分析，直到最后找出真正的问题。例如，在上例中可对制造车间质量成本做深入分析，一直分析到一个产品、一台设备、一个工位、一道工序、一位操作者，最后找出可采取的措施。

9.3.2　质量成本报告

质量成本报告是在质量成本分析的基础上写成的书面文件，一般分为月报（或季报）和年报，是企业质量成本分析活动的总结性文件，以供企业管理层决策使用，其内容与形式视报告的呈送对象而定。例如，给高层领导的报告，要求简明扼要地说明企业质量成本的总体情况、变化趋势、计划期所取得的成效以及主要存在的问题和改进方向；给中层领导的报告，除上述内容外，还应根据部门特点提供专题分析报告，使其能从中发现部门的主要问题和改进重点。报告的次数也应视具体情况而定，向高层领导报告时，报告次数少，向中层领导报告时，报告次数多；当情况正常时，报告次数少，当情况异常时，报告次数多，以便能及时处理质量问题。质量成本报告应由财务部门和质量部门联合提出，以保证成本数据的准确性。

1）质量成本报告的基本内容

质量成本报告一般包括质量成本发生额的汇总数据、原因分析和质量改进对策三个方面的内容，具体内容如下：

（1）质量成本计划执行和完成情况与基期的对比分析。

（2）质量成本的四项构成比例变化分析。

（3）质量成本与主要经济指标的效益比较分析。

（4）典型事例和重点问题的分析与处理意见。

（5）对企业质量问题的改进建议。

（6）对上次报告中质量问题改进措施的跟踪及验证情况。

2）质量成本报告的形式

质量成本报告内容可繁可简，可采用多种书面形式。按时间分类，质量成本报告可分为定期报告和不定期报告，其书面形式可采用报表式、图表式和陈述式。

9.4　质量成本控制

质量成本效益的实现，在很大程度上取决于企业对质量成本的控制。与其他控制活动一样，在实施控制以前先要制定一个控制目标。制定目标是计划工作的主要内容，而目标制定得是否科学合理，与质量成本的趋势预测是否准确有关。

9.4.1　质量成本的预测

质量成本预测是质量成本计划的基础工作，甚至是计划的前提，是企业有关质量问题的重要决策依据。预测时要求综合考虑用户对产品质量的要求、竞争对手的质量水平，以及企业关于产品质量的竞争策略，采用科学的方法对质量成本目标进行预测。

1）质量成本预测的目的

一是为企业提高产品质量和降低质量成本指明方向；二是为企业制订质量成本计划提供依据；三是为企业内部各个部门指明降低质量成本的方向和途径。

2）质量成本预测的分类

按预测时间的长短，质量成本预测可分为短期预测和长期预测。一年以内的，属于短期预测，用于近期计划目标的控制；两年及两年以上，甚至更长时间的，属于长期预测，用于制定企业的竞争战略。

3）质量成本预测的准备工作

预测是对事物发展趋势的超前认识，需要掌握大量的观测数据和资料。因此，对质量成本的预测主要收集以下资料：

（1）用户资料，即收集用户关于产品质量和售后服务的要求。

（2）竞争对手资料，包括竞争对手的产品质量和质量成本（这类资料很难获得），以及用户对竞争对手产品质量的反映等资料。

（3）企业资料，主要包括本企业关于质量成本的历史资料，如质量成本结构、质量成本水平等。

（4）技术性资料，即企业所使用的检测设备、检测标准、检测方法，以及企业所使用的原材料、外购件对产品质量及质量成本的影响，还有企业关于新产品、新技术、新工艺使用的情况等资料。

（5）宏观政策，即国家或地方政府关于产品质量的政策等资料。

对收集到的资料进行整理分析，从中寻找质量成本变化的规律、用户需求的规律，以及质量成本在不同的构成要素之间相互作用的规律等。在充分准备的基础上作出预测。

4）质量成本的预测方法

在预测质量成本时，要求对各成本构成的明细科目逐项进行预测。由于影响不同科目的因素不同，表现出的规律也不相同，因此对不同科目可采用不同的预测方法。通常采用下列两种方法：

（1）经验判断法。当影响因素比较多，或者影响的规律比较复杂，难以找出哪怕是很粗糙的函数关系时，可组织经验丰富的质量管理人员、有关的财会人员和技术人员，根据已掌握的资料，凭借工作经验作出预测。此外，对于长期的质量成本预测也可采用经验判断法。

（2）计算分析法。在对历史数据进行数理统计的处理后，如果有关的影响因素之间呈现出较强的规律性，则可以找到某些反映内在规律的数学表达式，用来预测质量成本。

9.4.2 质量成本计划

质量成本计划是在预测的基础上，用货币量形式规定当生产符合质量要求的产品时，所需达到的质量费用消耗计划。质量成本计划主要包括质量成本总额及降低率、四项质量成本构成的比例，以及保证实现计划的具体措施。

质量成本计划的内容应该由数值化的目标值和文字化的责任措施两个部分组成。

1）数据部分的计划内容

（1）企业质量成本总额和质量成本构成项目的计划。它们是企业在计划期内要努力达到的目标。

（2）主要产品的质量成本计划。所谓的主要产品，就是相对于产品质量成本对企业效益的影响程度而言的。

（3）质量成本结构比例计划。结构比例对企业效益有一定的影响，在质量成本总额一定的条件下，不同的质量成本结构其效益是不同的。

（4）各职能部门的质量成本计划。

2）文字部分的计划内容

（1）各职能部门在计划期所承担的质量成本控制目标。

（2）各职能部门质量成本控制的重点。

（3）开展质量成本分析，实施质量成本改进计划的工作程序等说明。

（4）质量成本控制考核方案。

9.4.3 质量成本的管理与控制

质量成本控制就是以质量成本计划所制定的目标为依据，通过控制手段，把质量成本控制在计划范围内。

1）控制过程

控制过程分为核算、制定控制决策和执行控制决策。首先，核算是控制活动中的测量环节，通过定期或不定期地对质量成本的责任单位或产品进行核算，监测其质量成本计划指标的完成情况，计算实际成本与计划目标的差异，评价质量成本控制的成效。其次，当发现差异量超出控制范围时，需要制定控制决策。在进行详尽的分析以后，找出问题的原因，需要及时制定控制决策，决策是由一系列的可执行措施组成的。最后，由有关的部门或个人执行控制决策。在控制过程中，核算应当与考核结合进行，以增强有关部门和员工的质量意识。

2）质量成本控制管理系统

质量成本发生在产品从生产到消费的整个过程之中，只有建立起一个完整的管理系统，才能实现有效控制。要建立质量成本责任制，对每项质量成本实行归口分级管理，将责、权、利落实到各个部门和有关人员，形成质量成本控制管理网络。根据归口和分工的原则，划清各职能部门、车间、班组对质量成本费用应负的责任和控制权限，把质量成本指标层层分解，并落实到有关部门和人员。

一个功能完善的控制系统应该具有测量机构、决策机构和执行机构，各个机构相对独立，承担相应的职能，并有机地组成一个系统，为整体目标服务，追求整体效果。

3）控制方式

按控制活动中使用信息方式的不同分类，可以有三种不同的基本控制方式，即事后控制、事中控制和事前控制。

（1）事后控制。这种控制方式是指事情发生以后，回过头来总结经验教训，分析事故原因，研究预防对策，争取在下一个计划期把事情做得更好一些。用控制论原理解释，是基于信息的负反馈控制。这一控制方式在管理中被广泛应用，最早出现在质量控制活动中。当质量偏离了目标值时，往往已经产生了不合格品，损失已经造成，再通过查找原因采取措施，以达到控制的目的。虽然这种方式不能及时发现质量问题，但是由于操作简单，仍然有着广泛的使用价值。一些企业每月一次的质量分析会议，就是事后控制的具体应用。

（2）事中控制。这种控制方式是在事后控制的基础上发展起来的，其指导思想是当有迹象表明将要出现质量问题时，及时采取控制措施，避免质量问题的产生。显然，这种控制方式比事后控制更有效，它可以减少甚至避免损失。这一控制方式在管理活动中也被广泛使用。有意思的是，它也是起源于质量管理。质量控制图就是这种控制方式的具体应用。这种控制方式的关键是需要有一种有效手段来监测受控对象，及时发现不正常的征兆，以便采取措施。问题是这种所谓的“有效手段”并非对每一种质量成本控制对象都是存在的，但事中控制仍是十分有用的控制方式。

（3）事前控制。这种控制方式的思想是在事情开始以前就采取种种措施，完全避免不利因素的冲击。它的控制论原理是前馈控制，事实证明只要能够事前预测到不良因素的发生，及时采取预防措施，就可以取得非常好的控制效果。在质量控制和成本控制中，人们已普遍意识到，最好的控制是在产品设计阶段，设计阶段的工作可以控制60%的质量问题和产品成本。这是一种防患于未然的思想，是最有效的，但是要能够预测到种种不良的影响因素是不容易做到的。例如，企业实行失效模式和效果分析（Failure Mode and Effect Analysis，FMEA）、产品质量先期策划，制订控制计划等，这些都是事前控制的手段。

而在实际工作中，以上三种方式应该结合起来运用。

9.4.4 质量成本优化

质量成本优化是指根据质量成本的不同构成及质量成本的特性曲线，选择合适的质量成本优化方法，进而达到质量成本的最低值。

1）质量成本的合理构成

质量成本是由预防成本、鉴定成本、内部故障成本和外部故障成本构成的，质量成本的优化与质量成本的合理构成有关。据国外统计资料分析，这四项质量成本相互之间有一定的比例关系，通常是内部故障成本占质量成本总额的25%~40%；外部故障成本占质量成本总额的20%~40%；鉴定成本占质量成本总额的10%~50%；预防成本仅占质量成本总额的0.5%~5%。比例关系随企业产品的差别和质量管理方针的差异而有所不同。对于生产精度高或产品可靠性要求高的企业，预防成本和鉴定成本之和可能会大于50%。

上述四项质量成本之间有着内在的联系。例如，出厂前疏于产品检验，内部故障成本会减少，但产品出厂后的外部故障成本则会增加；反之，加强出厂前的产品检验，内部故障成本和鉴定成本会增加，但产品出厂后的外部故障成本则会减少。如果企业采取以预防为主的质量管理方针，预防成本会有所增加，但其他质量成本则会减少。所谓的质量成本合理构成，就是寻求一个比例，使质量成本总额尽可能小一些。

由于忽视了预防措施的重要性，不合格品率会升高，直接导致故障成本费用增多。为了减少故障损失，企业会加强检验剔除不合格品，于是增加了鉴定成本。为限制总成本，不得不减少预防成本，但结果适得其反，不合格品率反而上升了，进入恶性循环。20世纪60年代初，美国质量管理专家费根堡姆曾经做过分析，当时美国企业尚未普遍推行质量成本管理，内部与外部故障成本在质量成本总额中的比重高达70%，鉴定成本占25%，而预防成本很少有超过5%的。费根堡姆指出，实行以预防为主的全面质量管理，预防成本增加3%~5%，可以取得质量成本总额降低30%的良好效果。从推行全面质量管理的结果来看，适当增加预防成本，确实可以减少故障成本和鉴定成本，使质量成本总额降低，取得较好的经济效益。

2）质量成本特性曲线

内部故障成本、外部故障成本、鉴定成本和预防成本四项质量成本费用的大小与产品质量的合格率之间存在某种内在的联系，反映这种关系的曲线被称为质量成本特性曲线，如图9-7所示。

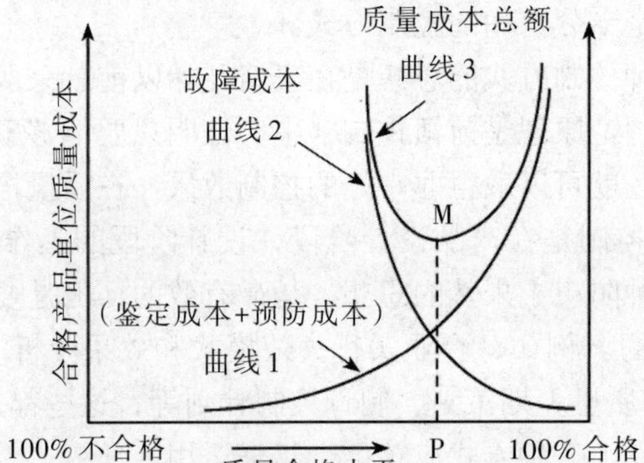

图9-7 质量成本特性曲线示意图

在图9-7中，横坐标表示产品质量的合格率，最左端表示100%不合格，最右端表示100%合格。曲线1代表预防成本和鉴定成本之和，曲线2代表内部故障成本和外部故障成本之和，曲线3代表四项质量成本之和，即质量成本总额（总额中没有包括外部质量保证成本，这是因为该项成本比较稳定，对质量成本优化的影响不大，所以不予考虑）。从图9-7中可以发现，质量成本的构成对质量水平的影响很大。在100%不合格的极端情况下，此时的预防成本和鉴定成本几乎为零，说明企业完全放弃了对质量的控制，后果是故障成本极高，企业无法生存下去。随着企业对质量问题的日益重视，对质量管理的投入逐步加大，预防成本和鉴定成本逐步增加，产品合格率上升，同时故障成本明显下降。当产品合格率达到一定水平以后，若要进一步改善合格率，则预防成本和鉴定成本将会急剧增加，而故障成本的降低却十分微小。从曲线3可以看出，存在质量成本的极值M点，M点对应着产品质量水平P点，企业如把质量水平维持在P点，则可以维持最小质量成本。

3）质量成本优化方法

质量成本优化是指在保证产品质量满足用户要求的前提下，寻求质量成本总额最小的方法。由于质量成本构成的复杂性，对大多数企业来说很难找到质量成本曲线，现有的基于数学理论的优化方法很难在质量成本优化中使用。比较实用的优化方法是基于质量管理理论和经验的综合使用。

图9-7的质量成本特性曲线是在定性分析的基础上推断得到的，无论从理论上还是实践上分析，企业质量成本存在一个最小值的推断是可以接受的。在上述曲线存在的条件下，对质量成本极值M点附近的范围作研究，可将其分成三个区域，如图9-8所示。

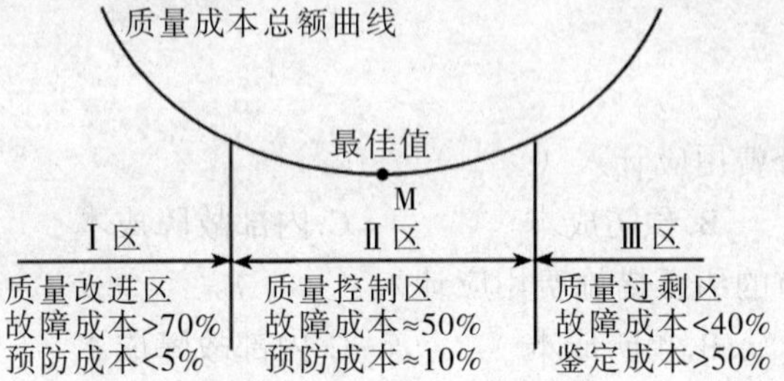

图9-8　质量成本曲线区域划分示意图

左边区域为质量改进区。企业质量状态处在这个区域的标志是故障成本比重很大，可达到70%，而预防成本比重很小，不到5%。此时，质量成本的优化措施是加强质量管理的预防性工作，提高产品质量，可以大幅度降低故障成本，质量成本总额也会明显降低。

中间区域为质量控制区。在此区域内故障成本约占50%，预防成本在10%左右。在最佳值附近，质量成本总额是很低的，处于理想状态，这时质量工作的重点是维持和控制在现有的水平上。

右边区域为质量过剩区。处于这个区域的明显标志是鉴定成本过高，鉴定成本的比重超过50%，这是由于不恰当的强化检验工作所致。当然，此时的不合格品率得到了控制，故障成本比重一般低于40%。相应的质量管理工作重点是适当放宽标准，减少检验程序，维持过程控制能力，以取得较好的效果。

上述是在已经具备质量成本曲线区域划分图的前提下进行的讨论，对于大多数准备进行质量成本优化分析的企业，还不具备这一条件，需要经过一段时期的实践与总结，才能逐步建立起自己的质量成本模型。在摸索过程中，企业可以借助质量成本特性曲线所揭示的规律，避免盲目性。例如，如果企业在现有的质量管理的基础上采取某些质量改进措施，如增加预防成本和鉴定成本，得到的结果是质量成本总额有所下降，则基本可以肯定企业的质量成本工作处于改进区；反之，如果企业在采取质量改进措施后，质量成本总额反而上升了，则说明企业的质量成本工作处于过剩区，这时企业应该采取放宽标准或减少检验频次等措施。

思政专栏

在相关政府部门和科研院所、金融机构、行业龙头企业及专业服务商的合力支持下，一大批我国着力培养的专精特新企业表现出极强的创新活力和研发能力。它们不以产量规模制胜，而以独门工艺、技术成为制造业某一细分市场或领域不可或缺的一部分。

举例来说，我国盾构机领域的发展中，就有专精特新企业的影子。从1953年中国引入第一台盾构机，到如今全世界争相抢购中国制造的盾构机，从完全不能生产到国产化率达到90%，中国盾构机领域的发展速度令人瞩目。

资料来源　刘艳，都芃. 顶天立地，做强做优中国制造［N］. 科技日报，2023-03-08.

点评：中国制造要锚定高端化迈进、智能化升级、绿色化转型的目标，深入实施制造强国战略，在这一过程中，专精特新企业正成为产业基础能力再造的重要依托和制造业创新发展的有生力量。

［知识掌握］

一、单项选择题

1.顾客需求的调查费用应计入（　　）。

A.鉴定成本　　B.预防成本　　C.内部故障成本　　D.外部故障成本

2.企业内审和外审的纠正措施费用应计入（　　）。

A.鉴定成本　　B.预防成本　　C.内部故障成本　　D.外部故障成本

3.某QC小组取得成果，组织奖励5 000元。这种奖金费用应计入（　　）。

A.鉴定成本　　B.预防成本　　C.内部故障成本　　D.外部故障成本

二、多项选择题

1.下列选项中，属于质量成本的内部故障成本的有（　　）。

A.废品损失费　　B.保修费　　C.返工费　　D.工序控制费

2.下列费用中，应计入鉴定成本的有（　　）。

A.返工后的所有检验费用　　B.外部担保费

C.顾客投诉处理费　　D.供应商认证费

3.下列费用中，应计入质量成本的有（　　）。

A.营销宣传费　　B.产品设计鉴定费

C.外购材料的检验费　　D.返工或返修损失费

三、简述题

1.什么是质量成本？

2.质量成本的构成项目有哪些？
3.质量成本分析的四项内容是什么？
4.质量成本控制的三种方式是什么？
5.什么是质量成本特性曲线？如何进行质量成本优化？

实务篇

第10章 质量管理（QC）小组

［学习目标］

（1）掌握质量管理（QC）小组的概念。

（2）了解质量管理（QC）小组的发展概况。

（3）掌握开展质量管理（QC）小组活动的程序。

引例

卓越QC小组：695.64元的成本“大战”

在确保质量的前提下，合理进行成本管控，是企业应对残酷市场竞争的有力武器，也是每一名醉心攻关的技艺人员的追求。

叶文烽，一名初出茅庐的大学生，毕业后怀揣雄心壮志来到扬子江药业集团。在带班过程中，他发现乌尔曼包装线的内包装材料损耗量较高，成本控制不明显。在车间主任的支持下，他快速建立起了一支由设备骨干、生产精英组成的卓越QC小组。

在车间担任一类机长的组员吴健主动为团队出谋划策，不断按照整体思路进行设备调试，对分析出的13条末端因素逐个排查。由于攻关时间紧、任务重，且不能影响正常的生产，卓越QC小组成员基本都是利用晚上进行设备调试。

夜深人静时，包装车间依旧灯火通明。吴健一次又一次地对备件进行更换、调试，有时攻关至深夜，第二天勉强睁着红肿的眼睛来上班。吴健常说：“设备是一个不会说话的有机生命体，需要细心地琢磨，才能与它进行良好的沟通。”根据攻关思路，吴健不断进行模拟试验，并积极向团队提出合理化建议，全面推进攻关进度。

针对复合硬片因为运输路途长，在生产过程中经常出现偏移，从而导致成型板损坏、设备卡死，进而影响生产效率这一现状，卓越QC小组经过反复探讨，决定增加一个复合硬片防偏移装置。在制作装置过程中，吴健不断进行备件改良，不厌其烦地进行安装和调试。由于备件安装位置只有半人高，吴健多是跪在地上进行操作，时间一长，膝盖处全是瘀青，有时需要扶着设备才能站起来。

为更好地控制质量，叶文烽在与小组成员整理思路的基础上，运用质量前移理念，积极与供应商进行质量问题沟通，并向供应商提出了改善复合硬片剥离强度的要求，积极寻求解决硬片砂眼的问题，确保生产稳定、高效。

天道酬勤。就是这样一支年轻而又善打硬仗的团队，不仅确保了产品质量，还实现了降本增效。通过此项攻关，扬子江药业集团实现了每生产一批药节约成本695.64元的目标。

资料来源　秦滢. 卓越QC小组：695.64元的成本“大战”［EB/OL］.［2020-06-27］. http：//news.cqnews.net/html/2017-06-27/content_42069646.htm.

10.1 质量管理（QC）小组概述

10.1.1 质量管理小组活动简史

质量管理（QC）小组于1962年首创于日本，之后韩国、泰国、中国、马来西亚、新加坡、美国、新西兰、土耳其、澳大利亚、文莱、菲律宾、印度、印度尼西亚、意大利、英国、法国、墨西哥、毛里求斯等70多个国家和地区也开展了这一活动。虽然名称有所不同，如日本、中国大陆称之为“QC小组”，新加坡称之为“品管圈”，中国的台湾与香港地区称之为“品质圈”，还有一些国家称之为“质量小组”“改进小组”等，但其活动的目的及活动课题所涉及的范围大体上是相同的。

中国从1978年开始推行全面质量管理和开展QC小组活动，至今已有40多年的时间。

20世纪50年代初的马恒昌小组、毛泽东号机车组、郝建秀小组、赵梦桃小组等，在社会主义建设中始终发挥着模范作用。他们一贯坚持“质量第一”的方针，对工作认真负责，一丝不苟，在提高产品质量上不断作出贡献，提供了班组质量管理的好经验。20世纪60年代，大庆油田坚持“三老四严”、“四个一样”和“质量回访”制度，在班组内，开展岗位练兵，天天讲质量，事事讲严细，做到“项项工程质量全优”，出了质量问题就“推倒重来”，为班组质量管理提供了新经验。1964年，洛阳轴承厂滚子车间终磨小组首创了“产品质量信得过”活动，小组成员牢固树立“质量第一”的思想，多年来，他们加工的轴承滚子做到了“自己信得过，检验员信得过，用户信得过，国家信得过”，成为全国第一批“产品质量信得过小组”。

20世纪60年代以来，各行各业都结合各自的特点开展了以质量为中心的班组管理活动，并且取得了成效，如纺织系统的“万米无疵布”活动，邮电系统的“工作无差错”活动等。所有这些群众性质量管理活动，都是民主管理的重要组成部分。1977年，国家经济贸易委员会又倡导了开展“信得过”班组活动。这些都为以后QC小组的建立和发展奠定了基础。

1978年9月，北京内燃机总厂在学习日本的全面质量管理经验的基础上，诞生了中国第一个QC小组。1978年12月，该厂召开了第一次QC成果发布会议。此后，QC小组随着全面质量管理的开展逐步扩展到电子、化工、基建等部门，从而把群众性质量管理活动推进到一个新的阶段，并出现了以下六个方面的可喜现象：

（1）在全国建立了强有力的高层次的指导和推进组织。为了更有力地推动全国QC小组活动的深入开展，在1986年6月17日召开的QC小组第二次研究会上，正式成立了QC小组工作委员会，作为中国质量管理协会的QC小组工作的研究和参谋机构，具体指导全国QC小组活动的开展。1989年2月，又成立了由中国科学技术协会、中华全国总工会、中国共产主义青年团中央委员会和中国质量管理协会联合组成的“全国群众质量管理活动领导小组”，以便形成与有关方面密切配合、通力合作、齐抓共管的新格局。同时，各省、自治区、直辖市也相应地成立了这样的联合领导小组，为全国QC小组活动的推进建立了可靠的组织保证。

（2）政府和社团联合推动。1987年8月，在总结前9年开展QC小组活动经验的基础上，国家经济贸易委员会、财政部等五个单位联合印发了《质量管理小组活动管理办法》，为全国QC小组活动制定了统一的指导原则，为QC小组的健康发展提供了政策上的保证。为了适应社会主义市场经济的发展，促进经济体制从传统的计划经济向市场经济转变，经济增长方式从粗放型向集约型转变，激发广大员工参与管理、改进质量、提高效益的积极性和创造性，自觉、自主、有效地开展QC小组活动，1997年3月，国家经济贸易委员会等六部门印发了《关于推进企业质量管理小组活动的意见》。与《质量管理小组活动管理办法》相比，《关于推进企业质量管理小组活动的意见》有三个突出的特点：①与社会主义市场经济形势和企业需要贴得更紧；②比较好地解决了长期以来大家非常关心的QC小组活动奖励问题，为QC小组增添了动力；③更加体现了企业在QC小组活动中的自觉性和自主性。

（3）在全国范围内建立了一支训练有素的QC小组活动诊断师队伍。经各地区、各部门推荐，由中国质量管理协会组织集中考评，对于符合诊断师的基本条件者，即懂得全面质量管理的理论、能实际指导QC小组活动、会正确评价QC小组活动成果者，评聘为全国QC小组活动诊断师。各地区、各部门也相应地评聘了一批同级QC小组活动诊断师。

（4）组织编写教材和培训教育。中国质量管理协会在总结开展QC小组活动经验的基础上，组织编写出版了《QC小组活动指南》、《QC小组基础教材》、《QC小组十年成果、经验汇编》、《典型经验汇编》、《成果案例分析》和《QC小组活动手册》等，为QC小组活动提供了学习教材。1989—2003年，共举办了19期全国QC小组活动诊断师考评班，经考核批准了国家级诊断师3 500余人。

（5）总结经验，正确导向。随着QC小组活动的不断深入发展，许多企业又根据自己的特点创造出新的QC小组形式，如一些纺织企业组建的“三合一”小组（即行政班组、工会小组和QC小组合一）；司法劳改单位组建的有管教领导、技术人员、工人和劳教人员参加的“四合一”小组；上海宝钢公司和武钢公司建立的自主管理小组，更加强调小组活动的群众性、自主性、创造性，从而激发了员工参加民主管理、发挥聪明才智的主人翁责任感，促进了员工人人讲理想、讲奉献的良好的企业风尚的形成。

在全国第十三次QC小组代表大会上，倡导了QC小组活动向“小、实、活、新”方向发展，从而有力地推动了QC小组活动在商业、服务业等各行各业的开展，特别是向工作在生产和服务第一线的广大员工推广QC小组活动。

（6）加强世界交流，与国际接轨。中国质量协会于1997年8月30日至9月1日在北京召开了国际质量管理小组大会。出席大会的有国务院副总理等领导同志、国际著名的质量管理专家，以及来自马来西亚、印度尼西亚、新加坡、中国、菲律宾、日本、泰国、韩国、印度、斯里兰卡、越南、澳大利亚、美国、墨西哥、英国、奥地利、土耳其、巴西等20个国家和地区的代表1 260人。国内外与会代表围绕“QC——人才、质量、效益”的主题，进行了大会演讲，并在5个分会场发表了76项成果、44篇论文。这次会议，既让世界进一步了解了中国，也让中国更深入地了解了世界；这次会议，不仅展示了中国19年来QC小组活动的经验、特点、成果水平，是各国了解中国QC小组成就的大好时机，也是中国广泛参与国际交流，学习和借鉴各国开展QC小组活动经验的机会。通过这次会议，不仅增进了中国与各国代表的友谊，而且缩短了中国与世界的距离，对于进一步促进中国QC小组活动的发展与提高，具有里程碑的意义。

10.1.2 QC小组的概念与特点

1）QC小组的概念

关于QC小组的概念，在1997年3月20日由国家经济贸易委员会、财政部、中国科学技术协会、中华全国总工会、中国共产主义青年团中央委员会、中国质量管理协会联合下发的《印发〈关于推进企业质量管理小组活动意见〉的通知》中指出，QC小组是"在生产或工作岗位上从事各种劳动的员工，围绕企业的经营战略、方针目标和现场存在的问题，以改进质量、降低消耗、提高人的素质和经济效益为目的组织起来的、运用质量管理的理论和方法开展活动的小组"。

这个概念有以下含义：

（1）参加QC小组的人员是企业的全体员工，不管是高层领导，还是一般管理者、技术人员、工人、服务人员，都可以组织QC小组。

（2）QC小组选择的活动课题是广泛的，可以围绕企业的经营战略、方针目标和现场存在的问题来选择课题。

（3）QC小组活动的目的是提高人的素质，发挥人的积极性和创造性，改进质量，降低消耗，提高经济效益。

（4）QC小组活动强调运用质量管理的理论和方法开展活动，突出其科学性。

2）QC小组的特点

QC小组是企业中群众性质量管理活动的一种有效的组织形式，是员工参与企业民主管理的经验同现代科学管理方法相结合的产物，也是对全面质量管理中"全员参与"的一种体现或实施。

从QC小组活动的实践来看，QC小组具有以下主要特点：

（1）自主性。QC小组以员工自愿参加为基础，实行自主管理、自我教育、互相启发、共同提高，充分发挥小组成员的积极性、创造性。

（2）群众性。QC小组是吸收广大员工积极参与质量管理的有效组织形式，不仅有领导人员、技术人员、管理人员的参与，更注重在生产、服务工作第一线的操作人员的参与。广大员工在QC小组活动中学技术、学管理，群策群力分析问题、解决问题。

（3）民主性。这一特点不仅是指QC小组的组长可以是民主推选的，也可以是由QC小组成员轮流担任的，以发现和培养管理人才；还指在QC小组内部讨论问题、解决问题时，小组成员是平等的，不分职位与技术等级高低，可以各抒己见、互相启发、集思广益，以保证既定目标的实现。

（4）科学性。QC小组在活动中遵循科学的工作程序，步步深入地分析问题、解决问题；在活动中坚持用数据说明事实，用科学的方法来分析与解决问题，而不是凭"想当然"或个人经验。

应当指出，QC小组同企业中的行政班组和传统的技术革新小组有所不同。

QC小组与行政班组的不同：①组织原则不同。行政班组一般是企业根据专业分工与协作的要求，按照效率原则，自上而下建立的，是基层的行政组织；而QC小组通常是根据活动课题涉及的范围，按照兴趣或感情的原则，自下而上或上下结合组建的群众性组织，带有非正式组织的特性。②活动目的不同。行政班组活动的目的是组织员工完成上级下达的各项生产经营任务与技术经济指标；而QC小组则是以提高人的素质、改进质量、降低消耗和提高经济效益为目的。③活动方式不同。行政班组的日常活动通常是在本班组内进行的；而QC小组既可以在行政班组内组织，也可以跨班组，甚至跨部门、跨车间组织，以便于开展活动。

QC小组与传统的技术革新小组的不同：虽然有的QC小组也是一种“三结合”的搞技术革新的组织，但传统的技术革新小组侧重于用专业技术进行攻关；而QC小组不仅活动的选题要比技术革新小组广泛得多，而且在活动中强调运用全面质量管理的理论和方法，强调活动程序的科学化、方法的多样化和事实的数据化。

10.1.3　QC小组活动的目的、意义和作用

1）QC小组活动的目的和意义

（1）提高员工素质，激发员工的积极性和创造性。这是开展QC小组活动的着眼点，是企业管理从以物为中心的传统管理向以人为本的现代管理转变的体现。

假如人们按规定做好自己的本职工作是为了保住自己的“饭碗”，是“生活所迫”，那么开展质量管理小组活动，则是人们在平凡的工作岗位上进行的创造性劳动。与同伴一起进行研究，分析问题，解决问题，进而改进工作及周围环境，从中获得成功的乐趣，体会到自身价值和工作的意义，体验到生活的充实与满足。人们有了这样的感受，便会产生更高的工作热情，激发出巨大的积极性和创造性，自身的潜在智力与能力才会得到更大限度的发挥。这样企业才能充满活力，呈现出生机勃勃的局面。这是任何一个企业得以在激烈竞争中立于不败之地的基础。

（2）改进质量，降低消耗，提高经济效益。一个企业的产品和服务质量如何，关系到企业在市场中的地位，甚至关系到企业的兴衰；而一个国家的产品质量和服务质量如何，是这个国家的国民素质的反映，关系到国民经济全局的发展及该国在全球经济中的地位。因此，人人应牢固树立质量意识，通过积极开展QC小组活动，不断改进产品质量、工作质量、服务质量，这不但是关系个人利益的行为，还是一件关系企业兴衰、国家形象等有重大意义的工作。

降低消耗，既包括物质资源的消耗，又包括人力资源的消耗。降低消耗是降低成本的主要途径，也是提高经济效益的最大潜力所在。做到降低消耗，一方面要依赖于技术进步，另一方面要依赖于人们的效率观念与节约观念的增强。通过开展QC小组活动，从自身做起，不断提高生产和服务效率，减少物质消耗，提高物质资源的利用率。这样的群众性实践活动，不仅能够带来降低消耗的直接效果，而且能够增强人们的效率意识与节约意识，提高人们爱惜资源、节约资源的自觉性。这将长远地影响人们的行为。

因此，QC小组活动必须以提高质量、降低消耗、提高经济效益为目的，注意选择有关方面的课题，开展扎实的活动，以取得良好的实效。

（3）建立文明的、心情舒畅的生产、服务、工作现场。人的一生几乎有三分之一的时间是在生产、服务或工作现场度过的。因此，通过开展QC小组活动，改善现场管理，建

立一个文明的、心情舒畅的生产、服务、工作现场是至关重要的。

日本企业普遍开展的"5S"活动，是加强现场管理、创造良好劳动环境的重要内容和有效方法。

所谓的"5S"，就是"整理、整顿、清扫、清洁、素养"。因为这五个词的罗马字拼音均以"S"开头，故简称"5S"。

①整理（Seiri）。将现场需要的东西与不需要的东西分开，把不必要的东西处理掉，如撤去不需要的设备、管线、工具、模型和个人物品等。

②整顿（Seiton）。把要用的东西，根据使用频率分别放置，使常用的东西能及时、准确地取出，保持在必要时马上能使用的状态和谁都能了解的状态，如放置场所与通道的标识、放置物品及其管理者的标识等。

③清扫（Seiso）。去除现场的脏物、垃圾、污点，经常清扫、检查，形成制度，采取根治污物的对策，如彻底改善设备漏水、漏油、漏气以及易落下灰尘等状况。

④清洁（Seiketsu）。企业、现场、岗位、设备时刻保持干净状态，保持环境卫生，如定期进行卫生、安全检查，采取防止污染、噪声和震动的对策，使现场明亮化。

⑤素养（Shitsuke）。要加强修养，美化身心，做到心灵美、行为美。人人养成良好的习惯，自觉遵守和执行各种规章制度和标准。

上述活动内容，都可以纳入QC小组的活动课题，使现场员工都能开展QC小组活动，从而有效地改善现场环境。员工在这样的环境中劳动、工作会心情舒畅，有助于产生向心力与归属感，进而做到"以企业为家"，激发士气，提高质量与效率，形成良好的氛围，优化企业的形象。

以上三点中，关键的一点是提高员工的素质，激发员工的积极性和创造性。因为只有人的责任心很强、技术业务能力很高，又有极大的积极性和创造性，才会千方百计地提高质量，降低消耗，提高经济效益，才会建立起文明的、心情舒畅的生产、服务、工作现场。而另两个方面的实践又会反作用于员工的素质、积极性和创造性上，使其进一步提高。所以，以上三点是相辅相成、缺一不可的。

2）QC小组活动的作用

组织开展QC小组活动，可以起到以下作用：

（1）有利于开发智力资源，发掘人的潜能，提高人的素质。

（2）有利于预防质量问题和改进质量。

（3）有利于实现全员参与管理。

（4）有利于改善人与人之间的关系，增强人们的团结协作精神。

（5）有利于改善和加强管理工作，提高管理水平。

（6）有助于提高员工的科学思维能力、组织协调能力、分析与解决问题的能力，从而使员工能胜任本岗位的工作。

（7）有利于提高顾客的满意程度。

10.2 QC小组的组建

10.2.1 QC小组的组建原则

QC小组是开展QC小组活动的基本组织单位。组建QC小组的工作做得如何，将直接影响QC小组活动的效果。为了做好组建QC小组的工作，一般应遵循“自愿参加，上下结合”与“实事求是，灵活多样”两项基本原则。

1）“自愿参加，上下结合”的原则

“自愿参加”，是指在组建QC小组时，小组成员对QC小组活动的宗旨有了比较深刻的理解和共识，并产生了自觉参与质量管理、自愿结合在一起、自主地开展活动的意愿。这样组建起来的QC小组，不是靠行政命令组建的，小组成员不会有“被迫”“义务”等感觉，从而能在以后开展的活动中更好地发挥无私奉献的主人翁精神，充分发挥自己的积极性、主动性、创造性，不向企业要特殊条件，而是自己挤时间、创造条件自主地开展活动。小组成员就会在小组活动中，进行自我学习，相互启发，共同研究，协力解决共同关心的问题，实现自我控制、自我提高的目标。

强调自愿参加，并不意味着QC小组只能自发地产生，更不是说企业的管理者就可以放弃指导与领导的职责。这里讲的“上下结合”，就是要把来自管理者的组织和引导与启发员工的自觉性和自愿性相结合，组建本企业的QC小组。没有广大员工自觉、自愿地参加QC小组活动，QC小组活动就会停滞不前，QC小组就会没有生命力。

2）“实事求是，灵活多样”的原则

组建QC小组，是为了给广大员工参与企业管理提供一种组织形式。广大员工自愿结合成各种类型的QC小组，围绕企业的经营战略、方针、目标和身边存在的各种问题，形式多样地、自主地开展活动，从而有效地推动企业目标的实现和自身素质的提高。由于各个企业的情况不同，因此在组建QC小组时一定要从企业实际出发，以解决企业实际问题为着眼点，实事求是地筹划QC小组的组建工作。当广大员工对QC小组活动的认识还不清楚、积极性还不高的时候，不要急于追求“普及率”，一哄而起地组建QC小组，而是先启发少数人的自觉性和自愿性，组建少量的QC小组，指导他们卓有成效地开展活动，并取得成果。这就可以为广大员工参加QC小组活动起到典型引路的示范作用，让广大员工从身边的实例中增加对QC小组活动宗旨的感性认识，加深理解，逐步诱发其参与QC小组活动的愿望，使企业中的QC小组像滚雪球一样地扩展开来。

由于各个企业的特点不同，甚至一个企业内部各个部门的特点也不同，在组建QC小组时，其形式可以灵活多样。从解决实际问题的需要出发，组成各种形式的QC小组，以方便活动展开，不要搞一个模式、“一刀切”。

10.2.2 QC小组的组建程序与登记

1）QC小组的组建程序

（1）自下而上的组建程序。由同一班组的几个人（或一个人），根据想要选择的课题内容，推举一位组长（或邀请几位同事），共同商定是否组成一个QC小组，给小组取个什么名字，先要选择什么课题，确认组长人选。在基本达成共识后，由经确认的QC小组组长向所在车间（或部门）申请注册登记，经主管部门审查，认为具备建组条件后，即可发放小组注册登记表和课题注册登记表。组长按要求填好注册登记表，并交主管部门编录注册登记号。

（2）自上而下的组建程序。这是我国企业当前普遍采用的组建程序。首先，由企业主管QC小组活动的部门，根据企业实际情况，提出企业开展QC小组活动的设想方案；其次，与车间（或部门）的领导协商，达成共识后，由车间（或部门）与QC小组活动的主管部门共同确定应建几个QC小组，并提出组长人选，进而与组长一起物色每个QC小组所需要的组员及所选择的课题；最后，由企业主管部门会同车间（或部门）领导向QC小组组长发放注册登记表（即小组注册登记表和课题注册登记表），组长按要求填写注册登记表，经企业主管部门审核同意，编录注册登记号。

这种组建程序较普遍地被“三结合”技术攻关的QC小组所采用。这类QC小组所选择的课题往往都是企业或车间（或部门）急需解决的、有较大难度的、牵涉面较广的技术、设备、工艺问题，需要企业或车间（或部门）为QC小组活动提供一定的技术条件、资金条件，因此难以自下而上地组建。还有一些QC小组，由于其活动课题也是自上而下确定的，并且是涉及较多部门的综合性管理课题，因此通常也会采取这种程序组建。由于这样组建的QC小组有领导人员与技术人员的参与，活动课题易得到人力、物力、财力和时间上的保证，因此有利于QC小组活动取得成效。

（3）上下结合的组建程序。这是介于上面两种组建方式之间的一种程序。它通常是由上级推荐课题范围，经下级讨论认可，上下协商来组建QC小组，主要涉及组长和组员人选的确定、课题内容的初步选择等问题，其他程序与前两种相同。

应该注意的是，由于各个企业的情况、组建的QC小组以及选择的活动课题等不同，因此组建QC小组的程序也不尽相同。

2）QC小组的人数及注册登记

《关于推进企业质量管理小组活动的意见》中指出：“为便于自主地开展现场改善活动，小组人数一般以3~10人为宜。”QC小组的成员具体应该为多少人，应根据所选课题涉及的范围、难度等因素确定，不必强求一致。在课题变化或小组成员岗位变动后，成员数量也可作相应调整。在小组成员人数可多可少的情况下，宜少不宜多，以便于每个小组成员都能在小组活动中充分发挥作用。

为了便于管理，组建QC小组应认真做好注册登记工作。注册登记表由企业QC小组主管部门负责发放、登记编号和统一保管。

注册登记是QC小组组建的最后一步工作。QC小组注册登记后，就被纳入企业年度QC小组活动管理计划之中，在随后开展的小组活动中，便于得到各级领导和有关部门的支持和服务，并可参加各级优秀QC小组的评选。

QC小组的注册登记不是一劳永逸的，而是每年都要进行一次重新登记，以便确认该QC小组是否还存在，或有什么变动。《关于推进企业质量管理小组活动的意见》中指出：“对停止活动持续半年的QC小组予以注销。”可见，进行注册登记有助于督促QC小组坚持开展活动。

需要注意的是，QC小组的注册登记每年进行一次，而QC小组活动课题的注册登记，则应是每选定一个活动课题，在开展活动之前都要进行一次课题的注册登记。在QC小组注册登记时，如果上一年度的活动课题没有结束，还不能注册登记新课题，则应向主管部门书面说明情况。

10.3　QC小组活动的程序与成果评价

10.3.1　QC小组活动的程序

开展QC小组活动，应结合自身的特点和按照PDCA循环的思路进行，一般有十个步骤。

1）选择课题

选择课题，就是“大家一起来改善什么”。

（1）课题来源。课题的来源一般有：一是指令性课题。通常由上级主管部门根据企业（或部门）的实际需要，以行政指令的形式向QC小组下达的课题，这种课题通常是企业生产经营活动中迫切需要解决的重要技术攻关性的课题。二是指导性课题。通常由企业的质量管理部门根据企业需要实现的经营战略、方针、目标等，推荐并公布一批可供各QC小组选择的课题，每个小组则根据自身的条件选择力所能及的课题开展活动，这是一种上下结合的方式。三是自选性课题。自选性课题可从以下三个方面来考虑：

一是针对上级的方针、目标在本部门落实的关键点来选择课题。从这方面来选择课题，能更好地得到领导的支持。例如，上级要求降低消耗，甚至限定某部门的消耗不能超过一定的标准，而该部门在某些方面的消耗却超标很多，若QC小组能主动选择这一方面的课题，解决其中的一些问题，就肯定能得到领导的支持。这样在QC小组活动所需要的时间、物资、费用以及外部协调方面，就会得到领导更多的关心和帮助。

二是从现场或小组本身存在的问题方面选择课题。由于生产、服务、工作现场或小组本身在管理、效率、质量、环境及文明生产上存在问题，而这些又是小组身边或自身的问题，领导也顾不上花更多的精力来解决，如果QC小组选择这些问题作为课题，把它解决了，既可以自己解放自己，又可以自己享受成果，还能提高员工参加QC小组活动的积极性。

三是从顾客不满意的问题中去选择课题。“顾客是上帝”，把顾客不满意的问题选为课题加以解决，能更好地为顾客服务和保证生产经营活动的正常进行。

选择QC小组的活动课题，常用的方法有调查表、简易图表、排列图、亲和图、头脑风暴法、水平对比、流程图等。

（2）选择QC小组的活动课题时，应注意三个问题：①活动课题宜小不宜大。搞小课题有以下四个方面的好处：一是小课题易于取得成果，活动周期短，能更好地鼓舞小组成员的士气；二是小课题短小精悍，大部分对策都能由本小组成员自己来实施，更能发挥本组成员的创造性；三是小课题大部分是在本小组的生产（工作）现场，是自己身边存在的问题，通过自己的努力得到改进，取得的成果也是自己受益，能更好地调动小组成员的积极性；四是小课题容易总结成果，对其他QC小组更有启发。②活动课题的名称应能一目了然地看出要解决的问题，不可过于抽象，应简洁、明了，针对性强。例如，“降低××不合格品率”“降低××消耗”“提高××效率”。③应直接写出选择此活动课题的目的和必要性，不要长篇大论地陈述背景。要说清理由，阐明上级的方针或本部门的要求，落实这个方针或达到这个要求与实际差距有多大，用数据把这些事实表达出来，并说明只要把哪些问题解决了，就可达到本部门的要求。这样活动课题的目的及必要性就很充分地说明清楚了。

（3）课题类型。根据活动课题的特点和活动内容，可将QC小组的活动课题分为现场型课题、服务型课题、攻关型课题、管理型课题和创新型课题五种类型。

①现场型课题。这类课题通常以稳定生产工序质量、改进产品质量、降低消耗、改善生产环境为选题范围，课题较小，难度不大，是小组成员力所能及的，活动周期较短，比较容易出成果，但其经济效益不明显。

②服务型课题。这类课题通常以推动服务工作标准化、程序化、科学化以及提高服务质量和效益为选题范围，课题较小，活动时间不长，见效较快。虽然这类课题成果的经济效益不明显，但是其社会效益往往比较明显。

③攻关型课题。这类课题通常以解决技术关键性问题为选题范围，课题难度大，活动周期较长，需要投入较多的资源，但其经济效益显著。

④管理型课题。这类课题通常以提高业务工作质量、解决管理中存在的问题、提高管理水平为选题范围，课题有大有小。如果只涉及本部门具体管理业务工作方法的改进，课题就小一些；如果涉及多个部门协作的小组活动，课题就大一些。因为课题的难度不相同，所以效果差别会较大。

⑤创新型课题。这类课题是QC小组成员运用创新的方法，开发新产品（项目）、新方法，实现预期目标的课题。由于课题是以往不曾有过的，因此无现状可调查。但是，为实现预定的目标可以有多种方案，应由小组成员运用创新思维提出，并对各种方案进行分析论证和评价，必要时进行模拟试验，选择最佳方案，然后付诸实施。创新型课题与前述四类课题的活动程序是有所不同的。

现场型课题和服务型课题通常以生产和服务一线员工为主体开展活动，攻关型课题通常由领导干部、技术人员和操作人员三者结合进行活动，管理型课题通常由管理人员参与活动，创新型课题则是科研人员、设计开发人员开展QC小组活动可选择的课题类型。

2）现状调查

课题确定后，为了解问题的严重程度，就要对现状进行认真的调查。通过对调查所收集到的数据进行整理、分析，把关键因素找出来。现状调查是一个很重要的环节，现状调查做得好，会给解决课题打下一个扎实的基础，在整个QC小组活动程序中可起到承上启下的作用。

现状调查应注意的三个问题：

（1）用数据说话。用数据来表示事实非常重要，通过核实数据，能澄清问题，进一步了解现状。收集数据时应注意以下三点：①数据要有客观性，避免只收集对自己有利的数据，或者从收集的数据中只挑选对自己有利的数据而忽略其他数据。②数据要有可比性。无可比性的数据不能作为说明采取对策的有效性证据。③数据要有时间约束。只有收集最近时间的数据，才能真实地反映现状，因为时间相隔较长的数据不能准确地反映现状。

（2）对现状调查取得的数据要进行整理、分类，进行分层分析，以便找到问题的关键性因素。

（3）不仅收集已有记录的数据，更需要亲自到现场去观察、测量、跟踪，直接掌握第一手资料，以便掌握问题的实质。

现状调查常用的方法有调查表、简易图表、排列图、直方图、控制图、散布图、分层法等。

3）设定目标

目标的设定，就是确定小组活动要把问题解决到什么程度，也为检查活动的效果提供依据。

设定目标要注意以下三个问题：

（1）目标要与问题相对应。例如，活动课题的名称是“降低××零件的加工废品率”，现状也已经调查清楚，设定目标就是要确定废品率由现在的多少降低到多少。目标不要设定得太多，以免把问题复杂化，通常以1个目标为宜，最多不要超过2个目标。

（2）目标要明确表示，即要有用数据表达的目标值。如果没有量化的目标，在对策实施后就无法证明是否已实现了目标。不能量化的目标，一般不能将其设为目标。

（3）说明制定目标的依据。制定目标时，应陈述清楚制定这个目标的理由，使别的小组也能从中得到启发。例如，目前国内同行业先进水平达到了什么程度，在设备、人员、原材料等方面都一样的情况下，我们也要达到相同水平。又如，过去历史上曾接近或达到过这个水平，现在部分条件已经得到了改善，就应该稳定地达到这个水平；上级对我们的考核指标，我们必须达到；满足顾客提出的要求，否则就不能占领市场等。应避免用豪言壮语、口号式的内容作为制定目标的依据。

对于指令性的课题，由于课题和目标都是指令性的，不需要进行现状调查，只需要对目标的可行性进行分析。这里的分析是要说明现实情况与指令性目标之间的差距，以便进一步分析原因。

设定目标所用的方法，通常有柱状图等简易图表。

4）原因分析

问题已经清楚，目标也已经设定，这时要针对问题进行分析，找出产生这个问题的原因。如果是指令性课题和目标，而现存问题不明确，则在分析原因之前先要把现状与目标值之间的差距调查分析清楚。

在分析原因时，应让QC小组成员充分开阔思路，从可以设想的所有角度收集可能产生问题的全部原因。这和医生看病的道理是一样的，医生看病时，在弄清病人的症状后，首先必须考虑到能产生这个症状的所有疾病，然后运用各种检查、化验方法逐个排除，直到最后确诊。

在分析原因时要注意以下四个问题：

（1）要针对所存在的问题分析原因。如果在现状调查时已经分析出问题的症结所在，就应针对这个症结来分析原因。如果已经找到症结所在而弃之不管，又回到针对课题的总问题来分析原因，则会出现逻辑上的混乱，也会使分析的原因针对性不强。

（2）分析原因要展示问题的全貌。分析原因要从各种角度把有影响的原因都找出来，尽量避免遗漏。可从5M1E（即操作者、设备、材料、工艺方法、环境和测量六要素）的角度展开分析。如果要分析的是管理问题，则应从影响它的各个管理系统展开分析。

（3）分析原因要彻底。分析原因常用的方法是，针对某一方面的原因，通过反复思考“为什么”，把它一层一层地分析下去，从原因类别展开到第一层原因，再展开到第二层原因、第三层原因等。所谓的“分析彻底”，就是展开分析到可直接采取对策的末端原因为止。原因分析得越彻底，就越能使后续对策的制定变得简单、明确、针对性强。

（4）要正确、恰当地应用统计方法。分析原因常用的方法有因果图、系统图和关联图等。

5）要因确定

通过原因分析，会分析出很多条有可能影响问题的原因，但其中有的是影响问题的主要原因，有的则是次要原因。抓矛盾当然是抓主要矛盾，而不是“眉毛胡子一把抓”。因此，在众多的原因中，应对诸多原因进行鉴别，把确实影响问题的主要原因找出来，将目前状态良好、对所存在问题影响不大的原因排除掉，以便为制定对策提供依据。

要因的确定可按以下步骤进行：

（1）把所有的末端原因收集起来，并在末端原因中选取主要原因。

（2）判断末端原因中是否有不可抗拒的原因。所谓的不可抗拒的原因，是指小组乃至企业都无法采取对策的原因。如“拉闸停电”对小组来说是无法采取对策的，属于不可抗拒的原因，所以要把它剔除出去，不作为确定主要原因的对象。

（3）对末端原因逐条进行确认，以找出真正影响问题的主要原因。所谓的确认，就是要找出影响该问题的证据，证据要以客观事实为依据，用数据说话。若数据表明该原因确实对问题有重要影响，就“承认”它是主要原因；若数据表明该原因对问题影响不大，就“不承认”该原因为主要原因，并予以排除。当一次调查得到的数据尚不能充分判定原因时，就要再调查、再确认。

对末端原因确认的常用方法有：①现场验证。现场验证是到现场通过试验，取得数据来证明。采用这类方法对原因进行确认常常是很有效的。例如，当对某一个参数是否是影响问题的主要原因进行确认时，就需要到现场做一些试验，变动一下该参数，查看它的结果有无明显的差异，来确定它是不是真正影响问题的主要原因。②现场测试、测量。现场测试、测量是到现场通过亲自测试、测量取得数据，与标准进行比较，看其符合程度。在对机器、材料、环境等因素进行确认时，此方法常常是很有效的。例如，对机器某一部位的精度差或者环境指标中某项指标过高的原因，可以借助仪器、仪表到现场实测取得数据；对材料方面的原因可到现场抽取一定数量的实物作为样本进行测试，取得数据，与标准比较来确认。③调查、分析。对于有关人员的有些原因，如果不能用测量或试验的方法来取得数据，则可设计调查表，到现场进行调查、分析，取得数据来确认。

总之，确认必须要小组成员亲自到现场观察、调查、测量、试验取得的数据，才能为确定主要原因提供依据。对要因的确定不能完全凭借印象、感觉、经验。

在确认每条末端原因是否是主要原因时，应根据它对所分析问题的影响程度的大小来确定，而不能根据它是否容易解决来确定。末端原因要逐条确认，不逐条确认，就有可能把主要原因漏掉。

常用的确定要因方法有调查表、简易图表、散布图、正交试验设计法等。

6）对策制定

将主要原因确定后，就要分别针对所确定的每个主要原因制定对策。

对策的制定一般有以下步骤：

（1）提出对策。让小组全体成员对每一条主要原因，开动脑筋，敞开思想，独立思考，相互启发，从各个角度提出改进的想法。例如，对“工具不好用”这个主要原因，是在原有基础上改进，还是重新设计制造一个新的工具，或者用别的工具替代，应从各个方面提出具体的对策。也就是说，对每个原因都提出若干个对策，先不管提出的对策是否可行，只要是可能解决这条主要原因的对策都应提出来，这样才能尽量做到不遗漏真正有效的对策，才能集思广益。

（2）研究、决定所采取的对策。从所有提出的对策中分析研究，决定用什么样的对策和解决到什么程度，与此同时要注意以下几点：

①分析研究对策的有效性。首先要分析研究该对策能不能控制或消除产生问题的主要原因，如果感到没把握或该对策不能彻底解决问题，则不宜采用，而要另谋良策。

②分析研究对策的可实施性。选用的对策应是可以实施的，不可实施的对策就不能采用。例如，对策需要某一设备，而企业没有，目前企业又不可能拿出这么多资金购买，所以就无法实施。又如，对策实施后会使环境指标严重超标，所以涉及违反国家法律法规的对策也无法实施。除此之外，还要从经济性、技术性、难易度等方面综合考虑对策的可实施性，必要时进行多方案的可行性分析论证后再确定对策。

③避免采用临时性的应急对策。例如，修理行业常用“垫块铜皮”来消除间隙的应急对策，不能从根本上防止问题的再次发生。

（3）制定对策表。对策表是整个改进措施的计划，是下一步实施对策的依据，必须做到对策清楚、目标明确、责任落实。为此可按“5W1H”（对策、目标、负责人、地点、时间、措施）原则来制定。

QC小组按“5W1H”原则制定的对策表的格式，见表10-1。

表10-1　**按“5W1H”原则制定的对策表**

序号	要因	对策	目标	措施	地点	时间	负责人

对策制定的常用方法有简易图表、矩阵图、PDPC法、矢线图、优选法、正交试验设计法等。

以上六个步骤是PDCA循环中的P环节。

7）对策实施

对策实施是PDCA循环中的D环节。

对策制定后，小组成员就要严格按照对策表列出的改进措施计划来实施。在实施过程中，组长除了完成自己负责的对策外，还应定期检查实施的进度。在实施过程中如遇到困难无法进行下去时，应及时组织小组成员讨论，如果确实无法克服，可以修改对策，再按新对策实施。

每条对策实施完毕后，要再次收集数据，与对策表中所定的目标比较，以检查对策是否已彻底实施并达到了目标要求。

在实施过程中应做好活动记录，把每条对策的具体实施时间、参加人员、活动地点与具体怎么做的、遇到什么困难、如何克服的、花了多少费用都要加以记录，为最后整理QC成果报告提供依据。

8）检查效果

本步骤是PDCA循环中的C环节。所有的要因都得到了解决或改进，即对策表中所有对策都得到实施后，就要按新的情况进行试生产（工作），并从试生产（工作）中收集数据，用以检查所取得的效果。

在这个阶段，一是把对策实施后的数据与对策实施前的数据进行比较，其目的是明确改善的程度，更主要的是要与小组制定的目标进行比较，看是否达到了预期目标。这里可能出现两种情况：一种是达到了预期目标，说明问题已得到解决，可以进入下一步骤，巩固取得的成果，防止问题的再次发生；另一种是未达到预期目标，说明问题没有彻底解决，可能是主要原因尚未完全找到，也可能是对策制定得不妥，不能有效地解决问题，需重新分析原因，再往下进行直至达到预期目标。此时，这个PDCA循环没有转完，在C阶段中还要进行一次PDCA循环。这正是本节开始时所介绍的PDCA循环的特点之一，即大环套小环。

二是计算经济效益。解决了问题，取得了成果，就要计算解决这个问题能为企业带来多少经济效益，这样才能更好地鼓舞士气，增加自豪感，调动积极性。计算经济效益时一定要实事求是，既不能过分谦虚，也不能夸大。一般计算时间不超过活动期（包括巩固期在内）。计算出的经济效益还应减去活动中的耗费，才能得出QC小组本次活动所带来的直接经济效益。

9）制定巩固措施

QC小组活动在解决了问题，取得了效果后，为了把取得的效果维持下去，并防止问题的再次发生，还要制定巩固措施。

（1）将已证明了的有效措施（如变更的工作方法、操作标准，以及变更的有关参数、图纸、资料、规章制度等）初步纳入有关标准中，至少要纳入班组作业指导书和班组管理办法中，报主管部门批准。

（2）再到现场确认，检查是否按新的方法操作（工作），或者执行了新的标准、办法、制度。

（3）在取得效果后的巩固期内要做好记录，进行统计，用数据说明成果的巩固状况。巩固期的长短应根据实际需要确定，要能充分说明在实际运行中效果是稳定的。

10）总结和今后打算

“没有总结，就没有提高。”课题完成后，QC小组全体成员应该一起围绕以下内容认真进行总结：

（1）通过此次活动，除了解决本课题的问题之外，还解决了哪些相关问题，还需要抓住哪些没有解决的问题。

（2）检查、明确在活动程序和方法应用方面，哪些方面是成功的、用得好的，哪些方面还不太成功、尚有不足之处需要改进的，还有哪些方面的心得体会等。

（3）认真总结通过此次活动所取得的无形效果。可从意识的提高、个人能力的提高、解决问题的信心的增强等方面来总结，虽然这些效果不直接产生经济效益，但它们却是非常宝贵的精神财富。

（4）在做到以上几点的基础上，提出下一次活动要解决的课题。

上述十个步骤描述的是“问题解决型”课题（包括现场型课题、攻关型课题、服务型课题、管理型课题）的活动程序，是国内外QC小组活动经验的总结，其流程如图10-1所示。对于上级指令性目标值（课题）的情况，QC小组活动程序略有改变，即第2步是“设定目标”，第3步是“目标值的可行性分析”，其他步骤基本一致。

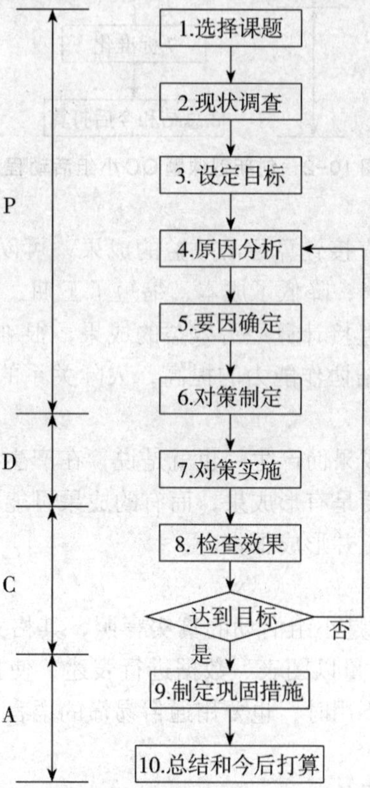

图10-1　“问题解决型”课题QC小组活动程序

创新型课题的具体活动程序与“问题解决型”课题的活动程序也有一些差别，图10-2是创新型课题QC小组活动程序。请读者分辨其差异，其描述从略。

10.3.2　QC小组的活动成果（报告）及评价

QC小组活动结束后，无论是否取得预期效果，都应该认真总结，以利于下次活动的开展。对于达到预期目标、取得预期效果的活动，应总结其成果并整理形成报告，用以交流、发表和接受表彰。

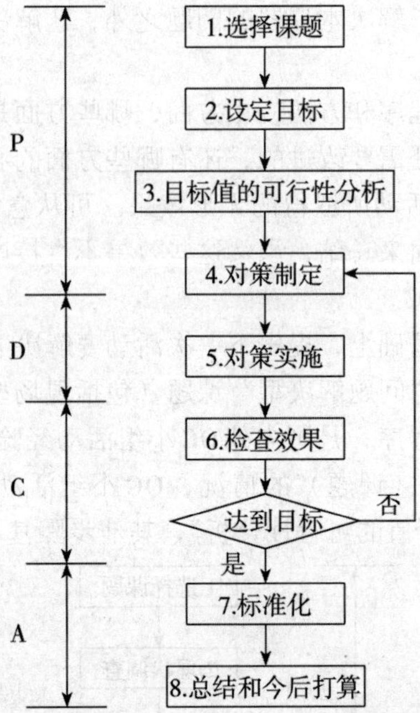

图 10-2 创新型课题 QC 小组活动程序

1）QC小组的活动成果

（1）有形成果是指能够直接计算经济效益的成果，可以用物质或价值形式表现出来，如提高了产品质量、劳动效率，降低了成本，缩短了工期、交货期等。

（2）无形成果是指无法直接计算经济效益的成果，很难用物质或价值形式表现出来，如小组人员素质的提高，团结协作能力的提高，人际关系的改善，小组活动方法的改进，生产、工作环境的改善等。

无形成果往往伴随有形成果而产生。也就是说，在产生有形成果的同时，也产生了无形成果。不过，有的成果主要是有形成果，而有的成果可能完全是无形成果。在进行成果总结时，两种成果都应总结，并形成报告。

2）成果报告整理

QC小组活动的成果报告是小组活动的真实写照，其格式按照活动程序进行总结（见成果案例），其表达方式应尽量以图表、数据进行表述，使报告清晰、醒目。不要用专业性太强的名词和术语，不得不用时，也要用通俗易懂的语言加以解释。

3）成果报告的评价

（1）对成果报告评价的目的：

①肯定成绩，指出不足，以提高QC小组的活动水平；

②表彰先进，落实奖励，使QC小组活动扎实地开展下去。

（2）对成果报告评价的原则：

①评价者要从大处着眼，不要纠缠细节，要指出主要问题，如QC小组活动是否符合科学的活动程序；活动（报告）是否以事实为依据，用数据说话；活动（报告）中运用的统计方法是否恰当、正确。

②评价的意见、结论等要客观、有依据。

③评价者要避免自以为是、在专业技术上“钻牛角尖”。

④不能单纯地以经济效益为依据评选优秀的QC小组和活动成果。

10.3.3　QC小组活动的成果案例

降低寻呼机返修率

××QC小组

1）小组简介

小组成员简介见表10-2。

表10-2　**小组成员简介**

小组名称	××	成立日期	2019年11月		
注册号		HD 03-05-2019			
小组人数	8人	男	4人	女	4人
平均年龄	24岁	组长：××			
组员学历	本科4人，高中2人，中专2人				
活动频次	每月两次，均利用业余时间				

2）选题理由

（1）保修协议如图10-3所示。

×××公司保修协议
维修质量：返修率<2%
返　　修：半年内发生2次返修
返 修 率：月返修机数量÷当月维修机总量×100%

图10-3　保修协议

（2）维修中心2019年1—10月返修率如图10-4所示。1—10月平均返修率为2.52%，大于2%。

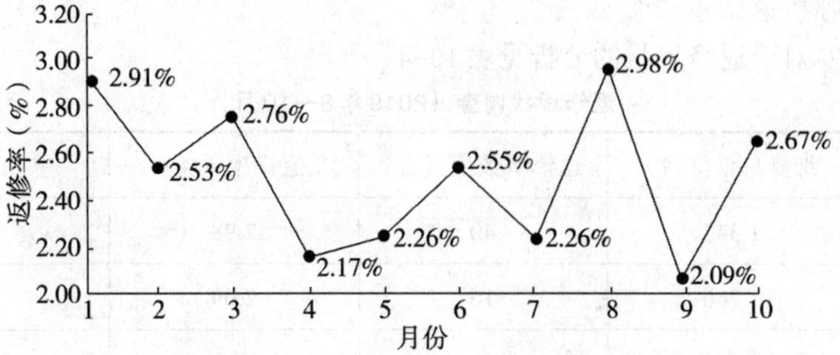

图10-4　2019年1—10月的返修率曲线

（3）选定课题：降低寻呼机返修率。为了检验课题是否可行，小组成员对降低寻呼机返修率进行课题评估，评估进行的项目和结果分别见表10-3和如图10-5所示。

表10-3　　评估项目表

序号	项目
1	该课题是否很耗资
2	该课题对管理是否很重要
3	该课题是否容易完成
4	完成该课题需要多少时间
5	小组对该课题的完成是否有足够的控制
6	该课题需要多少资源
7	对顾客来说，该课题的重要程度如何
8	是否有机会进行全过程的质量或服务改进
9	是否已有可行的解决办法

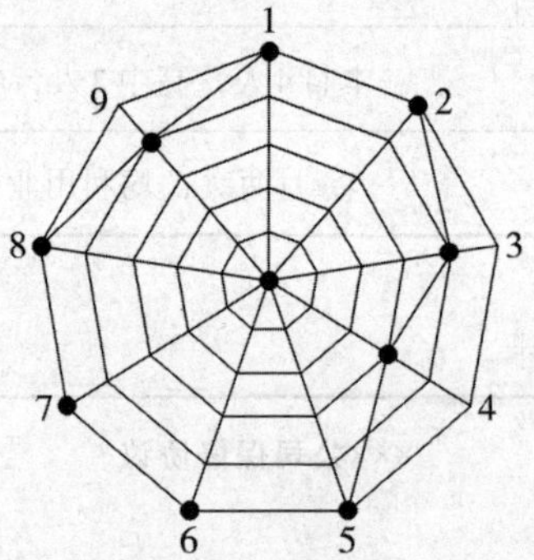

（总分低于25分，或者单项分低于3分，应重新选择课题）

图10-5　评估结果

课题评价：总分41分，单项最低分3分，满足小组活动要求。

结论：该课题可行。

3）目标与现状分析

目标：寻呼机返修率<2%

现状分析：对于返修现状的分析见表10-4。

表10-4　　返修现状调查（2019年8—10月）

时间	维修总量（台）	返修机数量（台）	返修率（%）	平均返修率（%）
8月	1 342	40	2.98	2.58
9月	766	16	2.09	
10月	1 050	28	2.67	
总计	3 158	84	—	—

主要问题分析：从表10-5和图10-6中可以看出，“维修不彻底”是主要问题。

表10-5　　2019年8—10月的返修机情况

问题	数量（台）	累计数量（台）	百分比（%）	累计百分比（%）
维修不彻底	53	53	63	63
检测错误	17	70	20	83
焊接原因	9	79	11	94
其他	5	84	6	100

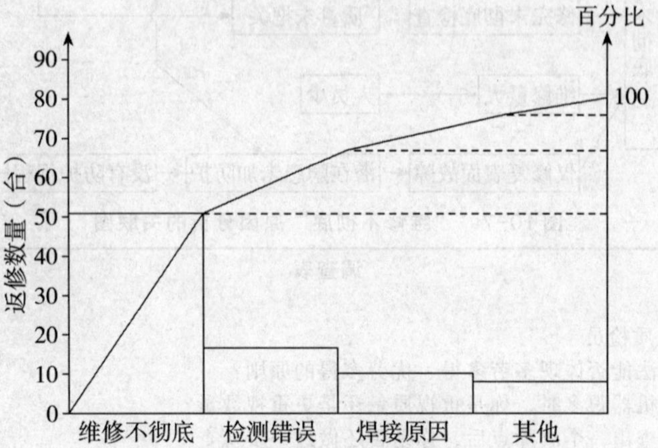

图10-6　引起返修的主要原因的排列图

综合分析：

（1）2019年9月维修中心的返修率为2.09%，接近2%，目标制定符合实际情况。

（2）从返修问题分析，“维修不彻底”占返修原因的63%，而同样因“维修不彻底”，2019年上半年寻呼机的修复率为92%。小组分析后，认为只要解决了“维修不彻底”这一主要问题，就可以解决返修问题，从而使返修率降至2%以下。

（3）小组成员中有4名电子专业本科生，2名同专业中专生。其中，3人有3年的寻呼机维修经验，从理论和经验上来讲，都有能力实现目标。

（4）维修中心所有人员都经过了8个月的技术培训，考核合格后上岗，而且50%的人员在公司接受过专业训练，从技术上讲有能力实现目标。

结论：QC小组有能力实现寻呼机返修率小于2%的活动目标。

4）要因分析

要因分析：从图10-7中可以看出，引起“维修不彻底”的末端因素主要有：①理论水平差；②考核办法不完善；③没有防护规程；④仪表有误差；⑤人员少。

要因确认：

（1）理论水平差。

对维修员、质检员考察的结论：非要因。

（2）考核办法不完善。

通过图10-8的调查表（示例）对维修员、质检员进行调查，发现80%以上的员工更重视数量，现行的考核办法注重数量、轻质量，这对维修质量影响很大。

结论：要因。

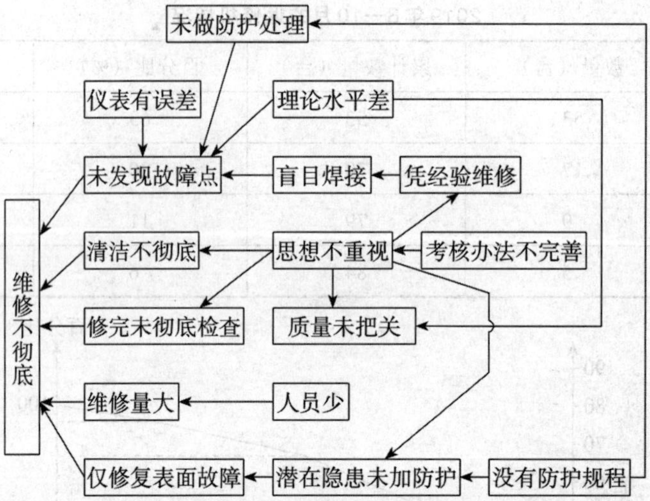

图10-7 “维修不彻底”原因分析的关联图

调查表
主题：考核办法 对象：维修员、质检员 1.目前的考核办法能否体现多劳多得、优劳多得的原则？ 2.当待修或待检机器很多时，你是重视质量还是更重视数量？ 3.对故障机，检查出一个故障点后，你是否还做进一步检查？ 4.你是否努力争取做返修率最低的员工？ 5.如果你的返修率在维修中心是最高的，你是否感觉到有很大的压力？

图10-8 调查表（示例）

（3）没有防护规程。在“维修不彻底”返回的53部寻呼机中，有39部是因为没采取防护措施造成的。

结论：要因。

（4）仪表有误差。维修中心的仪表在2019年7月经过市计量所检测，全部合格。

结论：非要因。

（5）人员少。维修中心现有维修员11人，日维修能力为160台，2019年8—10月维修中心日维修量最多不超过100台。

结论：非要因。

要因确定：①考核办法不完善；②没有防护规程。

5）对策计划

针对要因，制订相应的对策计划，见表10-6。

6）对策实施

首先，完善考核办法。

（1）QC小组对原有的考核办法进行完善，并取得了公司和行政管理层的同意。新的考核办法明显提高了要求：1部返修机扣维修员4部维修机的业务量；1部返修机扣质检员2元；质检员每检查出一部未完全修复的机器奖励1元；连续3个月返修率为零，奖励100元；连续3个月返修率最高，下岗培训。

表10-6　　　　　　　　　　　　对策计划表

序号	要因	对策	目标	措施	地点	完成时间	负责人
1	考核办法不完善	完善考核办法	合理考核，质量并重，优质重奖，低质下岗	1.对原有考核办法修改、完善 2.组织全员学习 3.每月一次质量分析会，表彰先进	维修中心	2019年12月全过程	××
2	没有防护规程	制定防护规程	按防护规程操作；考试95分以上上岗；总结防护经验，减少防护不当引起的返修	1.写出书面的防护规程，人手一份 2.进行防护常识考试 3.每月一次防护专题讨论 4.每季一次返修综合指标分析	维修中心	2019年12月全过程	××

（2）新的考核办法公布后，维修中心全体人员经过学习和考核，全部合格。

（3）每月的质量分析会上公布返修率最高和最低的员工姓名，对勤于钻研业务、有突出表现的员工给予奖励，每季度评选一名最佳员工，主要考核员工的工作态度、维修质量、技术更新、经验交流等方面。

（4）小组成员××在2020年3月、4月、5月连续3次返修率为零，奖励100元；××则被评为2020年一季度最佳员工。由于管理到位，措施得力，没有一名员工下岗。

其次，制定防护规程。

（1）维修工程师通过集中讨论，讲解防护经验，写出各种寻呼机防护规程，做成书面化教学材料，维修员人手一份。

（2）利用业余时间对全体维修员进行防护规程培训和考核，考试成绩在95分以上为合格。2019年12月的考试结果如图10-9所示。

（3）每月开展一次防护专题讨论，总结防护经验，对造成返修的原因进行分析，查找哪些方面属于新的防护问题，并列入规程。

例如，有两部顾问机因按键失灵返修，而处理方法是刮板边，小组成员经过理论分析，认为这不是个别现象，一致同意将"按键失灵：不论发现故障与否，必须刮板边"列为《顾问机防护规程》的第6条。

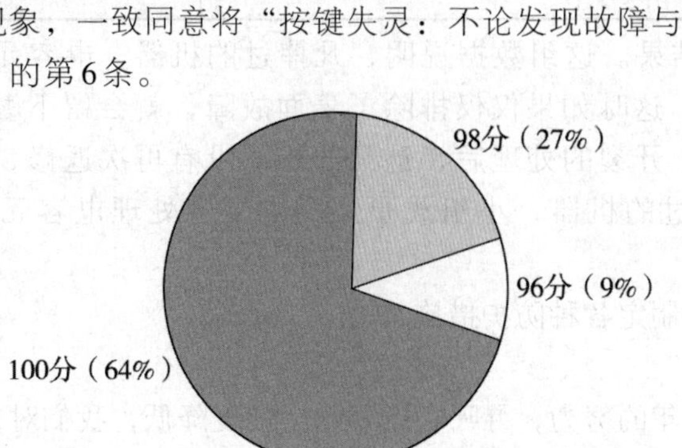

图10-9　防护规程的考试结果

以后维修的顾问机再没有因按键失灵而返修的。又如，维修的14部进水机有2部返修，返修率高达14%。为此，小组成员专门编制了《进水机防护规程》，如图10-10所示。由于防护得当，进水机的返修率降到了6%。

清洗烘干 ⇒ 刮板边 ⇒ 重焊易虚芯片 ⇒ 重焊液晶板 ⇒ 重焊接插件 ⇒ 重焊阻容元件 ⇒ 检测

图10-10　进水机防护规程

图10-11为2020年5—8月返修率对比拆线图，图中2020年7月份的返修率是1.46%，比上个月提高了0.49%。何以会有如此大的跳跃？经过小组成员的分析，认为7月份天气潮湿是主要原因，因此增加了一条防护措施“7—9月送修的寻呼机均做烘干处理”。虽然8月份天气仍很潮湿，但是因为防护得当，返修率又降到了1.04%。

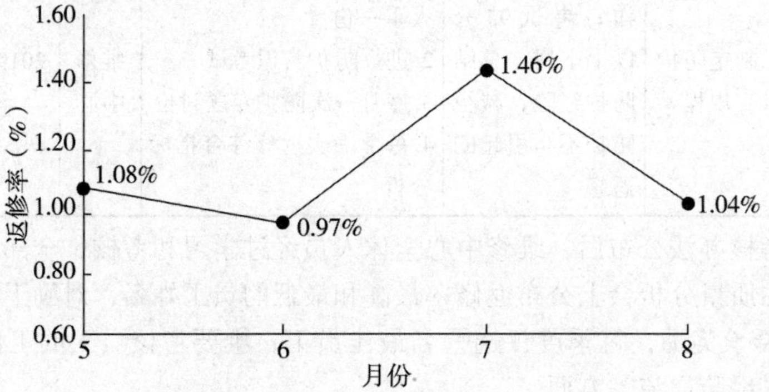

图10-11　2020年5—8月返修率对比折线图

（4）每季进行一次返修综合指标分析，寻找故障隐患。小组成员在对第一季度防护工作指标进行分析时发现，由于防护措施得力，返修率大幅度下降，但是在对2020年1—3月所返修的机器进行连续分析时，发现这样一组数据，见表10-7。

表10-7　2020年1—3月返修数据

月份	返修数量（台）	原故障原因	返修原因	处理方法
1	1	摔坏、收不到	电容裂	换电容
2	1	摔坏、死机	电容裂	换电容
3	1	摔坏、液晶板碎	电容裂	换电容

这不是偶然的结果。这组数据说明，凡摔过的机器，电容元件极易断裂，而且通常不马上表现出来，这时如果仅仅排除了表面故障，就会留下潜在的故障隐患。经过处理电容元件、防止开裂的处理后，这几部机器没有再次返修，说明处理方法是正确的。因此，针对摔过的机器，小组成员又增加了“处理电容元件、防止开裂”这项内容。

小组活动期间共制定各种防护措施52条。

7）效果检查

经过小组成员一年的努力，寻呼机返修率大幅度降低，我们对2020年8—10月返修情况进行了统计，具体数据见表10-8、表10-9和如图10-12、图10-13所示。

表10-8　　返修现状调查（2020年8—10月）

时间	维修总量（台）	返修机数量（台）	返修率（%）	平均返修率（%）
8月	1 927	20	1.04	1.03
9月	1 403	15	1.07	
10月	1 131	11	0.97	
总　计	4 461	46	—	—

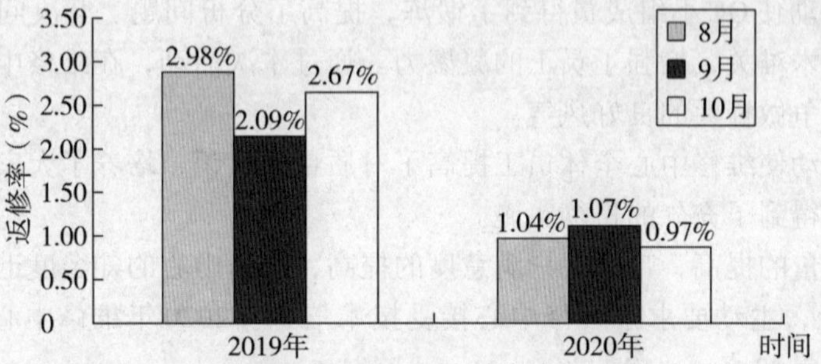

图10-12　同期返修率对比图

表10-9　　2020年8—10月返修机情况

问题	数量（台）	累计数量（台）	百分比（%）	累计百分比（%）
维修不彻底	18	18	39	39
焊接原因	13	31	28	67
检测错误	9	40	20	87
其他	6	46	13	100

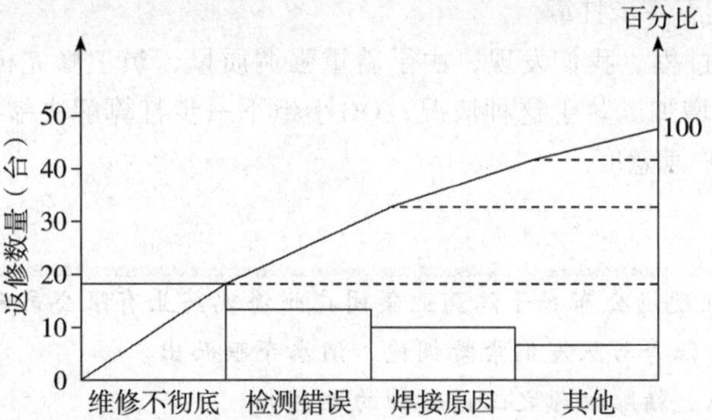

图10-13　返修的主要原因的排列图

经过上述分析可以看到，由于“维修不彻底”导致的返修率从开展QC小组活动前的63%降到了39%。可见，QC小组活动是非常有成效的。

（1）通过与图10-14的对比，可以看出本次小组活动完全达到了目标，返修率从2.58%降到了1.03%，比预期目标还降低了0.97%。2020年10月，QC小组顺利地通过了公司的年审，维修质量得到了审核组的好评，有两名员工被公司评为培训工程师。

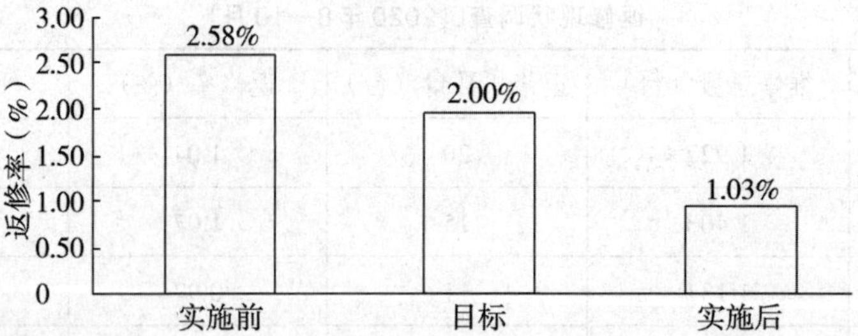

图 10-14　目标值对比图

（2）本次活动使QC小组成员得到了锻炼，提高了分析问题、解决问题的能力，用团队力量攻破了技术难关，增强了员工的凝聚力。通过本次活动，在维修中心内部还形成了一股技术比武、争做标兵的良好风气。

（3）本次活动使维修中心全体员工提高了对质量的认识，培养了大家的质量意识，使我们的服务宗旨得到了充分的贯彻实施。

（4）维修质量的提高，带来用户满意度的提高，维修中心的知名度迅速扩大，许多单位慕名前来取经，主动要求来维修中心接受技术培训。2020年维修中心共举办培训班4次，培训技术人员43名。

8）标准化

QC小组制定的防护规程已被编入培训教材，见表10-10，在培训中受到学员的一致好评。

表 10-10　　防护规程标准化

序号	内容	纳入标准
1	考核办法	YDHD-03-01第8条
2	防护规程	YDHD-03-006第4条

9）遗留问题及下一步打算

回顾整个活动过程，我们发现，由于着重强调质量，员工修完机器后，经常待机观察，导致维修时长增加。鉴于这种情况，QC小组下一步打算解决缩短维修时长的问题，从而进一步提高用户满意度。

思政专栏

当竞赛评委在现场公布扬子江药业集团广州海瑞药业有限公司天行健QC小组获得一等奖的瞬间，曾仕秀与队友们紧紧拥抱，泪水夺眶而出。

这是追求卓越、精雕细琢之工匠精神的胜利。

在对GT100-D冻干机做真空泄漏率检测时，岗位人员发现数值超出内控标准，通过3次重复试验，真空泄漏率均超过内控标准。冻干机真空泄漏率过高将导致真空度不能保持，从而使产品升华干燥通道受阻，影响产品质量，且可能使产品的无菌性无法得到保障。解决这个问题迫在眉睫。

已连续8年斩获全国医药行业QC成果一等奖的天行健QC小组，决定攻下这个难关。

小组成员庞晓东回忆，确定末端因素的这个过程也是极其艰难的，需要从人、机、料、法、环等环节全方位考虑可能的泄漏点，一个细微的环节未考虑到，都有可能导致攻关失败。

小组成员刘彬带领技术骨干对187个阀门进行了3天的仔细排查，过程并非一帆风顺。“必须在工程师到来之前将这187个阀门都排查一遍。”刘彬用沙哑的声音果断下令。此时，刘彬已经2个多月没有休息了，连续高强度的工作几乎压垮了他瘦弱的身体，咽喉炎，重感冒，眼睛里布满血丝，看了令人心疼。“是，我们保证完成任务！”深夜里冻干机房的沉寂一下子被打破了，大家仿佛看到了黎明的曙光！

经过团结协作，他们提前一天完成任务，最终找到了造成冻干机真空泄漏率过大的根本原因：冷阱蘑菇阀液压缸的不锈钢轴封处有较大的裂痕，存在泄漏可能。工匠精神促使他们对所做的事情，近乎“强迫症”地纠缠于每一个细节。他们的专注与坚持得到了回报，更换轴封架后，冻干机真空泄漏率已从0.041mbar·L/S降至0.011mbar·L/S，达到预期的攻关目标。

庄子云“技进乎道”，“技”就是工匠精神，是对本职工作近乎强迫的专注、坚持。时代呼唤工匠精神，新时期的制药人更应将工匠精神践行于质量管理，将工匠精神融入到QC小组活动中，推动中国制药屹立于世界制药之林。

资料来源　贾雯雯．天行健QC小组：践行工匠精神［EB/OL］．［2017-06-01］．http：//finance.china.com.cn/consume/20170601/4232352.shtml.

点评：QC小组是企业中群众性质量管理活动的一种有效的组织形式，是职工参与企业民主管理的经验同现代科学管理方法相结合的产物，也是全面质量管理“人人参与”的重要方式。QC小组不仅是解决质量问题的有效方式，也是弘扬“工匠精神”的法宝。

第11章 质量控制技术运用模拟实训

［学习目标］

（1）通过实训，熟练掌握一些常用的质量管理技术，为顺利开展质量管理等工作打下基础。

（2）通过实训，更好地理解质量管理的具体内容，了解质量检验与质量信息采集、整理和处理的一般方法。

引例

技术总工30年的宝贵经验，控制产品质量的六个建议

“产品质量，人人有责”，优质产品是生产制造、管理和控制出来的，而不是检验出来的。产品质量的控制是每一个企业头痛的问题，质量控制是一个系统工程，有其自身的规律和独特的控制方法；如果不掌握正确的质量控制方法，就很难控制产品的质量，甚至会出现一些意想不到的品质问题，给企业造成很大的经济损失。质量管控绝非易事，这是企业的竞争力所在。一位做了几十年技术的总工，对于质量管控总结了以下六点意见，希望对大家有所帮助。

1.不要轻易确定工艺，确定了的工艺不要轻易更改

（1）产品出现质量问题，要找到问题的根源、主要因素或者主要表现。

（2）在没有搞清楚问题前，轻易更改工艺其实是掩盖了真正的原因和问题。

2.过程控制要有量化和追溯的强烈意识

（1）品质取决于众多的因素，不要忽略任何细节。

（2）任何细节都尽可能用数据去控制并记录。

（3）不对过程细节进行控制和追溯会误导纠正、预防措施的制定。

3.解决问题一定要有耐心

（1）不能浮躁，不要希望一口气吃成胖子。

（2）发现异常情况不要因为与解决的问题好像没关系而置之不理。

（3）找不出原因和规律的时候不要不行动，可以把分析的影响因素控制、规范起来。

（4）把以前试验和总结的一些经验和规律再复习、复习。

（5）一旦发现一些经验和规律后，再深入下去把它上升为理论，哪怕多花点成本也值得。

（6）要知道“千里之堤，毁于蚁穴”，也要知道“愚公移山”。

4.建立预防的思维

（1）质量管理的最高境界是预防，而不是出了问题后如何挽救。

（2）任何质量问题出现前一定是有征兆的，就看你有没有方法、手段和经验去监控和识别。

（3）同一质量问题重复出现时应该引起高度重视。

（4）应该把每天的过程和结果数据用一定的工具进行整理，并从整理的结果中寻找规律和变化趋势，这些规律和显示的趋势都是需要不断修正的。

（5）在加工产品之前各个控制要素要尽可能保持高度的一致性。

5.质量控制一定要有管理的思维

（1）不要希望直接靠工艺员来实现产品质量的稳定。

（2）产品质量是制造出来的，不对直接制造者进行管理，质量永远不能稳定。

（3）要观察、关注和研究产品直接制造者的表现和状态，并针对这些表现和状态进行管理和调动。

（4）如果产品直接制造者的表现和状态没有受控，一旦出了质量问题，你将永远不能准确地分析其原因。

（5）不要以为符合了工艺规定的过程控制要求，产品质量就绝对没问题。

（6）过程控制要求要不断完善，同时也要把人管好。

6.要多听取意见和建议

（1）不要认为别人不清楚实际、不能一下子解决问题，其意见就没有价值。

（2）产品直接制造者很可能给我们很多提示和提醒。

（3）如果你能解决这个问题，谁的意见和建议都可以不听；但当搞不定的时候，任何人的意见和建议都应该听，都应该去尝试和试验，不管你赞不赞同。

（4）质量管理的思维常常触及科技的前沿，哪怕是随意的一句话或一个牢骚等，都可能指引或者暗示着一个重大的技术革新方向，专业技术人员要重视细节并善于捕捉细节。

资料来源　佚名. 技术总工30年的宝贵经验，控制产品质量的六个建议［EB/OL］.［2020-06-28］. http：//www.sohu.com/a/152184159_654912.

11.1　实训概述

11.1.1　实训内容和时间进程安排

具体的实训内容和时间进程安排，见表11-1。

表11-1　具体的实训内容和时间进程安排

序号	实训内容	学时	时间安排	备注
1	实训一　质量信息采集表的制作	6		
2	实训二　质量信息的采集	9		
3	实训三　直方图的制作与分析	6		
4	实训四　排列图的制作与分析	2		
5	实训五　$\overline{X}$-R图的制作与分析	3		
6	实训六　过程能力指数的计算与分析	2		
7	实训课程考核与总结	2		

11.1.2　实训条件

器材：金属轴套、积木或其他可以进行长度测量的硬件产品，并给出这些产品的公差范围。本书采用从工厂收集的铁氧体瓦磁体废品。

工具：精度为0.02mm的普通游标卡尺、A4白纸、碳素笔。

场地：实训台或桌子。

11.1.3　实训流程

具体的实训流程如图11-1所示。

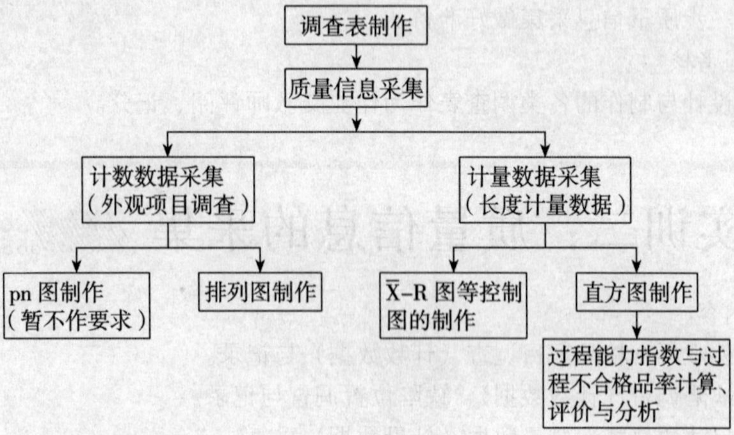

图11-1　实训流程图

11.1.4　实训成绩考核办法

实训成绩：考勤、实训表现占50%，提交实训作业占50%。实训考核结果主要根据实训规定完成的工作情况及效果的优劣来评定。

11.2　实训一：质量信息采集表的制作

1）实训内容

（1）产品外观不合格品项目调查表的设计与制作。

（2）产品缺陷调查表和缺陷位置调查表的设计与制作。

（3）产品尺寸质量特性测量数据表的设计与制作。

2）实训目的

通过实训，掌握各类调查表的设计与制作。

3）实训学时

6学时。

4）实训工具、器材

（1）A4白纸、碳素笔。

（2）质量管理教材。

5）实训步骤

（1）先观察产品，根据产品质量特性，每个学生设计与制作上述各类调查表（参考第3章的内容）。

（2）分组：5~10人/组，每组选出一份制作比较完善的调查表，用于下一步的实训记录。

6）实训要求

（1）理解上述各类调查表的用途。

（2）熟悉上述各类调查表的制作步骤。

（3）制作出合格、适用的上述的各类调查表。

（4）为下一步质量信息采集做好准备。

7）总结与考核

每个学生设计与制作的各类调查表作为作业交教师评阅、记分。

11.3 实训二：质量信息的采集

1）实训内容

（1）产品外观不合格品项目调查（计数数据）与记录。

（2）产品缺陷调查（计数数据）、缺陷位置调查与记录。

（3）产品尺寸质量特性测量数据（计量数据）采集。

2）实训目的

（1）通过实训，了解工厂质量检验与质量特性数据采集的具体操作。

（2）通过实训，了解工厂常用游标卡尺的使用方法。

（3）培养学生团结协作的意识，增进学生之间的友谊。

3）实训学时

9学时。

4）实训工具、器材

（1）铁氧体瓦磁体或金属轴套、积木或其他可以进行长度测量的硬件产品。

（2）游标卡尺、制作的各类调查表、碳素笔等。

5）游标卡尺的使用方法与目测检验条件要求

（1）游标卡尺的使用方法：游标卡尺测量的精度有0.02mm、0.05mm、0.1mm三种。本实训用的是工厂常见的精度为0.02mm的游标卡尺。

用游标卡尺测量工件时，应使卡脚逐渐靠近工件并轻微地接触，同时注意不要歪斜，以防读数产生误差。

游标卡尺的尺寸读法，可分为三个步骤：

第一步：读整数，即读取游标零线左边、尺身上的整毫米数；

第二步：读小数，即读取游标与尺身对齐刻线处的小数毫米数；

第三步：把两次读数加起来。

图11-2是0.02mm游标卡尺的尺寸读法示意图。

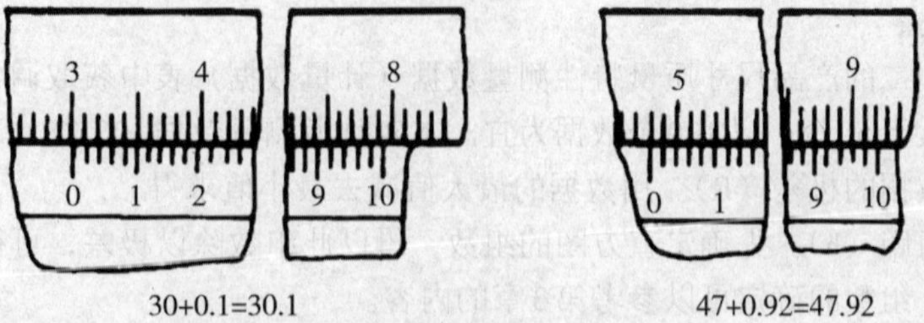

图11-2　游标卡尺的尺寸读法示意图

（2）目测检验条件要求：接触产品时要清洗干净手指，不得有油污；检验现场，照明要充分，即能分辨发丝大小的裂纹、斑点等。

6）实训步骤

（1）按实训一的分组，每组取铁氧体瓦磁体或金属轴套、积木或其他可以进行长度测量的硬件产品若干（30～50片）。

（2）目测检查产品的外观缺陷种类和缺陷位置，并记录。

（3）用游标卡尺对产品的长度、宽度、厚度、拱高等任一质量特性进行测量，并记录。

7）实训要求

（1）每组对领取的若干产品进行全检，在目测检查产品的外观缺陷种类和缺陷位置时，应对照检验标准和图纸（见本章附件的实训图纸）进行。

（2）每组对领取的若干产品进行尺寸测量时，应对照检验标准和图纸进行，至少测量、记录125个数据。

（3）应了解游标卡尺的使用知识，不得用游标卡尺敲击桌面等。

（4）为下一步直方图、排列图、控制图的制作做好准备。

8）总结与考核

（1）每组提交一份产品缺陷位置调查表（注意不提交产品缺陷调查表）。提交的产品缺陷位置调查表应有调查结论（如什么缺陷最多，主要集中在什么部位等）。

（2）组长对实训过程中的每个组员进行评价，并将评价结果提交给指导教师。

11.4　实训三：直方图的制作与分析

1）实训内容

根据实训二采集的质量信息（测量数据）制作直方图。同时，计算数据的平均值$\overline{X}$和标准差S。

2）实训目的

（1）掌握直方图的制作方法。

（2）通过直方图的制作实训，提高学生整理数据的能力。

3）实训学时

6学时。

4）实训器材

A4白纸或作业本、碳素笔。

5）实训步骤

（1）从实训二的产品尺寸质量特性测量数据（计量数据）表中获取调查数据。直方图的数据一般应大于50个，以100个数据为宜。本实训取测量数据100个。

（2）确定数据的极差（R）。用数据的最大值减去最小值求得。

（3）确定组距（h）。先确定直方图的组数，再以此组数除以极差，可得直方图每组的宽度，即组距。组数的确定可以参考第3章的内容。

（4）用下列公式确定第1组下界限值（其他界限值加组距可得）：

$$X_{min}-\frac{最小测量单位}{2}$$

式中：X_{min}——样本中测量数据的最小值。

第一组上限值为第一组下限值加组距；第二组下限值就是第一组的上限值；第二组上限值就是第二组的下限值加组距；第三组以后，依此类推定出各组的界限值。

（5）编制频数分布表。把各组的上下界限值分别填入频数分布表内，并把数据表中的各个数据“对号入座”，列入相应的组中，统计各组频数（f_i），并按下列公式计算u_i、f_iu_i、$f_iu_i^2$。进而可计算样本平均值$\overline{X}$、样本标准差S（其计算公式参考第3章的内容）、过程能力指数C_{pk}（见实训六）。

$$u_i=\frac{i组的组中值-X_0}{组距h}$$

式中：X_0——“统计频数”中频数最大的组中值。

（6）按数据值比例画横坐标。

（7）按频数值比例画纵坐标。以观测值数目或百分数表示。

（8）画直方图。按纵坐标画出每个长方形的高度，它代表了落在此长方形（每个长方形的宽度都是相等的）中的数据量。在直方图上应标注出公差范围（T）、样本大小（n）、样本平均值（$\overline{X}$）、样本标准差S（参考第3章的内容）和$\overline{X}$、M的位置等。

（9）对照六种典型的直方图的形态图和与规范界限的比较进行观察、分析、判断。

6）实训要求

（1）每个学生都需要制作直方图并对其进行分析（要求学生进行直方图的形状分析，并结合图样中的公差范围进行规范界限的比较分析）。

（2）制作的直方图必须符合规范。

7）总结与考核

提交直方图和平均值$\overline{X}$、标准差S的计算结果等作业。

11.5 实训四：排列图的制作与分析

1）实训内容

根据实训二采集的质量信息制作排列图，并指出主要不合格（缺陷）有哪些。

2）实训目的

（1）掌握排列图的制作方法。

（2）通过排列图的制作，提高学生整理数据的能力。

3）实训学时

2学时。

4）实训器材

A4白纸或作业本、碳素笔。

5）实训步骤

（1）从实训二的产品外观不合格品项目调查表中取得调查数据，并将数据进行分类。

（2）按分类项目进行统计。

（3）计算频数，并按频数大小排序；计算累计频率。

（4）用坐标纸等画出纵、横坐标；画横坐标时，按度量单位量值递减的顺序从左至右在横坐标上列出项目，含有最小项目的类别可归到“其他”一栏，把此栏置于最右端；画纵坐标时，在横坐标两端画两个纵坐标，左边的纵坐标按度量单位标定，其高度必须等于所有项目的量值总和，右边的纵坐标与此等高并以0～100%标定。

（5）按频数大小顺序，在每个项目上画长方形，其高度表示该项目度量单位的量值。

（6）按累计频率制作累计频率曲线。

（7）图形分析，利用排列图确定质量改进的最关键项目。

6）实训要求

（1）每个学生都需要独立制图。

（2）制作的排列图符合ISO的规范。

7）总结与考核

提交排列图作业。

11.6　实训五：$\overline{X}$-R图的制作与分析

1）实训内容

根据实训二采集的质量信息（测量数据）制作$\overline{X}$-R图。同时，判断该质量特性的生产过程是否正常（是否处于统计状态）。

2）实训目的

（1）掌握控制图的制作方法。

（2）通过控制图的制作，提高学生整理数据的能力。

3）实训学时

3学时。

4）实训器材

A4白纸或作业本、碳素笔。

5）实训方法

（1）从实训二中取测量数据125个，制作$\overline{X}$-R图。

（2）计算每组的样本均值和样本极差。

（3）计算总平均和极差平均。

（4）计算控制线（其计算公式参考第2章的内容）。

（5）制作控制图。分别制作$\overline{X}$图和R图，必须将两个图画在同一页纸上，以便对照分析。R图在下，$\overline{X}$图在上，纵轴在同一直线上，横轴相互平行，并且刻度对齐。先制作R图，若R图正常，再制作$\overline{X}$图。

6）根据控制图的判断规则，分析生产过程是否处于统计控制状态

7）实训要求

（1）每个学生都需要制图并分析。

（2）制作的$\overline{X}$-R图要规范。

8）总结与考核

提交$\overline{X}$-R图和分析判断的结果。

9）实训提高

通过实训二测量的125个数据，运用电脑及SPC软件，制作$\overline{X}$-S图、$\tilde{X}$-R图、pn图。

11.7 实训六：过程能力指数的计算与分析

1）实训内容

根据实训三计算的平均值$\overline{X}$和标准差S，计算该质量特性的生产过程能力指数并分析该质量特性在加工过程中的质量一致性能力。

2）实训目的

（1）学生通过对过程能力指数的计算和分析，加深对过程能力的理解。

（2）进一步提高学生运用质量管理技术控制产品质量的能力。

3）实训学时

2学时。

4）实训器材

A4白纸或作业本、碳素笔。

5）实训步骤

（1）根据实训三计算的平均值$\overline{X}$和标准差S，计算该质量特性的生产过程能力指数。其计算公式为：

$$C_{pk}=C_p(1-k)$$

式中：k——修正系数，且$k=\frac{|M-\mu|}{\frac{T}{2}}=\frac{|M-\overline{X}|}{\frac{T}{2}}=\frac{2E}{T}$。其中，E为绝对偏移量，且$E=|M-\overline{X}|$。

因此，可推导出：

$$C_{pk}=C_p(1-k)=\frac{T}{6S}\left(1-\frac{2E}{T}\right)=\frac{T-2E}{6S}$$

（2）用过程能力指数评定分级表分析该质量特性的过程能力是否充足。

（3）如果该质量特性的过程能力不足，提出解决的措施。

6）实训要求

每个学生都需要进行过程能力指数的计算与分析。

7）总结与考核

提交过程能力指数计算与分析的作业。

11.8　实训课程考核与总结

（1）根据学生实训过程中的参与态度、出勤等表现进行考核。

（2）根据学生所提交的实训作业的认真程度和制作质量进行考核。

（3）对实训过程中的问题及时总结和记录，并采取改进措施。

（4）实训学时为2学时。

附件：实训图纸（铁氧体瓦磁体图纸）。

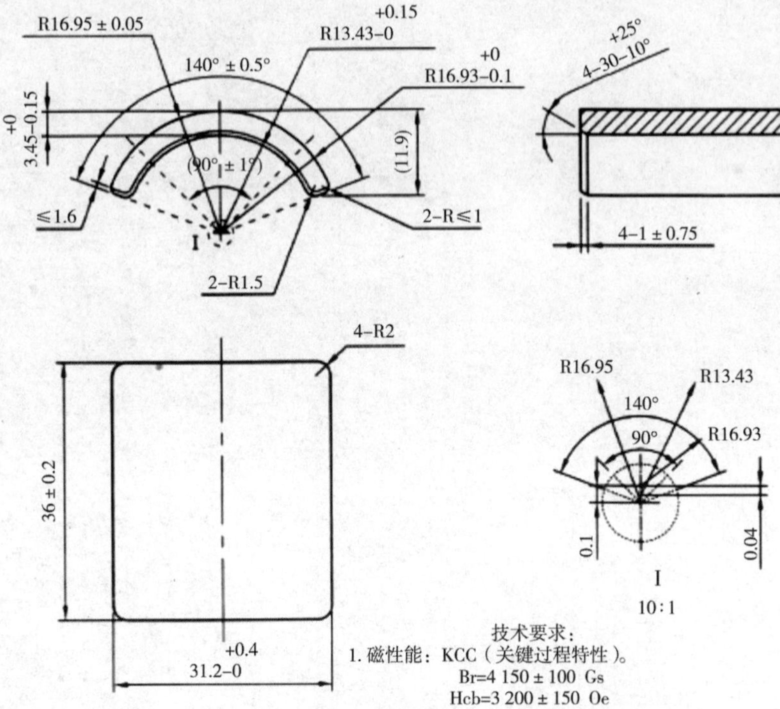

技术要求：

1. 磁性能：KCC（关键过程特性）。

Br=4 150 ± 100 Gs

Hcb=3 200 ± 150 Oe

Hcj=3 300 ± 150 Oe

（BH）max=4.1 ± 0.28 MGOe

以上性能为采用本规格瓦形工装测试出的结果。

2. 外观要求：掉块面积不得超过 11mm²；掉块体积不得超过 11mm³；不允许目视可见的裂纹。

3. 未注锐棱锐角倒角 C0.5，内、外弧倒角采用成型砂轮倒角，倒角要求均匀、无掉块。

4.KPC 项（关键产品特性）为磁通，要求 31~34kMx。要求产品进行磁通、表面高斯、退磁抽样测试。

5. 磁瓦须过通规 CWSK–2009–010(T)A2。

6. 用角度通规（141°　）CWSK–2009–010（JDT）、角度止规（140°　10′　）CWSK–2009–010（JDZ）A2 来检验产品角度。

7. 用 ϕ 33.9 外弧贴弧规 CWSK–2009–010（TWH）来检验产品外弧尺寸。要求磁瓦贴弧后，所有间隙的弧向长度 <3.88mm。

思政专栏

毛泽东是理论联系实际的行家，他明确指出：学习的目的在于应用。毛泽东在《实践论》中写道："如果有了正确的理论，只是把它空谈一阵，束之高阁，并不实行，那末，这种理论再好也是没有意义的。"毛泽东把对理论的应用或实践本身看作是更重要的学习，他在《中国革命战争的战略问题》中写道："读书是学习，使用也是学习，而且是更重要的学习。"

资料来源 毛泽东. 毛泽东选集（第一卷）[M]. 北京：人民出版社，1964.

点评：毛泽东的这些话，句句是真理。事实一再证明，实践出真知。基于此，本章"质量控制技术运用模拟实训"是对前面各章，特别是第3章、第5章、第7章质量管理技术理论的综合实践（训练）。

主要参考文献

[1] 中华人民共和国国家质量监督检验检疫总局，中国国家标准化委员会. GB/T 19001-2016质量管理体系要求ISO 9001：2015［M］. 北京：中国标准出版社，2017.

[2] 张智勇. IATF 16949质量管理体系五大工具最新版一本通［M］. 2版. 北京：机械工业出版社，2017.

[3] 赵成杰. ISO 9001：2015新思维+新模式：新版质量管理体系应用指南［M］. 3版. 北京：企业管理出版社，2022.

[4] 石川馨. 质量管理入门［M］. 刘灯宝，译. 3版. 北京：机械工业出版社，2016.

[5] 张智勇. ISO 9001：2015文件编写实战通用教程［M］. 北京：机械工业出版社，2016.

[6] 吴明. 工厂现场精细化管理手册［M］. 2版. 北京：人民邮电出版社，2014.

[7] 姚小风. 工厂质量控制精细化管理手册［M］. 2版. 北京：人民邮电出版社，2014.

[8] 李明荣. 质量管理［M］. 3版. 北京：科学出版社，2018.

[9] 董文尧. 质量管理学［M］. 2版. 北京：清华大学出版社，2010.

[10] 邢文英. QC小组基础教材（二次修订版）［M］. 北京：中国社会出版社，2020.

[11] 吴建伟. ISO 9000：2000认证通用教程［M］. 北京：机械工业出版社，2002.

[12] 张公绪，孙静. 质量工程师手册［M］. 2版. 北京：企业管理出版社，2003.

[13] 刘书庆，杨水利. 质量管理学［M］. 北京：机械工业出版社，2004.

[14] 李为柱. 统计技术应用教程［M］. 北京：企业管理出版社，2003.

[15] 韩之俊，许前，钟晓芳. 质量管理［M］. 4版. 北京：科学出版社，2017.

[16] 程国平. 质量管理学［M］. 2版. 武汉：武汉理工大学出版社，2011.

[17] 秦现生. 质量管理学［M］. 2版. 北京：科学出版社，2008.

[18] 伍爱. 质量管理学［M］. 3版. 广州：暨南大学出版社，2006.

[19] 洪生伟. 质量管理［M］. 6版. 北京：中国计量出版社，2012.

附　录

附表 1

常规控制图及其控制线的计算公式

分布	代号	控制图名称	控制线的计算公式		备注
正态分布（计量值）	$\overline{X}-R$	均值-极差控制图	$\overline{X}$图：$UCL=\overline{\overline{X}}+A_2\overline{R}$，$CL=\overline{\overline{X}}$，$LCL=\overline{\overline{X}}-A_2\overline{R}$	R图：$UCL=D_4\overline{R}$，$CL=\overline{R}$，$LCL=D_3\overline{R}$	正态分布的参数μ与σ相互独立，因此要分别控制μ和σ，二项分布与泊松分布不是这样
	$\overline{X}-S$	均值-标准差控制图	$\overline{X}$图：$UCL=\overline{\overline{X}}+A_3\overline{S}$，$CL=\overline{\overline{X}}$，$LCL=\overline{\overline{X}}-A_3\overline{S}$	S图：$UCL=B_4\overline{S}$，$CL=\overline{S}$，$LCL=B_3\overline{S}$	
	$\widetilde{X}-R$	中位数-极差控制图	$\widetilde{X}$图：$UCL=\overline{\widetilde{X}}+m_3A_2\overline{R}$，$CL=\overline{\widetilde{X}}$，$LCL=\overline{\widetilde{X}}-m_3A_2\overline{R}$	R图：$UCL=D_4\overline{R}$，$CL=\overline{R}$，$LCL=D_3\overline{R}$	
	$X-R_s$	单值-移动极差控制图	X图：$UCL=\overline{X}+2.66\overline{R}_s$，$CL=\overline{X}$，$LCL=\overline{X}-2.66\overline{R}_s$	R_s图：$UCL=3.267\overline{R}_s$，$CL=\overline{R}_s$，LCL=-(不考虑)	
二项分布（计件值）	p	不合格品率控制图	$UCL=\bar{p}+3\frac{\sqrt{\bar{p}(1-\bar{p})}}{n}$，$CL=\bar{p}$，$LCL=\bar{p}-3\frac{\sqrt{\bar{p}(1-\bar{p})}}{n}$		
	pn	不合格品数控制图	$UCL=\bar{p}n+3\sqrt{\bar{p}n(1-\bar{p})}$，$CL=\bar{p}n$，$LCL=\bar{p}n-3\sqrt{\bar{p}n(1-\bar{p})}$		
泊松分布（计点值）	u	单位缺陷数控制图	$UCL=n\bar{u}+3\frac{\sqrt{\bar{u}}}{n}$，$CL=\bar{u}$，$LCL=n\bar{u}-3\frac{\sqrt{\bar{u}}}{n}$		
	c	缺陷数控制图	$UCL=\bar{c}+3\sqrt{\bar{c}}$，$CL=\bar{c}$，$LCL=\bar{c}-3\sqrt{\bar{c}}$		

附表2

计量值控制图系数表

子组大小	均值控制图			标准差控制图						极差控制图							中位数控制图	
	控制线系数			中心线系数		控制线系数				中心线系数			控制线系数				控制线系数	
n	A	A_2	A_3	C_4	$1/C_4$	B_3	B_4	B_5	B_6	d_2	$1/d_2$	d_3	D_1	D_2	D_3	D_4	m_3	m_3A_2
2	2.121	1.880	2.659	0.7979	1.2533	0	3.267	0	2.606	1.128	0.8865	0.853	0	3.686	0	3.267	1.000	1.880
3	1.732	1.023	1.954	0.8862	1.1284	0	2.568	0	2.276	1.693	0.5907	0.888	0	4.358	0	2.574	1.160	1.187
4	1.500	0.729	1.628	0.9213	1.0854	0	2.266	0	2.088	2.059	0.4857	0.880	0	4.698	0	2.282	1.092	0.796
5	1.342	0.577	1.427	0.9400	1.0638	0	2.089	0	1.964	2.326	0.4299	0.864	0	4.918	0	2.114	1.198	0.691
6	1.225	0.483	1.287	0.9515	1.0510	0.030	1.970	0.029	1.874	2.534	0.3946	0.848	0	5.078	0	2.004	1.135	0.549
7	1.134	0.419	1.182	0.9594	1.0423	0.118	1.882	0.113	1.860	2.704	0.3698	0.833	0.204	5.204	0.076	1.924	1.214	0.509
8	1.061	0.373	1.099	0.9650	1.0363	0.185	1.815	0.179	1.751	2.847	0.3512	0.820	0.388	5.306	0.136	1.864	1.160	0.432
9	1.000	0.337	1.032	0.9693	1.0317	0.239	1.761	0.232	1.707	2.970	0.3367	0.808	0.547	5.393	0.184	1.816	1.223	0.412
10	0.949	0.308	0.975	0.9727	1.0281	0.284	1.716	0.276	1.669	3.078	0.3249	0.797	0.687	5.469	0.223	1.777	1.176	0.363
11	0.905	0.285	0.927	0.9754	1.0252	0.321	1.679	0.313	1.637	3.173	0.3152	0.787	0.811	5.535	0.256	1.744		
12	0.866	0.266	0.886	0.9776	1.0229	0.354	1.646	0.346	1.610	3.258	0.3069	0.778	0.922	5.594	0.283	1.717		
13	0.832	0.249	0.850	0.9794	1.0210	0.382	1.618	0.374	1.585	3.336	0.2998	0.770	1.025	5.647	0.307	1.693		
14	0.802	0.235	0.817	0.9810	1.0194	0.406	1.594	0.399	1.563	3.407	0.2935	0.763	1.118	5.696	0.328	1.672		
15	0.775	0.223	0.789	0.9823	1.0180	0.428	1.572	0.421	1.544	3.472	0.2880	0.756	1.203	5.741	0.347	1.653		
16	0.750	0.212	0.763	0.9835	1.0168	0.448	1.552	0.440	1.526	3.532	0.2831	0.750	1.282	5.782	0.363	1.637		
17	0.728	0.203	0.739	0.9845	1.0157	0.466	1.534	0.458	1.511	3.488	0.2787	0.744	1.356	5.820	0.378	1.622		
18	0.707	0.194	0.718	0.9854	1.0148	0.482	1.518	0.475	1.496	3.640	0.2747	0.739	1.424	5.856	0.391	1.608		
19	0.688	0.187	0.698	0.9862	1.0140	0.497	1.503	0.490	1.483	3.689	0.2711	0.734	1.487	5.891	0.403	1.597		
20	0.671	0.180	0.680	0.9869	1.0133	0.510	1.490	0.504	1.470	3.735	0.2677	0.729	1.549	5.921	0.415	1.585		
21	0.655	0.173	0.630	0.9876	1.0126	0.523	1.477	0.516	1.459	3.778	0.2647	0.724	1.605	5.951	0.425	1.575		
22	0.640	0.167	0.647	0.9882	1.0119	0.534	1.466	0.528	1.448	3.819	0.2618	0.720	1.659	5.979	0.434	1.566		
23	0.626	0.162	0.633	0.9887	1.0114	0.545	1.455	0.539	1.438	3.858	0.2592	0.716	1.710	6.006	0.443	1.557		
24	0.612	0.157	0.619	0.9892	1.0109	0.555	1.445	0.549	1.429	3.895	0.2567	0.712	1.759	6.031	0.451	1.548		
25	0.600	0.153	0.606	0.9896	1.0105	0.565	1.435	0.559	1.420	3.931	0.2544	0.708	1.806	6.056	0.459	1.541		

注：当 $n > 25$ 时，$A = \frac{3}{\sqrt{n}}$，$A_3 = \frac{3}{C_4\sqrt{n}}$，$C_4 = \frac{4(n-1)}{4n-3}$，$B_3 = 1 - \frac{3}{C_4\sqrt{2(n-1)}}$，$B_4 = 1 + \frac{3}{C_4\sqrt{2(n-1)}}$，$B_5 = C_4 - 3\sqrt{1-C_4^2}$，$B_6 = C_4 + 3\sqrt{1-C_4^2}$。

附表 3

计数标准型一次抽检方案表（α≈5%，β≈10%）

p_0(%) \ p_1(%)	0.71~0.90	0.91~1.12	1.13~1.40	1.41~1.80	1.81~2.24	2.25~2.80	2.81~3.55	3.56~4.50	4.51~5.60	5.61~7.10	7.11~9.00	9.01~11.2	11.3~14.0	14.1~18.0	18.1~22.4	22.5~28.0	28.1~35.5	p_1(%) / p_0(%)
0.090~0.112	·	400 1	↓	←	↓	→	60 0	50 0	←	↓	↓	←	↓	↓	↓	↓	↓	0.090~0.112
0.113~0.140	·	↓	300 1	↓	←	↓	→	↑	40 0	←	↓	↓	←	↓	↓	↓	↓	0.113~0.140
0.141~0.180	·	500 2	↓	250 1	↓	←	↓	→	↑	30 0←	←	↓	↓	←	↓	↓	↓	0.141~0.180
0.181~0.224	·	·	400 2	↓	200 1	↓	←	↓	→	↑	25 0	←	↓	↓	←	↓	↓	0.181~0.224
0.225~0.280	·	·	500 3	300 2	↓	150 1	↓	←	↓	→	↑	20 0	←	↓	↓	←	↓	0.225~0.280
0.281~0.355	·	·	·	400 3	250 2	↓	120 1	↓	←	↓	→	↑	15 0	←	↓	↓	←	0.281~0.355
0.356~0.450	·	·	·	500 4	300 3	200 2	↓	100 1	↓	←	↓	→	↑	15 0	←	↓	↓	0.356~0.450
0.451~0.560	·	·	·	·	400 4	250 3	150 2	↓	80 1	↓	←	↓	→	↑	10 0	←	↓	0.451~0.560
0.561~0.710	·	·	·	·	500 6	300 4	200 3	120 2	↓	60 1	↓	←	↓	→	↑	70	←	0.561~0.710
0.711~0.900	·	·	·	·	·	400 6	250 4	150 3	100 2	↓	50 1	↓	←	↓	→	↑	50	0.711~0.900
0.901~1.12		·	·	·	·	·	300 6	200 4	120 3	80 2	↓	40 1	↓	←	↓	↑	↑	0.901~1.12
1.13~1.40			·	·	·	·	500 10	250 6	150 4	100 3	60 2	↓	30 1	↓	←	↓	↑	1.13~1.40
1.41~1.80				·	·	·	·	400 10	200 6	120 4	80 3	50 2	↓	25 1	↓	←	↓	1.41~1.80
1.81~2.24					·	·	·	·	300 10	150 6	100 4	60 3	40 2	↓	20 1	↓	←	1.81~2.24
2.25~2.80						·	·	·	·	250 10	120 6	40 4	50 3	30 2	↓	15 1	↓	2.25~2.80
2.81~3.55							·	·	·	·	200 10	100 6	60 4	40 3	25 2	↓	10 1	2.81~3.55
3.56~4.50								·	·	·	·	150 10	80 6	50 4	30 3	20 2	↓	3.56~4.50
4.51~5.60									·	·	·	·	120 10	60 6	40 4	25 3	15 2	4.51~5.60
5.61~7.10										·	·	·	·	100 10	50 6	30 4	20 3	5.61~7.10
7.11~9.00											·	·	·	·	70 10	40 6	25 4	7.11~9.00
9.01~11.2												·	·	·	·	60 10	30 6	9.01~11.2
p_0(%) / p_1(%)	0.71~0.90	0.91~1.12	1.13~1.40	1.41~1.80	1.81~2.24	2.25~2.80	2.81~3.55	3.56~4.50	4.51~5.60	5.61~7.10	7.11~9.00	9.01~11.2	11.3~14.0	14.1~18.0	18.1~22.4	22.5~28.0	28.1~35.5	p_0(%) \ p_1(%)

注：栏内左边数字为样品含量n，右边数字为合格判定数。

附表 4

一次正常检查抽检方案表

样本含量字码	样本含量	合格质量水平（AQL）																									
		0.010	0.015	0.025	0.040	0.065	0.10	0.15	0.25	0.40	0.65	1.0	1.5	2.5	4.0	6.5	10	15	25	40	65	100	150	250	400	650	1 000
		$A_c R_e$	$A_c R_e$	$A_c R_e$	$A_c R_e$	$A_c R_e$	$A_c R_e$	$A_c R_e$	$A_c R_e$	$A_c R_e$	$A_c R_e$	$A_c R_e$	$A_c R_e$	$A_c R_e$	$A_c R_e$	$A_c R_e$	$A_c R_e$	$A_c R_e$	$A_c R_e$	$A_c R_e$	$A_c R_e$	$A_c R_e$	$A_c R_e$	$A_c R_e$	$A_c R_e$	$A_c R_e$	$A_c R_e$
A	2														↓	0 1		↓	1 2	2 3	3 4	5 6	7 8	10 11	14 15	21 22	30 31
B	3													↓	0 1	↑	↓	1 2	2 3	3 4	5 6	7 8	10 11	14 15	21 22	30 31	44 45
C	5												↓	0 1	↑	↓	1 2	2 3	3 4	5 6	7 8	10 11	14 15	21 22	30 31	44 45	↑
D	8											↓	0 1	↑	↓	1 2	2 3	3 4	5 6	7 8	10 11	14 15	21 22	30 31	44 45	↑	
E	13										↓	0 1	↑	↓	1 2	2 3	3 4	5 6	7 8	10 11	14 15	21 22	30 31	44 45	↑		
F	20									↓	0 1	↑	↓	1 2	2 3	3 4	5 6	7 8	10 11	14 15	21 22	↑	↑	↑			
G	32								↓	0 1	↑	↓	1 2	2 3	3 4	5 6	7 8	10 11	14 15	21 22	↑						
H	50							↓	0 1	↑	↓	1 2	2 3	3 4	5 6	7 8	10 11	14 15	21 22	↑							
J	80						↓	0 1	↑	↓	1 2	2 3	3 4	5 6	7 8	10 11	14 15	21 22	↑								
K	125					↓	0 1	↑	↓	1 2	2 3	3 4	5 6	7 8	10 11	14 15	21 22	↑									
L	200				↓	0 1	↑	↓	1 2	2 3	3 4	5 6	7 8	10 11	14 15	21 22	↑										
M	315			↓	0 1	↑	↓	1 2	2 3	3 4	5 6	7 8	10 11	14 15	21 22	↑											
N	500			0 1	↑	↓	1 2	2 3	3 4	5 6	7 8	10 11	14 15	21 22	↑												
P	800		0 1	↑	↓	1 2	2 3	3 4	4 5	7 8	10 11	14 15	21 22	↑													
Q	1 250	0 1	↑	↓	1 2	2 3	3 4	5 6	7 8	10 11	14 15	21 22	↑														
R	2 000	↑		1 2	2 3	3 4	5 6	7 8	10 11	14 15	21 22																

注：↓——用箭头下面的第一个抽检方案，如果样本含量等于或超过批量，则进行百分之百的检查。↑——用箭头上面的第一个抽检方案。A_c——合格判定数。R_e——不合格判定数。

附表 5

一次加严检查抽检方案表

样本含量字码	样本含量	合格质量水平（AQL） 0.010	0.015	0.025	0.040	0.065	0.10	0.15	0.25	0.40	0.65	1.0	1.5	2.5	4.0	6.5	10	15	25	40	65	100	150
		A_c R_e	A_c R_e	A_c R_e	A_c R_e	A_c R_e	A_c R_e	A_c R_e	A_c R_e	A_c R_e	A_c R_e	A_c R_e	A_c R_e	A_c R_e	A_c R_e	A_c R_e	A_c R_e	A_c R_e	A_c R_e	A_c R_e	A_c R_e	A_c R_e	A_c R_e
A	2																		↓	1 2	2 3	3 4	5 6
B	3														↓	↓		↓	1 2	2 3	3 4	5 6	8 9
C	5												↓	↓	0 1	0 1	↓	1 2	2 3	3 4	5 6	8 9	12 1
D	8													0 1			1 2	2 3	3 4	5 6	8 9	12 13	18 1
E	13											↓	0 1		↓	1 2	2 3	3 4	5 6	8 9	12 13	18 19	27 2
F	20										↓	0 1		↓	1 2	2 3	3 4	5 6	8 9	12 13	18 19	↑	↑
G	32									↓	0 1		↓	1 2	2 3	3 4	5 6	8 9	12 13	18 19	↑		
H	50								↓	0 1		↓	1 2	2 3	3 4	5 6	8 9	12 13	18 19	↑			
J	80							↓	0 1		↓	1 2	2 3	3 4	5 6	8 9	12 13	18 19	↑				
K	125						↓	0 1		↓	1 2	2 3	3 4	5 6	8 9	12 13	18 19	↑					
L	200			↓		↓	0 1		↓	1 2	2 3	3 4	5 6	8 9	12 13	18 19	↑						
M	315			0 1	↓	0 1		↓	1 2	2 3	3 4	5 6	8 9	12 13	18 19	↑							
N	500				0 1		↓	1 2	2 3	3 4	5 6	8 9	12 13	18 19	↑								
P	800		↓			↓	1 2	2 3	3 4	5 6	8 9	12 13	18 19	↑									
Q	1 250	↓	0 1		↓	1 2	2 3	3 4	5 6	8 9	12 13	18 19	↑										
R	2 000	0 1	↑	↓	1 3	2 3	3 4	5 6	8 9	12 13	18 19	↑											
S	3 150			1 2																			

注：↓——用箭头下面的第一个抽检方案，如果样本含量等于或超过批量，则进行百分之百的检查。↑——用箭头上面的第一个抽检方案。A_c——合格判定数。R_e——不合格判定数。

附表6

一次放宽检查抽检方案表

样本含量字码	样本含量	合格质量水平（AQL）																									
		0.010	0.015	0.025	0.040	0.065	0.10	0.15	0.25	0.40	0.65	1.0	1.5	2.5	4.0	6.5	10	15	25	40	65	100	150	250	400	650	1 000
		A_c R_e	A_c R_e	A_c R_e	A_c R_e	A_c R_e	A_c R_e	A_c R_e	A_c R_e	A_c R_e	A_c R_e	A_c R_e	A_c R_e	A_c R_e	A_c R_e	A_c R_e	A_c R_e	A_c R_e	A_c R_e	A_c R_e	A_c R_e	A_c R_e	A_c R_e	A_c R_e	A_c R_e	A_c R_e	A_c R_e
A	2														↓	0 1	↓	↓	1 2	2 3	3 4	5 6	7 8	10 11	14 15	21 22	30 31
B	2													↓	0 1	↑	0 1	1 2	1 2	2 3	3 4	5 6	7 8	10 11	14 15	21 22	30 31
C	2												↓	0 1	↑	↓		1 2	1 2	2 3	3 4	5 6	7 8	10 11	14 15	21 22	↑
D	3											↓	0 1	↑	↓	0 1	1 2	1 2	2 3	3 4	5 6	7 8	10 11	14 15	21 22	↑	
E	5										↓	0 1	↑	↓	0 1	1 2	1 2	2 3	3 4	5 6	7 8	10 11	14 15	21 22	↑		
F	8									↓	0 1	↑	↓	0 1	1 2	1 2	2 3	3 4	5 6	7 8	10 11	↑	↑	↑			
G	13								↓	0 1	↑	↓	0 1	1 2	1 2	2 3	3 4	5 6	7 8	10 11	↑						
H	20							↓	0 1	↑	↓	0 1	1 2	1 2	2 3	3 4	5 6	7 8	10 11	↑							
J	32						↓	0 1	↑	↓	0 1	1 2	1 2	2 3	3 4	5 6	7 8	10 11	↑								
K	50					↓	0 1	↑	↓	0 1	1 2	1 2	2 3	3 4	5 6	7 8	10 11	↑									
L	80				↓	0 1	↑	↓	0 1	1 2	1 2	2 3	3 4	5 6	7 8	10 11	↑										
M	125			↓	0 1	↑	↓	0 1	1 2	1 2	2 3	3 4	5 6	7 8	10 11	↑											
N	200		↓	0 1	↑	↓	0 1	1 2	1 2	2 3	3 4	5 6	7 8	10 11	↑												
P	315	↓	0 1	↑	↓	0 1	1 2	1 2	2 3	3 4	5 6	7 8	10 11	↑													
Q	500	0 1	↑	↓	0 1	1 2	1 2	2 3	3 4	5 6	7 8	10 11	↑														
R	800	↑		0 1	1 2	1 2	2 3	3 4	5 6	7 8	10 11	↑															

注：↓——用箭头下面的第一个抽检方案，如果样本含量等于或超过批量，则进行百分之百的检查。↑——用箭头上面的第一个抽检方案。A_c——合格判定数。R_e——不合格判定数。

附表7

一次特殊放宽检查抽检方案表

样本含量字码	样本含量	合格质量水平（AQL）																									
		0.010	0.015	0.025	0.040	0.065	0.10	0.15	0.25	0.40	0.65	1.0	1.5	2.5	4.0	6.5	10	15	25	40	65	100	150	250	400	650	1 000
		A_c R_e	A_c R_e	A_c R_e	A_c R_e	A_c R_e	A_c R_e	A_c R_e	A_c R_e	A_c R_e	A_c R_e	A_c R_e	A_c R_e	A_c R_e	A_c R_e	A_c R_e	A_c R_e	A_c R_e	A_c R_e	A_c R_e	A_c R_e	A_c R_e	A_c R_e	A_c R_e	A_c R_e	A_c R_e	A_c R_e
A	2														↓	0 1		↓	3 4	4 5	5 6	7 8	9 10	12 13	16 17	23 29	32 33
B	2													↓	0 1	↑	↓	2 3	3 4	4 5	5 6	7 8	9 10	12 13	16 17	23 29	32 33
C	2												↓	0 1	↑	↓	1 2	2 3	3 4	4 5	5 6	7 8	9 10	12 13	16 17	23 29	↑
D	3											↓	0 1	↑	↓	1 2	2 3	3 4	4 5	5 6	7 8	9 10	12 13	16 17	23 24	↑	
E	5										↓	0 1	↑	↓	1 2	2 3	3 4	4 5	5 6	7 8	9 10	12 13	16 17	23 24	↑		
F	8									↓	0 1	↑	↓	1 2	2 3	3 4	4 5	5 6	7 8	9 10	12 13	↑	↑	↑			
G	13								↓	0 1	↑	↓	1 2	2 3	3 4	4 5	5 6	7 8	9 10	12 13	↑						
H	20							↓	0 1	↑	↓	1 2	2 3	3 4	4 5	5 6	7 8	9 10	12 13	↑							
J	32						↓	0 1	↑	↓	1 2	2 3	3 4	4 5	5 6	7 8	9 10	12 13	↑								
K	50					↓	0 1	↑	↓	1 2	2 3	3 4	5 6	5 6	7 8	9 10	12 13	↑									
L	80				↓	0 1	↑	↓	1 2	2 3	3 4	4 5	5 6	7 8	9 10	12 13	↑										
M	125			↓	0 1	↑	↓	1 2	2 3	3 4	4 5	5 6	7 8	9 10	12 13	↑											
N	200		↓	0 1	↑	↓	1 2	2 3	3 4	4 5	5 6	7 8	9 10	12 13	↑												
P	315	↓	0 1	↑	↓	1 2	2 3	3 4	4 5	5 6	7 8	9 10	12 13	↑													
Q	500	0 1	↑	↓	1 2	2 3	3 4	4 5	5 6	7 8	9 10	12 13	↑														
R	800	↑		1 2	2 3	3 4	4 5	5 6	7 8	9 10	12 13	↑															

注：↓——用箭头下面的第一个抽检方案，如果样本含量等于或超过批量，则进行百分之百的检查。↑——用箭头上面的第一个抽检方案。A_c——合格判定数。R_e——不合格判定数。

附表 8

放宽检查界限数表

最近10批的样品数目	可接收质量水平														
	0.010	0.015	0.025	0.040	0.065	0.10	0.15	0.25	0.40	0.65	1.0	1.5	2.5	4.0	6.5
20～19	·	·	·	·	·	·	·	·	·	·	·	·	·	·	·
30～49	·	·	·	·	·	·	·	·	·	·	·	·	·	·	0
50～79	·	·	·	·	·	·	·	·	·	·	·	·	·	0	0
80～129	·	·	·	·	·	·	·	·	·	·	·	·	0	0	2
130～199	·	·	·	·	·	·	·	·	·	·	·	0	0	2	4
200～319	·	·	·	·	·	·	·	·	·	·	0	0	2	4	8
320～499	·	·	·	·	·	·	·	·	0	0	0	1	4	8	14
500～799	·	·	·	·	·	·	·	·	0	0	2	3	7	14	25
800～1 249	·	·	·	·	·	·	·	0	2	2	4	7	14	24	42
1 250～1 999	·	·	·	·	·	·	0	0	2	4	7	13	24	40	69
2 000～3 149	·	·	·	·	·	0	0	2	4	8	14	22	40	68	115
3 150～4 999	·	·	·	·	0	0	1	4	8	14	24	38	67	111	186
5 000～7 999	·	·	·	0	0	2	3	7	14	25	40	63	110	131	
8 000～12 499	·	·	0	0	2	4	7	14	24	42	68	105	181		
12 500～19 999	·	0	0	2	4	7	13	24	40	63	110	169			

注：·表示AQL在此值时要放宽检查。若最近10批的样品总数不够，可用多于10批来计算。此时所使用的都是最近连续生产的、按正常检查进行的，且无一批被初检拒收的。